신앙교육을 위한
교수방법
−성인교육 교사를 위한 안내서−

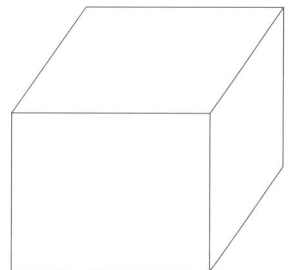

이 책은

Richard R. Osmer와

출판사인 Westminster/John Knox Press와의

정식 계약에 의해 출판된 것입니다.

ⓒ 1992 Richard Robert Osmer

역자 머리말

　신약성경의 야고보서를 보면 "내 형제들아, 너희는 선생된 우리가 더 큰 심판받을 줄을 알고 많이 선생이 되지 말라."(약 3 : 1)고 기록되어 있는데 이 말씀에서 우리는 가르치는 일이 내포하고 있는 무거운 책임을 감지할 수 있다. 사실 교회학교의 교사가 된다는 것은 자신이 가르치려는 진리를 분명하게 이해하고 그 진리를 학습자에게 적절하게 이해시켜야 하는 책임뿐만 아니라 그러한 목적을 위해 자신의 상황에 알맞는 학습의 구조와 과정, 그리고 방법에 대한 연구와 개발을 위하여 끊임없이 노력해야 하는 책임도 동시에 감당해야 한다고 볼 때 그 일은 우리가 일상적으로 생각하는 것보다 훨씬 더 무거운 책임이 요구되는 역할이라고 하겠다. 그런 의미에서 오늘 우리가 직면한 문제는 그 어느 때보다도 더욱 절실하게 요구되고 있는 옳은 교회교육의 실천을 위하여 좋은 교사를 발굴하고 훈련하는 일이라고 보여진다.

　「신앙교육을 위한 교수방법」은 우리가 직면한 문제에 대하여 매우 탁월한 방법으로 대답을 제시해 주고 있는 저서로서 저자 자신이 책의 서두에서 밝혔듯이 저술의 목적 자체가 교사를 위한 것으로 계획되었다. 본서의 저자인 리차드 오스머(Richard R. Osmer) 교수는 개신교 목사로서 에모리 대학교에서 철학박사 학위를 받고 버지니아주의 리치먼드에 있는 유니온 신학교에 재직하다 프린스턴 신학교로 옮긴 후 자신의 분야인 기독교교육 분야에서 매우 활발하게 활동하고 있는 젊은 학자이다. 이미 지적했듯이 이 책은 교회학교 교사들이 그들의 책임을 수행해 나가는 과정에서 필요한 거의 대부분의 원리들이 비교적 이해하기 쉽게 정리되어 있어서 비전문가들이 사용하기에도 크게 부담을 느끼지 않도록 만들어진 것이 특징이라고 하겠다. 그리고 적소적시에 필요한 내용의 요약이나 도움말, 또는 실제적인 지침들이 제시되어 있어서 책의 사용을 더욱 유용하게 만들어 준다고 생각된다.

저자는 교회학교 교사에게 우선적으로 요구되는 것으로 그가 하고 있는 일의 목적을 보다 명확하게 인식하는 것으로 보며 그렇기 때문에 그는 교회교육은 신앙을 위하여 존재한다는 전제하에 "교회교육의 기본 목적은 신앙이 일깨워지고, 지원받고, 도전받을 수 있는 장을 만드는 데 있다."고 교육의 목적을 정의 내리고 있다. 어떻게 보면 그의 신앙개념을 옳게 이해하는 일은 교육의 목적보다 더 중요하다고 할 수 있기 때문에 신앙의 설명을 위하여 책의 많은 부분이 할애되고 있다.

저자는 신앙을 "예수 그리스도 안에서 사랑과 신실함을 보여 주신 하나님 안에서 맺은 신뢰의 관계"로서 그것은 하나님이 인간에게 주시는 선물이기 때문에 인간의 일방적인 노력으로는 얻을 수 없는 은혜의 산물임을 강조한다. 이렇게 이해된 신앙은 마치 입방체와 같이 여러 가지 측면을 갖고 있는데 그 대표적인 측면을 오스머는 신념, 관계, 헌신, 그리고 신비로 정리하고 그 각 측면에 알맞는 교수(teaching)방법을 매우 상세하게 설명해 주고 있다. 아마도 이 점이 기독교교육 분야에서 지금까지 나온 여타의 책들과 본서가 구별되는 특징이자 강점이라고 할 수 있을 것 같다.

21세기를 몇 년 앞에 두고 있는 한국교회는 이 세상을 향하여 효과적인 증인의 역할을 충실히 감당하고, 더 나아가 교회의 구성원들이 매일의 삶에서 그리스도의 제자로서의 삶을 살아갈 수 있게 하기 위하여 교회의 교육적인 노력을 더욱 활성화시켜야 할 무거운 책임을 지고 있다. 그리고 저자가 강조했듯이 우리는 그러한 교육적인 노력, 또는 바람직한 교육에 우선적으로 요구되어지는 조건이 바로 좋은 교사임을 인식해야만 할 것이며, 본서는 바로 우리가 필요로 하는 좋은 교사들을 양육하는 데 중요한 기여를 할 수 있을 것으로 보인다. 그러나 역자로서 부연하고 싶은 것은 이 책은 가르치는 일에 종사하고 있는 모든 사람들에게 유용한 자료가 될 것이라는 점이다. 부디 본서가 많은 사람들에게 읽혀져서 좋은 열매들을 맺을 수 있게 되기를 바라마지 않는다.

번역과정에서 교정과 편집, 그리고 컴퓨터 작업을 도와준 장신대 대학원의 조교 윤준서 씨와 전요한 씨에게 깊은 감사를 드린다. 학기 중임에도 불구하고 많은 시간을 내어 세심하게 원고를 읽는 일로부터 그 외의 모든 필요한 일들을 성실하게 해주었기에 본서가 계획했던 시간 안에 출판될 수 있었다고 생각한다. 아울러 총회교육부의 전천혜 간사님과 한국장로교출판사의 박노원 목사님에게도 감사를 드린다.

1995년 2월 2일
광나루에서 사미자

신앙교육을 위한 교수방법

차 례

역자 머리말/3
한글판에 부치는 저자 머리말/11
머리말/15

1. 교사는 왜 가르치는가? ···21
　신앙을 위한 교육 : 교회교육의 기본 목적 ····························23
　신앙의 여러 측면 ··24

2. 신앙 입방체 탐구 ··29
　신념교육 ··30
　관계교육 ··35
　헌신교육 ··38
　신비교육 ··42

3. 신념을 위한 교육 : 지식 전달을 위한 강의법 ·······················47
　강의법 : 왜 그것은 살아남았는가? ··51
　아이디어의 개요 ··54

발제개요 ··· 57
강의 계획의 단계 ··· 69
강의 연습 ··· 70
강의 도중의 피드백 ··· 71
실례들 ·· 71
강의와 다른 교수방법의 결합 ·· 73

4. 관계를 위한 교육 : 토의법 ·· 75
다양한 질문의 유형들 ··· 77
토의 진행 : 일반적 설명 ·· 82
토의의 유형들 ·· 91
토의에서의 나눔의 수준 ··· 101
토의 진행의 한계 ·· 110

5. 헌신을 위한 교육 : 삶의 이야기의 재해석 ····························· 113
헌신교육이 직면한 도전 ··· 113
헌신을 위한 교육 : 출발점 ·· 114
개인 정체성 형상으로서의 이야기 ······································ 117
삶의 이야기의 재해석인 헌신을 위한 교육 ···························· 120
초청으로서의 교육 ··· 123

헌신교육을 위한 계획 : 3단계 과정 ·················124
　　헌신을 위한 교육의 다섯 가지 차원 : 무엇이 문제인가? ·······132

6. 신비를 위한 교육 : 교수에서 역설의 역할 ···············153
　　신비와 신앙의 한계들·························154
　　비유적 교수·····························156
　　비유적인 교수에 있어서의 역설 ···················157
　　반대 교수······························183

7. 신앙교수의 실제·························195
　　교수 기술의 증진 : 장기적 계획 ···················195
　　교사훈련······························201
　　마지막 검토······························217

부록 : 헌신교수를 위한 두 가지 모형/219
　　개인 영성에 관한 6주간의 교회학교 강좌/219
　　성인 교인을 위한 주말 영성훈련/221
각장의 주/225
추천도서목록/233

한글판에 부치는 저자 머리말

먼저 본인의 책 「신앙교육을 위한 교수방법」의 번역을 맡아 주신 장로회신학대학교의 사미자 교수에게 특별한 감사를 드린다. 다른 사람의 책을 번역하기 위하여 시간과 정력을 투자한다는 것은 하나님에게 향하는 사랑의 수고라고 할 수 있겠고, 그러한 일은 그것이 그리스도의 몸된 교회에 유용하게 쓰여지기를 바라는 마음이 바탕이 될 때 가능하다고 생각한다. 저자로서 이 책이 한국교회의 교육목회 발전에 조금이나마 기여할 수 있기를 바라는 마음 간절하다.

나는 프린스턴 신학교에서 만난 한국학생들, 특히 현재 박사과정에서 공부하고 있는 김현숙 씨와 이규민 목사를 통하여 한국교회와 특별한 인연을 맺고 있다고 느끼고 있다. 이들을 통하여 나는 많은 것을 배웠으며 교수로서 그들을 가르치고 도울 수 있는 기회를 가진 것에 감사하고 있다.

한국교회의 경이로운 성장은 그 곳에서 하나님이 역사하신다는 분명한 증거이다. 그러나 양적인 성장은 질적인 성장을 반드시 동반해야만 한다고 생각한다. 만일 우리가 온세상을 얻었다고 해도 그 과정에서 우리의 생명을 잃는다면 그 일이 무슨 의미가 있겠는가? 마태복음 28 : 19~20의 말씀을 보면 부활하신 그리스도께서 제자들에게 다음의 세 가지 일을 실천하도록 위탁하셨는데 그것은 제자를 삼고, 세례를 베풀며 그리고 가르치라는 말씀이었다. 예수께서는 이 말씀에서 교회가 가지고 있는 교역의 세 가지 핵심적인 요인을 지적해 주셨다고 보여진다.

우리는 전도를 통하여 지속적으로 그리스도의 제자를 삼는 일에 열심을 다해야만 할 것이다. 우리는 이렇게 교회생활을 시작한 새신자들을, 학습과 세례를 통하여 그들의 교회의 구성원으로 자리잡도록 해주어야만 한다. 그리고 교육을 통하여 그들이 그리스도 안에서 계속 성장하도록 도와야만 한다. 만일 우리가 위에서 지적한 교역의 세 가지 요인 중 하나에만 집중하고 그외의 것을 소홀히 한다면 우리는 결코 그리스도께서 우리에게 위탁하신 명령을 충실히 지키지 못하는 잘못을 범하게 되는 것이다. 전도가 없는 교육은 침체와 내성에로 흐를 위험이 있으며, 교육이 없는 전도는 피상적이 될 위험을 안고 있다. 이와 같이 어느 시대나 장소를 막론하고 그리스도를 섬기는 일은 전도와 세례와 교육이 함께 조화를 이루어야만 한다는 전제를 내포한다는 사실을 기억해야 할 것이다.

끝으로 이 책을 번역하신 사미자 교수의 사랑의 수고가 한국교회의 교육목회 발전에 도움이 될 수 있도록 하나님께서 사용하시기를 간절히 바라는 바이다.

1995년 사순절에
Richard Robert Osmer

New Preface from the Author

My special thanks goes to Mi-Ja Sa of Presbyterian Theological Seminary in Seoul for her marvelous translation of this book. It is a labor of love for God to spend one's time and energy translating another person's work in hopes that it will be useful to His church. May God richly bless her work. It is my hope that this humble contribution to the churches of Jesus Christ in Korea will strengthen their teaching ministries in some small way. I feel a special bond with the Korean church through my students here at Princeton Theological Seminary, especially my doctoral students Kyoo-Min Lee and Hyun Sook Kim. They have thaught me much, and I am grateful for the opportunity to have served as their professor.

The phenomenal growth of the church in Korea is a clear sign of God's activity in that part of the world. Growth in breadth must be accompanied by growth in depth. What if we were to gain the whole world but lose our soul in the process? Matthew 28 : 19~20 tells us that, after his resurrection, our Lord commissioned his disciples to do three things : They were to make disciples, to baptize, and to teach. Here, Jesus holds together three important ministries of the church. We must make disciples through evangelism. We must incorporate new members into the church through baptism and assimilation. We must help our members grow through teaching. If we focus on only one of these ministries and neglect the other two, we are not fulfilling the commission our Lord has given us. Teaching without evangelism leads to stagnation and inwardness. Evangelism without teaching leads to shallowness. The task of the church in all places and in all ages is to serve its Lord by carrying out all three ministries. May God take Mi-Ja Sa's labor of love in translating this book and use it to strengthen the teaching ministry of the churches of Korea.

Richard Robert Osmer
Lent, 1995

머리말

　내 인생의 여러 시점에서 영향을 주신 많은 선생님들에게 감사를 드리지 않고 교육에 관한 책을 쓴다는 것은 불가능한 일이라고 생각한다. 먼저 우리 부모이신 딕 오스머(Dick Osmer)와 스킵 오스머(Skip Osmer)에게 감사를 드린다. 그리고 에메트 브링글(Emmett Bringle), 존 레드헤드(John Redhead), 루이스 브르크스(Louise BrooKs), 빌 페크(Bill Peck), 르엘 타이슨(Ruel Tyson), 봅 에릭슨(Bob Erickson), 데이비드 켈시(David Kelsey), 월트 로우(Walt Lowe), 제임스 화울러(James Fowler)에게도 감사드린다. 비록 나의 선생님은 아니었으나 장로회 기독교교육대학원(P.S.C.E)의 에스텔 맥카시(Estelle McCarthy)교수는 점심 식탁에서 우리가 나눈 대화를 통해 많은 통찰들을 주었고, 그러한 시간을 통하여 나는 그에게서 너무나 많은 것을 배웠다. 에모리대학의 캔들러 신학대학의 존 카(John Carr)와 찰스 거킨(Charles Gerkin)교수에게 특히 감사의 마음을 보낸다. 내가 에모리대학의 대학원 학생이었을 때, 메리 루이스 패튼 재단의 지원으로 진행되었던 'Pilgrimage Project'를 카 교수님과 함께 연구할 수 있었던 것은 나에게는 행운이 아닐 수 없었다. 이 책 제 5장에 표현된 대부분의 생각은 바로 그 연구 프로젝트로부터 도움을 받았다고 할 수 있을 것이다. 거킨 교수님의 설화(narrative)와 비유(parable) 관계에 관한 생각과 저술은 마지막 두 장의 기초의 역할을 하였다.

인간의 정체성이 형성되는 과정에서 설화의 중요한 역할과 기독교적 이야기와의 관계에서 개인적인 정체성에 관한 설화를 드러내 주고 또한 재구성해 주는 비유적 경험의 필요에 대한 지적은 자신도 전적으로 옳다고 믿고 있다. 이 두 교수님들께 마음으로부터 우러나오는 감사를 드린다.

실제적으로 이 책을 쓰는 데 있어서 아래의 몇 분들은 큰 수고를 했으며 따라서 그분들은 특별한 감사를 받아야 할 충분한 자격이 있다. 나의 아내 샐리(Sally)는 목사로서 또는 사회복지 분야의 전문가로서 자신의 관점을 나에게 제공해 주었다. 프린스턴 신학교의 동료인 프리다 가드너(Freda Gardner) 교수, 프린스턴에 있는 나소 장로교회의 기독교교육 지도자인 조이스 워커(Joyce Walker)는 본서의 원고 대부분을 읽었을 뿐만 아니라 매우 도움이 되는 비평을 해주었다. 그 자신들도 훌륭한 교사들인 가드너 교수와 워커 선생님은 이 책의 내용을 보다 충실히 해준 많은 통찰을 제공해 주었는데 그것은 결과적으로 본서의 내용이 전체적으로 보다 명확해지는 데 큰 도움을 주었다. 마찬가지로 웨스트민스터-존 녹스(Westminster-John Knox) 출판사의 월터 서튼(Walter Sutton) 씨는 본서의 편집자로서 책의 내용에 대한 날카로운 비평에서부터 지면 배정과 디자인에 이르기까지 광범위한 도움을 주었다. 마크 그레이너(Mark Greiner)는 추천도서 목록을 작성하는 데 큰 도움을 주었다. 프린스턴 신학교의 기독교교육대학원의 비서인 케이 보겐(Kay Vogen)은 내가 일일이 나열할 수 없을 만큼 매우 다양한 지원과 도움을 주었다.

마지막으로 그러나 가장 중요한 감사는 사라 리틀(Sara Little) 교수에게 드려야 할 것이다. 그분은 우선 처음에는 교육분야에 관한 저술을 통하여 그리고 나중에는 리치먼드의 유니언 신학교의 동료 교수로서 나에게 교육에 대한 관심을 불러 일으켜 주신 분이다. 리틀 교수는 능력과 솔직함, 통전성과 겸손함, 유머와 심각함이 겸비된 매우 귀한 분이시다. 본서는 그분이 여성으로서, 신학자로서, 기독교교육자로서, 그리고 무엇보다도 교사로서 오랫동안 지속될 공헌을 축하하며 본서를 그분에게 헌정하고자 한다.

본서와 나의 또 다른 저서인 *A Teachable Spirit*와의 관계에 관하여 몇 마디 해야 할 것 같다. 이 책은 사실 *A Teachable Spirit*에서 제언했던 몇 가지 주제들을 보다 심각하게 다루려는 노력의 일환이라고 할 수 있을 것이다.

그 책에서 나는 교회가 그들의 신학적 과제를 개선하고 실천신학적 성찰의 실제적인 센터가 되어야 함을 강조한 바 있다. 본서는 교회가 이러한 과제를 실천하는 데 도움을 줄 목적으로 계획되었다. 내가 바라는 것은 교회에서 일하고 있는 교사들이 그들이 실제로 가르칠 때 도움이 되어 줄 수 있도록 신앙의 의미에 관하여 신학적으로 사고할 수 있는 지식과 지침으로 본서가 활용되어지는 것이다. 나는 교회와 교인들의 삶에 있어서 구체적인 행위를 안내해 주는 역할을 하는 것이 바로 신학적 성찰이며 이것이야말로 실천신학의 핵심이라고 생각한다.

신앙교육을 위한 교수방법은 은혜의 수단으로서 교육목회를 이해하고 있다는 의미에서도 역시 나의 첫 번째 저서와 밀접하게 연결되고 있다고 할 수 있다. 이것은 교수(teaching)와 신앙의 관계에 관한 나의 이해를 명료화시켜 주기 때문에 중요한 문제인 것이다. 그 관계는 직접적이고 즉각적인 것은 아니다. 교수가 신앙의 원인이 될 수는 없다. 교수는 아픈 사람에게 약을 주어서 그 환자의 병을 회복시켜 주는 것과 다르다. 교수와 학습자의 신앙의 출현과 성장과의 관계는 그렇게 직접적이지 않다. 신앙은 하나님이 주시는 전적인 선물로서 하나님의 은혜의 말씀에 대한 응답으로 그 생명이 시작되며 성령의 내적 역사를 통하여 존재할 수 있고 또한 그 영향력을 경험하게 되는 것이다. 그러므로 교육 목회는 인간의 다른 어떤 행위와 마찬가지로 신앙을 가져다 줄 수는 없다. 그럼에도 불구하고 그것은 하나님이 계속적으로 인간에게 오셔서 사용하시는 특별한 인간의 행위로서 쓰여질 수 있는 것이다. 본서에 숨겨진 가정은 다음과 같이 설명될 수 있을 것이다. 즉, 하나님은 독특하고도 이세상의 어떤 것과도 비교할 수 없는 방법으로 예수 그리스도 안에서 역사하셨으며, 교회는 그리스도를 증거하는 공동체로서 하나님께서 신앙에 생명을 가져다 주기 위하여 사용하시는 특별한 도구의 역할을 감당하는 곳이다. 칼빈(John Calvin)은 "비록 하나님의 권세는 외적인 수단에 묶여 있는 것은 아니지만 그럼에도 불구하고 그는 교수라는 일상적인 방법에로 우리를 이끌어 가신다."고 그의 교회론에서 쓰고 있다.[1] 이러한 통찰에 기초하여 칼 바르트(Karl Barth)는 하나님이 원하시면 죽은 개를 사용해서도 신앙을 존재하게 할 수 있다고 언제인가 말한 적이 있다.[2] 그러나 일반적으로 하나님은 인간에게 교회의 가르침과 설교를 통하여 소통하시며, 인간은 이러한 정상적인 은혜의 수단의 범위 안에 있는 것이다.

교회교육의 목적은 신앙이 일깨워지고, 지원받고, 도전받을 수 있는 장을 만드는 것에 있다고 생각한다. 수세기 동안 교수와 설교는 농부가 농사를 짓는 것과 비교되어 왔다.

밭을 갈고, 씨를 뿌리고, 작물을 돌보나 마지막에 가서 보면 농부의 힘으로는 통제할 수 없는 수많은 요인들을 보게 된다. 교수도 이와 유사하다고 할 수 있을 것 같다.

이 책은 우선 교회학교의 교사들이 그들의 교수에 있어서 보다 나은 토양을 준비하는 데 도움을 주도록 계획되어졌다. 따라서 본서는

---

1. John Calvin, 「기독교 강요」 vol.2, ed. John McNeill, *Library of Christian Classics*(Philadelphia : Westminster Press, 1960), p.1018.
2. Karl Barth, 「교회 교의학」 vol.I.1, eds. G.W. Bromiley and T. Torrance ; trans. G. W. Bromiley(Edinburgh : T.& T. Clark, 1975), p.55.

교사들이 좋은 강의를 준비하는 방법들과 활기 있는 토의를 이끄는 방법들과 같은 매우 실제적인 지침들을 제시하고 있다. 그러나 보다 중요한 것은 이 책이 교사들이 하고 있는 중요한 일을 목회의 한 형태로서 재확인하려는 의도를 갖고 있다는 점일 것이다. 교육이 신앙을 가져다 주지는 못하겠으나, 그것은 신앙이 존재할 수 있도록 하고 동시에 성장하도록 해주는, 하나님께서 사용하시는 중요한 도구 중의 하나이다. 오늘의 교회가 안고 있는 과제 중에 이보다 더 중요한 과제가 있겠는가?

리차드 로버트 오스머
(Richard Robert Osmer)

1
교사는 왜 가르치는가?

대부분의 교회학교 교사들은 대체로 서로 모순되는 두 종류의 감정을 경험한다. 첫째로, 우리는 가르침에 부름받았다는 느낌을 갖는다. 우리는 교회의 장기적인 건강은 좋은 교사들에 달렸다는 사실을 인식하고 있다. 어린이들은 신앙의 기초에 대하여 배워야 하며, 청소년들은 자신들의 신앙을 정립해야 할 필요를 갖고 있다. 그리고 성인들은 그들의 삶의 과정에서 하나님에 대한 자신의 헌신을 성장시키고 또한 갱신해야 할 필요를 갖고 있다. 우리는 교회가 활력 있는 교육목회를 유지하지 않는 한 위축되거나 그 생명을 잃을 것임을 알기 때문에 교육에 부름을 받았다고 느끼는 것이다.

또 한편으로 우리들 중 대부분은 때때로 매우 다른 감정들을 경험하곤 한다. 교수에 대한 매우 강한 중요성을 인식함에도 불구하고, 우리는 우리 자신이 우리가 지향하는 목표 성취에 적절하지 못하다는 사실을 인식하곤 한다. 교회학교에서 가르치고 있는 대부분의 교사들은 교수에 대한 경험이 별로 없는 상태에서 교사의 일을 시작한다. 거의 모든 교사들은 주중에 다른 일을 하기 때문에 교회학교 교사의 역할을 수행할 때 그들이 가르치는 것에 대해 자신감을 키우지 못한 것이 사실이다. 많은 목회자들도 교육에 대한 경험이 없는 경우가 종종 있다. 목회자들이 신학교 재학 시절 기독교교육에 관한 과목을 수강했을지는 몰라도 교수방법이나 기술을 정규적으로 계발시키거나 훈련받을 만한 기회는 없었을 것이기 때문이다.

가르침에 대한 자신감의 결여는 교사들을 좌절감에 빠지게 하는 원인이 될 수 있다. 자신 있게 가르치고 싶으나 자신의 교수방법을 개선하고 발전시킬 수 있는 길을 모르기 때문에 좌절하는 것이다. 반드시 그렇게 되지 않아도 된다는 의미에서 그것은 바람직하지 않은 마음가짐이라고 말하고 싶다. 교사는 만들어지는 것이지 타고나는 것은 아니다. 한 인간이 본래적으로 교사인 경우는 타고난 운동 선수나 음악가의 경우만큼이나 드문 일이다. 때때로 우리는 노력조차 하지 않고도 탁월한 의사 전달자, 혹은 매우 창조적인 훌륭한 교사들을 만나게 되는 것이 사실이지만, 보편적으로 보아 대부분의 교사들은 읽고, 성찰하고, 노력하고, 실패하고, 또 노력하는 가운데 가르치는 길과 방법을 힘들게 터득하게 된다. 서로 다르고 다양한 특성을 소유한 사람들이라고 할지라도 많은 시간을 들여 노력하려는 의지만 있다면 좋은 교사가 될 수 있다고 생각한다.

좋은 교사가 되기 위해서는 다음의 두 가지 점에 유의해야 할 것이다. 첫째로, 좋은 교사가 되기 위해서 우선 분명한 목적의식이 있어야만 한다. 즉, 우리가 수행하는 교육의 결과로 어떤 것을 기대하고 있는가? 교회교육의 목적이 학교 교육이나 기타 사업이 지향하는 목적과 어떻게 다른가?의 질문에 대답할 수 있어야 한다. 둘째로, 좋은 교사가 되기 위해서 다양한 교수방법을 사용할 수 있는 능력에 대한 자신감을 키워야만 한다. 우리가 수행하는 교육의 목적을 성취해 나가는 다양한 과정에서 교수의 기술(teaching skill)에 대한 인식과 기술을 개발해야 할 필요가 있다. 강의법(lecture)이 가장 좋은 교수방법인가? 토론식의 교수는 보다 나은 결과를 가져올 것인가? 강의나 토론식의 교수를 계획하는 데는 어떤 방법들이 있는가? 교수에 대한 자신감은 서로 다른 종류의 교수방법을 사용할 수 있는 능력과 밀접하게 관계맺으며 자라난다.

본서는 교회학교 교사들로 하여금 분명한 목적과 방향을 갖도록 하며, 그 목적을 성취하는 데 필요한 과정들을 익숙하게 익히는 길을 계발시키는 데 도움을 주려는 목적으로 계획되었다. 교사들이 그들의 교수의 목적과 그것에 이르는 과정을 보다 분명히 이해하면 할수록 자신들이 하는 일에 대하여 더 큰 만족을 느끼게 될 것이다.

내가 이 책에서 희망하는 또 다른 중요한 의도는 교사들이 이 책에서 자신들의 교수에서 보다 더 높은 수준의 효율성을 개발하게 되는 것이다. 교회의 목회 중에 교육보다 더 중요한 목회는 없다. 기독교인들이 매일의 삶에서 자신들의 소명을 실천하며 살도록 하고, 동시에 교회가 세상을 향하여 효과적인 증인이 되기 위해서 활력 있는 교육 목회가 요구되고 있다.

더 이상 교회는 기독교의 가치와 신념을 강화시키는 데 있어서 학교나 대학이나 또는 대중매체에 의지할 수 없게 되었다. 지금은 그 어느 때보다 더 바람직한 교회의 교육이 요구되어지는 때이며, 바람직하고 좋은 교육은 좋은 교사에 기초한다는 사실을 강조하고 싶다.

신앙을 위한 교육 : 교회교육의 기본 목적

교회학교 교사는 자신이 하고 있는 일에 대한 분명한 목적 의식을 가져야만 한다. 그리고 그 목적은 다음과 같이 정의할 수 있을 것이다.

"교회교육의 기본 목적은 신앙이 일깨워지고, 지원받고, 도전받을 수 있는 장을 만드는 데 있다."

다시 말하면, 교회교육은 신앙을 위하여 존재한다.

그렇다면 우리가 사용하는 신앙이라는 개념은 어떤 의미를 갖고 있는가? 신앙은 하나님 안에서 맺는 신뢰의 관계로서, 그 하나님은 예수 그리스도 안에서 사랑과 신실함을 보여 주신 분이시다. 성경의 핵심은 창조와 인간에 대한 하나님의 신실함에 대한 이야기이며, 그 이야기는 그리스도의 생애와 죽음과 부활에서 완성되었다. 기독교 신앙에 생명을 불어넣어 주는 것은 바로 하나님의 신실함이다. 하나님은 신뢰할 수 있는 분이시며 신앙 안에서 우리는 이 신뢰를 인식하고 또한 그것을 받아들인다.

신앙은 인간적인 힘만으로 존재할 수 있는 어떤 것이 아니다. 우리가 교육을 통하여 어떤 사람으로 하여금 신앙을 갖게 할 수는 없다. 신앙은 인간이 그리스도를 통하여 드러내신 하나님의 은혜로우신 말씀에 대하여 응답하고, 하나님의 선하심을 믿고 그것에 자신을 맡길 때 생기는 것이기에 그것은 선물이다. 그런데 신앙을 말할 때 우리가 이해할 수 없는 신비한 면이 있음을 지적하지 않을 수 없다. 왜 어떤 사람은 믿으며, 어떤 사람은 믿지 못하는 이유는 무엇인가? 어떤 사람들은 신앙적으로 성장하는데, 어떤 사람들은 정체되어 있는가? 분명한 사실은 우리가 원한다고 해도 학습자들에게 신앙을 인위적으로 줄 수는 없다는 것이다. 오히려 교사들은 그것이 하나의 가능성이 될 수 있는 장을 만드는 데 마음을 써야만 한다. 이런 일이 어떻게 가능한가? 어떤 교수방법이 이러한 목적에 도달하는 데 가장 효과적인가? 이러한 질문에 대한 대답은 신앙의 본질을 보다 자세히 살펴볼 때 찾을 수 있으리라 여겨진다.

신앙의 여러 측면

신학자인 리차드 니버(H. Richard Niebuhr)는 신앙을 입방체로 표현한 적이 있다.[1] 입방체는 여러 가지 측면을 갖고 있기 때문에 동시에 입방체의 모든 측면을 말하는 것은 불가능하다. 신앙도 이와 마찬가지라고 할 수 있다. 어느 때라도 하나님과 맺은 신뢰의 관계에 대한 하나의 차원은 묘사할 수 있겠지만, 이 관계가 내포하고 있는 다른 측면들은 마음에 간직할 필요가 있다.
 본서에서는 입방체로 되어 있는 신앙의 많은 측면 중에서 다만 네 가지 측면만을 다루려고 한다. 각각의 측면은 하나님과의 신뢰 관계에 관한 중요한 부분을 설명해 주고 있으며, 그것은 우리가 사용하려고 하는 교수의 과정들을 안내하는 역할을 해줄 것이다. 신앙의 네 가지 차원은 다음과 같다.

1. 우리의 신뢰의 기초가 되는 하나님에 대한 신념(Belief)
2. 신앙 안에서 우리를 타인들과의 관계로 인도해 주는 하나님과의 지속적인 관계(Relationship)
3. 우리의 시간과 에너지를 투자하는 방법을 결정하는 데 의지할 만한 하나님을 향한 헌신(Commitment)
4. 하나님을 둘러싸고 있는 신비에 대한 인식은 우리가 가지고 있는 하나님의 이해와 조절을 제한한다(Mystery).

 신앙을 여러 개의 측면을 내포하고 있는 입방체로 이해할 때 두 가지 면에서 교수에 도움이 되리라고 생각된다. 첫째로, 그것은 교육의 목적과 방법과의 관계를 보다 명확하게 볼 수 있게 해준다. 둘째로, 그것은 교육에서 다양한 교수방법의 사용이 왜 중요한 가를 우리에게 보여 준다. 사람은 배운 대로 가르친다는 격언이 있다. 실제로 우리는 우리 자신이 경험했던 방법을 사용하는 경향이 있다. 이러한 경향은 특히 반복적으로 경험한 경우에 더 심해짐을 볼 수 있다. 예컨대, 우리는 고등학교나 대학에서 주로 강의법에 의한 교육을 받아 왔기에, 교수(teaching)를 생각하면 곧바로 어떤 사람이 대중 앞에서 정보를 제공하는 것으로 간주하게 되는 것이다. 우리가 학생일 때 별로 좋아하지 않던 이 방법을 우리 자신이 자주 사용하고 있는 것이다. 앞의 격언과 같이 우리는 확실히 우리가 배운 대로 행한다!
 이러한 관행은 교육의 근본적인 목적과 사용되는 교수방법 사이의 관계에 대한 분명한 감각을 갖는 일을 방해한다. 앞으로 살펴보게 되겠지만, 강의법이 모든 경우에 있어서 바람직하지 않은 것은 아니다. 때로는 유용하고 때로는 그렇지 않은 경우도 있다. 강의법은, 예컨대, 주제에 대한 개인적인 탐구와 토의할 수 있는 충분한 시간을 제공하지 못한다는 결점이 있다. 이와 마찬가지로 토론법도 어떤 경우에는 유용하지만 어떤 경우에는 전혀 쓸모가 없을 때도 있다. 토론법은 필요한 정보를 획득하는 데 오랜 시간이 걸릴 뿐만 아니라 매우 쉽게 주제를 벗어날 수 있는 위험을 갖고 있다. 이렇듯 교수방법은 추구하는 목적에 따라 그 효용성이 크게 차이가 날 수 있는 것이다. 그러기 때문에 교사가 자신이 사용하는 교수방법에 대해 선택한 분명한 이유를 이해하며 동시에 그것이 교수의 근본 목적과 어떻게 관계되는가를 알고 있는 것은 매우 중요하다. 앞에서도 이미 언급했지만, 신앙을 여러 가지 측면을 갖고 있는 입방체로 본다면 교육의 목적과 그 목적의 성취를 위해 우리가 선택하는 과정들을 서로 연결시키는 일에 도움을 받을 것이다. 그렇게 볼 때 신앙의 각 측면은 그것에 알맞는 교수방법들이 있을 것이다. 예를 들어서 학생들이 신앙의 신비한 측면을 탐구하는 일을 도와주기 위해서 이미 결정되어 있는 정보를 전달하도록 계획된 교수방법을 사용하는 것은 지혜로운 일이 아니다. 목적과 과정은 함께 작용하지 않는다.

교수는 우리가 성취하려는 목적과 우리가 사용하는 교수방법 사이에 조화를 이룰 때 가장 성공적인 결과를 가져올 수 있다. 신앙이 내포하고 있는 모든 측면을 동시에 설명하는 일이 불가능하듯이 교수에 대하여 동시에 말하는 일도 불가능하다. 우리는 이 책에서 신앙 입방체의 서로 다른 측면을 다루는 데 사용할 수 있는 여러 가지 교수과정들을 조사하게 될 것이다. 교수의 목적과 교수과정이 서로 협력할 수 있는 분명한 길에 대한 감각을 계발하는 것은 교사로서 자신감을 얻게 되는 첫 걸음이다.

니버의 신앙에 대한 이미지는 우리가 다양한 교수방법을 사용하는 것이 왜 중요한가를 볼 수 있도록 도와준다. 만일 우리가 계속하여 신앙 입방체의 여러 측면에 대하여 설명하기를 원한다면 그것은 필요하다. 왜냐하면 다른 어떤 관계와 마찬가지로 하나님과의 신뢰의 관계도 그것이 일차원적인 것이 될 때 왜곡될 수 있기 때문이다. 만일 어떤 관계가 주로 일차원적이 될 때 관계를 활력 있고 건강하게 만들어 주는 다른 중요한 요인들은 뒤로 밀려나게 된다. 예컨대, 부부가 그들이 함께 보내는 시간을 주로 집안 일을 하면서 보낼 때 그 결혼생활은 생기를 잃게 될 것이다. 물론 요리하고 청소하고 정원을 가꾸는 일이 결혼생활에서 부부가 공유한 일 중의 일부분이라고 할 수 있지만 그런 일들이 결혼생활에서 유일한 초점이 될 때 그 관계는 점차적으로 어려움을 겪게 될 것이다. 이 경우 부부는 결혼의 보다 깊은 의미를 서로 나눌 수 있는 능력을 계발하지 못하고 지나치게 과제 중심적이 되어 버리고 만다.

　우리가 하나님과 맺고 있는 관계도 이와 유사하다. 이 관계도 역시 많은 측면을 내포하고 있다. 우리가 이 관계의 여러 측면들을 계발할 수 있는 기회를 갖지 못할 때, 결혼이나 우정 관계가 일차원적이 될 때 왜곡되는 것과 마찬가지로 하나님과의 관계도 왜곡되고 말 것이다. 바로 이런 이유 때문에 교사인 우리들이 다양한 교수방법을 사용하는 것에 익숙해지도록 노력해야 할 것이다. 다시 한 번 강조하거니와 우리는 신앙의 서로 다른 차원을 설명할 수 있도록 노력해야만 한다. 때로는 학생들로 하여금 자신들의 신념을 검토할 수 있도록 도와야 하고, 또한 어떤 때는 그들이 하나님에 대한 자신들의 헌신을 보다 깊게 하도록 도울 수도 있어야 한다. 주어진 제한된 시간에 신앙에 대한 모든 측면을 교수할 수는 없겠으나 우리가 교수하는 강의 동안에 신앙의 몇 측면에 초점을 맞출 수는 있을 것이다.

　다음 장에서 우리는 신앙 입방체의 네 가지 차원들인 '신념', '관계', '헌신', '신비'를 다루게 될 것이다. 그리고 그 나머지 부분에서는 신앙의 이러한 차원들을 보다 잘 조명해 주는 다양한 교수방법들을 살펴보려 한다. 처음부터 강조해야 할 것은 신앙 입방체의 다른 측면들은 이 책에서 제외되었다는 점이다. 순종, 하나님의 사랑, 하나님 나라를 위한 봉사도 신앙이 내포하고 있는 측면이라고 볼 수 있는데 그 면들은 본서에서 제외되었다. 즉, 신앙에 대한 중요한 모든 것들이 모두 다루어지지는 않았다. 단지 많은 측면을 가진 신앙의 네 차원만을 살펴보려 한다. 이 네 가지 측면만 해도 충분히 복잡하며, 책이 진행되면서 이 복잡성은 점점 더 분명해질 것이다. 자신의 교수를 향상시키기를 원하는 사람들에게 적어도 본서는 그것을 시작할 수 있는 장이 되리라 생각된다.

2
신앙 입방체 탐구

이 장에서 우리는 신앙의 네 가지 측면을 살펴보려 한다. 어떤 의미에서 그 작업은 이 책의 개요라고도 할 수 있다. 그러나 보다 더 중요한 문제가 있다. 우리는 신학적으로 사고할 것을 요구받게 된다. 사람들은 언제나 신학은 신학교나 대학에서 신학자들만이 다루는 어떤 것으로 생각하는 경향이 있다. 비록 신학이 신학교나 대학에서 수행되어 왔고, 종종 지나치게 기술적인 언어로 표현되어지는 것이 사실이지만, 만일 신학을 이렇게만 이해하고 있다고 한다면 그것은 대단히 유감스러운 일이 아닐 수 없다.

1세기의 교회의 삶에서 신학은 교회의 각 구성원들이 해야 하는 어떤 것으로 인식되었다.[1] 모든 사람은 그들의 삶 전체를 하나님과의 관계의 빛 안에서 성찰하도록 불리워졌다고 보았다. 교사들은 이러한 신학적 과제를 재천명할 특별한 책임을 지고 있다. 오직 그들이 자신들의 삶과 일을 하나님과의 빛 안에서 성찰할 수 있을 때 그러한 과제를 실천할 수 있는 지도자로서 봉사할 수 있게 될 것이다.

이 장에서 우리는 신앙의 신학적 개념을 살펴보게 된다. 이 개념의 의미를 명료화한 후에야 그에 따르는 실제적인 아이디어와 방법들을 신학적으로 분별되는 방식으로 사용할 수 있게 될 것이다. 교수의 목적이 신앙이 일깨워지고, 지원받고, 도전받을 수 있는 장을 만드는 것에 있다면 그 첫 단계는 신앙의 의미를 신학적으로 이해하는 것이라고 하겠다.

신념교육(Teaching for Belief)

역사적으로 볼 때 기독교인의 삶에서 신념의 중요성은 과대평가되거나 과소평가되어져 왔다. 신앙을 신념으로 환원시키려는 사람들에 의해 그것은 과대평가되어졌으며, 사람들이 무엇을 믿거나 그것은 각자가 결정할 일이기 때문에 그것은 그렇게 중요한 것은 아니라고 생각하는 사람들에 의해 과소평가되어졌다. 신념의 중요성을 과대평가하는 사람들은 하나님에 관하여 분명하게 정의된 관념에 일치되는 행위로서 신앙을 생각하는 경향이 있다. 역사를 통하여 이러한 관념들은 다양했는데, 때로는 성경의 무오성에 초점을 맞추었는가 하면 어떤 때는 그리스도가 노한 하나님에게 희생 제물로 바쳐져 십자가에서 돌아가셨다는 생각에 관심을 집중할 때도 있었다. 또 교황의 무오성에 초점을 맞출 때도 있었다. 그러나 그 어떤 경우에도 신앙은 하나님에 관한 특정한 하나 또는 몇 개의 신념으로 보고 있다는 공통점을 가지고 있다.

신앙을 신념으로 환원할 때 우리는 두 가지 문제에 직면하게 된다. 첫째로, 그것은 이러한 신념들이 설명하려는 하나님보다는 인간이 만들어 놓은 신념을 더 신뢰하는 위험을 갖고 있다. 둘째로, 그러한 관점은 우리의 삶에서 신앙의 범위를 제한시킬 위험이 있다. 이 문제를 좀더 자세히 살펴보기로 하자. 우리의 매일의 생활에서도 어떤 것에 대한 기술(description)과 기술된 실제 사이에 차이가 있음을 보는 것은 어려운 일이 아니다. 퇴근 길에 당신이 끔찍한 교통사고를 목격했다고 상상해 보자. 당신은 사고 현장을 처음 목격한 사람들 중에 하나였기 때문에 심하게 고통받고 있는 부상자를 위로하고 돌보아야 할 상황에 있다. 개인적인 불안과 도망가고 싶은 욕구에도 불구하고 당신은 구급차가 그 부상자를 병원으로 데려갈 때까지 환자와 함께 사고 현장에 머물러 있을 것이다. 집에 돌아온 후 함께 사는 친구가 무심코 그날 하루를 어떻게 지냈는가 하고 물을 때 당신은 곧 집에 오는 길에 경험했던 일들을 설명하려 할 것이다. 그러나 아무리 노력해도 심하게 부상당한 사람 옆에서 그를 돕고 위로했던 일을 말로 표현하고 전달하는 일이 결코 쉽지 않음을 발견하게 될 것이다. 당신의 기술과 실재는 이와 같이 별개의 것으로 남는다. 지금까지의 예는 우리들이 살아가면서 거의 매일 경험하는 일들 중에 극단적인 것이지만, 그러나 그것도 특정한 실재와 그 실재를 설명하려는 우리의 노력 사이에 존재하는 차이를 보여 준 것이라고 할 수 있다. 즉, 실재에 대한 우리의 언어적인 표현은 어느 정도의 통찰을 제공해 주지만 그 실재를 완전하게 표현하는 데는 부족하다.

그렇다면 우리가 하나님의 실재를 설명할 경우에는 어떻겠는가? 더 말할 필요도 없이 하나님에 대한 우리의 신념들이 결코 하나님의 실재를 완전하게 담거나 표현하지는 못한다. 그러기 때문에 우리가 소유하고 있는 하나님에 대한 신념들은 하나님에 대한 부분적인 기술이며, 그것은 그 신념들이 설명하려는 실재와는 명확하게 구분되어야만 한다. 신앙을 하나님에 대한 어떤 신념과 같은 것으로 볼 때, 하나님의 실재와 그 실재에 대한 인간의 기술 사이에 구별이 상실되는 것이다. 그렇게 될 때 신앙은 하나님을 신뢰하는 것이기보다는 인간이 갖고 있는 진리에 대한 어떤 관념들을 믿는 것이 되고 마는 것이다.

신앙을 신념으로 환원할 때 직면하게 되는 두 번째 문제는 신앙을 인간 삶의 한 부분에로 제한시키는 경향을 들 수 있다. 왜냐하면 하나님에 대한 정확한 생각들에 강조점이 지나치게 기울어져서 신앙이 갖고 있는 중요한 차원들이 제외되기 때문이다. 교회의 역사는 개인들이나 집단들이 자신들이야말로 정통신앙의 보호자라고 확신했으나 그들의 사회적 헌신이 하나님 안에서의 신뢰의 관계가 적절하지 않게 표현되어진 예를 수없이 보여 주었다. 실제로 신학의 정통성이 종교적 박해와 성적 차별과 종교적 예속에는 무관함을 보여 준 경우가 비일비재함을 우리는 잘 알고 있다. 하나님에 대한 우리의 신념은 하나님과 맺은 보다 넓은 신뢰의 관계가 내포하고 있는 단지 하나의 차원에 불과하다. 신앙이 신념으로 환원되면 그것은 우리가 맺고 있는 하나님과의 관계와 우리의 삶이 서로 유리되는 결과를 가져올 위험이 있는 것이다. 그러므로 신앙이 갖고 있는 신념의 중요성을 과대평가할 때 거기에는 언제나 위험이 따르게 되며, 따라서 신앙을 하나님에 대해 갖고 있는 몇 개의 관념으로 환원시켜서는 안 될 것이다.

마찬가지로 신념의 측면을 과소 평가할 때에도 위험이 따른다. 불행히도 이것이야말로 오늘의 교회에 매우 널리 퍼져 있는 현상으로 보여진다. 대부분의 기독교인들은 자신들이 진심으로 믿는 한, 무엇을 믿는가에 대해서는 별로 신경쓰지 않아도 된다고 느낀다. 이러한 태도는 신앙생활에서 신념이 얼마나 중요한 역할을 하고 있는가를 간과할 수 있다. 사실 사람들이 그리스도의 성육신이나 하나님 나라의 도래를 믿고 있는가의 여부나, 또는 하나님이 모든 인간을 사랑하시는 것을 믿는지, 아니면 특정한 종교집단의 구성원들에만 관심을 갖고 있는 사람을 사랑하신다고 믿는가의 문제는 우리가 결코 소홀히 해서는 안 될 사안이다. 신념들은 그것이 신앙의 중요한 측면이라는 의미에서 중요하다. 아마도 신념들의 중요성에 관하여 생각할 수 있는 가장 좋은 방법은 관계 안에서 그것들이 기능하는 방식을 보는 것이다. 우리가 어떤 사람에 대하여 생각하고 있는 바는 우리가 그 사람을 우리 자신에게 연결시키는 일에 매우 크게 영향을 준다. 예컨대 그가 남의 험담을 하는 사람이라면 그 사람과 비밀 이야기를 나누지는 않을 것이다. 만일 어떤 사람이 자동차에 관한 많은 지식을 갖고 있다면 그가 내 고장난 차에 내린 진단을 믿을 가능성은 매우 높다고 할 수 있다. 이와 같이 사람들에 대한 우리의 신념들은 우리가 그들과 맺는 관계의 성격에 영향을 준다.

우리가 맺고 있는 하나님과의 관계도 이와 유사하다. 많은 사람들이 하나님을 심하게 두려워하는 경우를 볼 수 있는데 이는 그들이 어릴 때부터 하나님은 하늘에 있는 눈과 같아서 그들이 하고 있는 모든 일들을 감시하고 있다거나, 혹은 그들이 저지른 모든 잘못을 모두 기억하고 계신다고 믿을 수밖에 없는 환경에서 자라났기 때문이라고 생각할 수 있다. 또 어떤 사람들은 하나님을 어떤 일도 판단하거나 심판하지 않고 모든 행위를 공감적으로 받아 주시는 훌륭한 치료자로 생각하는 경우도 있다. 그러나 어떤 경우이건 신념들은 영향을 준다. 전자의 경우, 신념들은 노한 하나님 앞에서 사람들을 위축시키고 하나님의 세속적인 대리자들에게 자신들을 순응시킨다. 후자의 경우 하나님은 결코 도덕적인 요구를 하지 않는 분으로 보여지기 때문에 개인으로 하여금 방종한 삶을 살도록 유도할 수도 있을 것이다.

지금까지 살펴본 대로 하나님에 대해서 우리가 갖고 있는 생각들은 중요하고, 그러기 때문에 교수에서 신앙이 갖고 있는 신념의 차원에 심각하게 주의를 기울여야만 하는 것이다. 그런데 우리는 굉장히 많은 종류의 신념들이 산재해 있는 시대에 살고 있다. 사람들은 텔레비전의 토크쇼에 나오는 영화 배우에 대하여 자신들이 갖고 있는 신념을 마치 교회의 중심되는 가르침과 같이 생각하고 거기에 집착한다. 이것은 그 어느 때보다 교육하는 우리들이 학습자들에게 성경과 기독교 전통에 기초한 신념을 형성할 수 있는 정보와 지식을 제공해야만 하는 것을 의미한다.

만일 우리의 목적이 신앙이 일깨워지고, 지원받고, 도전받을 수 있는 장을 만드는 것에 있다면, 학습자들에게 하나님의 신뢰성과 일치되는 신념을 형성할 수 있는 기회가 주어져야만 한다. 그렇다면 이러한 일이 어떻게 가능한가? 가장 중요한 것으로 그것은 성경의 이야기들을 가르침으로써 가능해진다. 그리고 예수 그리스도의 삶과 죽음과 부활에서 절정을 이룬 하나님의 신실하신 행위를 가르침으로써 가능해진다. 그렇다면 우리가 하나님이 신실하신 분임을 어떻게 알 수 있는가? 성경은 하나님의 신실하심에 대한 이야기를 기록하고 있다. 우리의 직접적인 경험으로 하여금 삶이 우리에게 호의적이 아니라는 느낌을 갖게 할 때도 우리는 성경의 증거에 근거하여 하나님은 아직도 믿을 만한 분임을 알게 되는 것이다.

성경의 이야기 외에 교회의 역사적 가르침에서도 학습자들이 그들의 신념들을 형성하는 데 근거를 삼을 수 있는 기회가 주어져야만 한다. 오랜 세월 동안 교회는 성경의 의미를 성찰하고 무엇을 믿어야 하는가를 명확하게 진술해 주는 교리들을 제공해 왔다. 이러한 가르침들은 교회의 점증되는 지혜를 드러내 주는 것이다. 한 교단의 고백들, 교리들, 요리문답들이나 교리적 기준들은 성경을 이해하는 데 매우 중요한 이차적 지침이 되며, 이들은 기초적인 신념들의 요약이 된다고 하겠다. 우리 자신이나 학습자들이 이러한 유산에 도전하고자 할 때에라도 도전받고 있는 그 전통을 우선 우리가 이해하는 일은 매우 중요한 일이다.

신앙이 내포하고 있는 신념의 차원을 교육에서 심각하게 다루어야 하기 때문에 학습자들이 갖고 있는 하나님의 관념에 근거가 되어 줄 어떤 특정한 지식들을 전달하고, 설명하고, 토의하는 일들이 교수에 포함되어야만 한다. 성경에 대하여 혹은 기독교 전통의 어떤 측면에 관하여 효과적이고 흥미 있는 방법으로 강의(lecture)하는 일은 힘든 일이다. 마찬가지로 학습자들이 새로운 것을 배울 수 있도록 토의를 이끄는 일은 오랫동안 갖고 있던 생각들을 서로 나누는 일보다 훨씬 더 힘이 들 것이다. 그럼에도 불구하고 교수에서 이러한 과제들을 수행해 가는 능력이야말로 학습자들의 신념들을 지원하고 또한 신념에 도전하도록 우리 교사들을 이끌어 주는 힘이라고 할 수 있다.

본서의 제 3장에서 우리는 강의조직에 관하여 탐구할 것이며, 제 4장에서는 새로운 정보를 가르치도록 계획된 집중적 토의(focused discussion) 운영을 살펴보려 한다. 이러한 기술들은 타고나는 것은 아니고, 반복적으로 연습하고 노력함으로써 획득되어지는 것이라고 할 수 있다.

관계교육(Teaching for Relationship)

신앙은 관계이다. 그리고 그 관계는 자신의 사랑과 신실하심을 예수 그리스도를 통하여 드러내신 하나님에 대한 신뢰의 관계이다. 하나님에 관한 몇 가지 신념들을 갖고 있는 것만으로는 충분하지 않다. 많은 사람들이 하나님은 사랑이시고 이 세상을 돌보신다고 생각하고 있으나, 신앙은 그것보다 훨씬 더 많은 것들을 포함하고 있다. 그것은 사람들이 갖게 되는 개인적인 관계로서, 그 안에서 그들은 하나님의 사랑에 자신들의 가슴과 마음을 열고, 그들의 삶이 변형될 수 있을 정도로 하나님을 신뢰하게 되는 것이다. 교회학교 교사로서 우리가 갖고 있는 목표 중의 하나는 학습자들이 하나님과의 신뢰의 관계를 더 깊게 할 수 있는 기회를 주는 것이다. 어떤 학습자에게는 처음으로 하나님의 사랑에 자신의 마음문을 열도록 초대받는 경우도 있을 것이다. 어떤 반이나 몇 사람은 하나님과 살아 있는 관계를 맺지 못하고 있는 경우는 언제나 있으며, 오랫동안 신앙생활을 하고 있는 교인들 중에서도 신앙의 관계적 차원을 계발시킬 수 있는 기회를 갖지 못한 경우가 있을 수 있다.

하나님은 멀고 추상적인 관념으로 자리하고, 종종 그것은 도덕적인 책임감으로 연결되는 경우도 있는데, 신앙은 그것을 능가하는 것이다. 신앙은 자신의 신실함을 예수 그리스도 안에 계시하신 하나님과 맺은 신뢰의 관계이다. 이것이야말로 교회교육이 사람들로 하여금 하나님에 관한 신념들을 형성하도록 돕기 위하여 지식을 전달하는 것 이상이어야 하는 이유가 된다. 성경과 기독교 교리와 교회에 대한 지식은 중요하지만 그것만으로는 부족하다. 그 지식은 하나님과 살아 있는 관계의 한 부분이 되어야만 한다.

신앙의 관계적인 측면은 때로는 영성으로 불리기도 하며, 경건으로 이해되어질 때도 있다. 그러나 어떤 경우에도, 그것은 개인의 삶과 이 세상에 하나님의 적극적인 현존을 인식하는 것이다. 교회교육은 이 관계적 차원을 지원하고 양육하는 데 관심을 쏟아야만 한다. 그렇게 하지 않을 때 신앙은 단지 차디찬 신념들의 집합이나 도덕적인 책무에 대한 열광적인 추구에 불과할 것이다. 그런 의미에서 하나님과의 살아 있는 신뢰의 관계만이 우리를 교리적이고 도덕적인 경향으로부터 구해 줄 수 있을 것이다. 우리가 교회에서 신앙교육을 하게 되면 학습자의 개인적인 경건에 초점을 맞출 수밖에 없다고 보여진다.

신앙의 관계적 차원을 양육하는 교육은 어떻게 수행해야 하는가? 그것을 가능하게 해주는 교수방법의 핵심은 학급을 구성하고 있는 학생들의 적극적인 참여와 나눔이라고 나는 믿고 있다.[2] 좀더 알기 쉽게 말하자면 우리가 맺고 있는 하나님과의 관계는 우리가 맺고 있는 다른 기독교인들과의 관계 안에서 그리고 그러한 관계를 통하여 지원 받고 양육된다. 최근에 유행하는 텔레비전이나 라디오 교회들(electronic church ; 최근 미국에서 성행하고 있는, 텔레비전이나 라디오로 예배드리는 교회를 지칭한다 : 역자 주)은 하나님과의 역동적인 관계를 안정되고 한정된 응접실에 앉아서 형성할 수 있다는 인상을 심어 주었다. 이 때에 유일하게 요구되는 것은 텔레비전 채널을 맞추어 놓는 일과 때때로 그들에게 기부하는 것뿐인데 이것은 신앙을 왜곡되게 이해하는 것이다.

성경을 통틀어 볼 때 하나님과의 생명력 있는 관계는 믿는 자들과 삶을 함께 나눔으로 가능해진다는 사실을 발견할 수 있다. 이것은 우리들 자신들만으로는 기독교인이 될 수 없음을 보여 주는 것이다. 다른 기독교인들 중에는 우리가 미처 갖고 있지 못한 은사나 통찰들을 소유하고 있어서 우리가 갖고 있는 하나님에 대한 이해의 한계들을 보게 해주고 그로 인해 우리가 그리스도 안에서 성장할 수 있는 기회를 가져다 준다. 그뿐만 아니라 우리의 이웃들은 우리가 상처받아 고통받고 믿을 만한 친구들의 위로가 필요할 때 우리를 지원하고 돌보아 주기도 한다. 하나님과의 관계가 깊어지고 성장하기 위해서 우리 모두는 다른 기독교인들의 적극적인 지원이 요구되어짐을 인식해야 한다.

교사들이 해야 할 가장 중요한 일 중의 하나는 학습자들이 하나님과의 관계를 더욱 깊게 할 수 있도록 서로를 나눌 수 있는 공동체성을 교실에서 만드는 것이다. 실제로 어떤 교실에서는 우선적으로 새로운 지식을 배우기 위해 모이고 따라서 학습자들이 전혀 참여하지 못하는 강의식의 교수에 익숙해 있는 경우가 있다. 그런 상황에서는 본서에서 강조하고 있는 공동체의 구성원들 사이의 나눔은 별로 환영받지 못할 것이다. 교회교육이 행해지고 있는 현장인 교실에서 강의중심의 교수가 필요한 때도 있다. 그러나 그런 교실에서 교사는 다음과 같은 질문을 자신에게 하고 그것에 답할 수 있어야 한다는 조건이 따른다 : 만일 이 교실에서 공부하고 있는 학생들이 지금 그런 도움을 받지 못하고 있다면 하나님과의 관계를 보다 깊게 하기 위하여 어디서 지원을 받을 수 있는가? 아마도 교회생활의 또 다른 부분에서 영적인 성장을 꾀할 수 있는 기회들이 있을 것이다. 만일 그것이 사실이라면 다행이 아닐 수 없다. 그렇다고 해도 교실에서 서로를 나누는 것에 불편함을 느끼는 것은 그 집단의 구성원들이 진정으로 하나님 안에서 성장하는 것을 바라지 않는 것으로 볼 수 있다. 그들은 신앙공동체가 지원받고 도전받는 데 적극적인 기여를 하기보다는 오히려 수동적으로 지식을 수용하는 것에 더 익숙해 있고 또한 그 일에 마음이 편함을 느낀다.

 만일 우리가 하는 교육의 목적이 신앙을 교육하는 것에 있다면, 위에서 말하고 있는 수동적인 자세에 만족할 수는 없다. 그렇기 때문에 우리의 학생들이 그들이 맺고 있는 하나님과의 관계가 지원받고 도전받는 데 도움을 줄 수 있는 교수방법을 우리 자신이 배워야만 한다. 그 일이 결코 쉬운 일은 아니라고 하더라도 그 일은 교수가 갖고 있는 가장 흥미 있고 보람 있는 일임을 부인할 수 없다. 그뿐만 아니라 교사들이 나눔을 활성화함으로써 탁월한 기술을 계발할 수 있다. 학습자들의 나눔을 격려할 수 있는 교수의 핵심은 토의법을 배우는 일이며, 토의법의 핵심은 좋은 질문법을 배우는 것이다. 제 4장에서는 좋은 토의자와 질문자가 되는 길을 살펴보려 한다. 4장의 전제는 비교적 단순하다 : 만일 사람들이 하나님 안에서 성장하려 한다면 다른 기독교인들과 지원받고 도전받는 관계에 참여할 필요가 있다는 점이다. 그러한 것이 이루어진 다음에 비로소 관계를 증진시키는 교수법을 배워야 할 것이다.

헌신교육(Teaching for Commitment)

신앙 입방체의 세 번째 차원은 헌신이다. 본능적으로 우리는 이 측면이 신앙에서 얼마나 중요한 면인가를 알고 있다. 학습자들이 그들의 삶에서 지속적인 신앙적 헌신이 없다면 그들이 갖고 있는 신념들과 개인적인 영성을 좀더 깊이 있게 이끌어 가기 위해서 그들의 시간과 에너지를 쏟아 부울 수는 없을 것이다. 하나님에 대한 새로운 이해를 획득하기 위하여 경험하게 되는 갈등은 결코 쉬운 일이 아니다. 그 일은 우선 배우려는 의지, 오랫동안 갖고 있던 관념들에 대한 재고(rethink), 다른 사람들의 말을 듣는 일, 그리고 새로운 신념들에 입각하여 행동하는 일 등이 그 일에 포함된다. 이러한 과정에 관여하는 일은 헌신이 요구된다.

우리가 직접 보면 알 수 있으나 정확하고 명료하게 헌신을 정의하는 일은 힘든 일이다. 헌신에 대해 생각할 때 우선적으로 떠오르는 단어들은 바침(dedication), 투자(investment), 헌신(devotion)과 같은 단어들이다. 이 단어들은 어떤 것에 향한 깊이 있고 지속적인 관심을 드러내 주는 공통적인 의미를 갖고 있다. 스포츠, 결혼, 또는 일에 대한 헌신은 개인의 일상 생활에서 그의 시간과 에너지를 사용하는 방식을 결정지워 줄 정도로 매우 높은 수준의 투자를 수반하고 있다. 예컨대, 어떤 사람이 테니스에 전념했다고 하자. 그는 우선 테니스 레슨비를 쾌히 낼 마음이 있어야 하며, 다음에는 운동할 수 있는 장소를 물색해서 결정해야 하고, 연습할 수 있는 시간을 쪼개어 내야 하며, 그리고 그 운동을 정기적으로 해야만 한다. 이 간단한 예에서 본 것같이 어떤 일을 헌신적으로 한다는 것은 엄청난 투자가 요구되어지는 것이다.

헌신은 간단히 말해서 개인이 어떤 일을 하는 데 있어서 그 일을 위하여 투자하는 정도와 관계가 있다. 신앙의 영역에 있어서 헌신은 개인이 그가 맺고 있는 하나님과의 관계에 바치는 열심과 봉헌으로 볼 수 있다. 전국적인 규모의 조사에서 반복해서 드러나는 사실은 많은 사람들이 하나님을 믿고 다양한 기독교의 신념들을 소유하고 있음에도 불구하고 그들은 제도적인 종교에 참여하지는 않는다는 점이다.[3] 그들이 갖고 있는 헌신의 정도는 어느 정도나 될 것인가? 하나님은 믿으면서 교회에 출석은 하지 않거나 또는 기독교인으로서 재정적인 책임만을 감당하는 것으로 충분한가? 그것은 어떤 종류의 헌신인가? 교회에 정기적으로 출석하는 교인들에게도 유사한 질문들이 제기될 수 있을 것이다. 삶의 여정에서 신앙이 성장하는 데 도움이 될 수 있는 교회활동에는 전혀 참여하지 않으면서 주일 예배에만 참석하는 것은 충분한가? 신앙생활을 주일날에만 제한시키는 것은 어떤가? 이러한 질문들의 뒤에는 언제나 헌신의 문제가 자리하고 있는데, 그것은 자신의 사랑을 예수 그리스도 안에서 드러내신 하나님에 대한 열정과 봉헌이다.

교사로서 학습자들이 갖고 있는 신앙의 헌신의 차원에 관심을 가져야 하기 때문에 다음의 질문은 매우 중요하다고 보여진다. 헌신은 어디로부터 오는가? 교사가 어떻게 학습자의 하나님에 대한 헌신을 보다 깊게 할 수 있는 기회를 제공할 수 있겠는가? 필자의 생각으로는 이러한 질문들에 대답하기 위해서는 교사들이 신앙에 있어서 헌신의 위치를 새롭게 생각할 것이 요구되는 것이다. 헌신을 일차적으로 의지의 문제라고 보는 생각을 버리고, 학습자들의 개인적 정체성에 연결되어진 이야기에 근거하여 보아야 한다. 제 5장에서 이 문제에 대하여 좀더 자세히 설명하게 되므로 여기서는 간단하게 말하기로 한다.

때때로 헌신은 다음과 같이 묘사되고 있다. 즉, 인간은 내적 자아 또는 의지라고 불리는 대행자가 있어서 그것이 인간의 행동을 지시하고 결정을 내리는 데 도움을 받는 존재라고 보는 견해가 있다. 이 견해에 의하면 인간은 이 의지의 작용으로 헌신의 마음을 갖게 되는데 하나님에게 바치는 헌신도 여기에 포함된다고 생각한다. 헌신의 문제를 이렇게 볼 때 인간이 하나님에게 향하는 헌신의 정도를 선택할 수 있다고 생각하게 된다. 투자나 헌신의 정도는 마음대로 조절할 수 있는 의지의 문제이기 때문에 그 높낮이는 전적으로 사람에게 달린 것이 된다. 헌신을 이렇게 이해할 때 교수에 대한 헌신은 인간의 의지의 문제에 호소하는 것으로 보게 된다. 교사들은 학습자들이 자신들의 의지를 훈련하고 신앙적인 헌신을 증진시키거나 혹은 처음으로 헌신을 하도록 강요하고 설득하고 요구하게 된다. 교사들이 헌신을 이끌어 내기 위하여 때로는 학생들을 매우 심하게 압박하면서까지 그들의 헌신의 정도를 깊게 하려는 경우도 있다.

이러한 교수의 접근 방법이 내포하고 있는 문제는 헌신이 그 생명력을 얻게 되는 길과 신앙의 성장에 대한 부분적이고 왜곡된 입장에 입각하고 있다는 점이다. "우선 헌신은 무엇보다도 인간의 의지의 문제가 아니다." 교수에서 헌신의 측면을 보다 효과적으로 다루기 위해서 우리는 위에서도 강조했듯이 교사들은 신앙에서 헌신의 자리를 다시 생각해야만 한다. 아마도 종교개혁자인 마틴 루터(Martin Luther)보다 이 문제를 더 명확하게 본 신학자는 없을 것이다. 루터의 유명한 논문인 "의지의 예속"(Bondage of the Will)에서 성경은 인간을 죄에 예속된 존재로 보고 있음을 그는 지적하였다.[4] 인간의 마음은 의지를 포함하여 모든 부분이 죄로 인해 왜곡되어 있다

물론 우리는 매일의 삶에서 의지를 행사하여 필요한 일들을 결정하면서 살아가고 있으며 그것은 정상적인 생활을 영위하는 데 필요한 것이지만, 루터가 지적한 대로 인간의지의 본질적인 방향은 죄에 예속되어 있음을 인식하는 일은 중요하다. 인간이 선택하는 대부분의 것들은 이기심으로 혹은 하나님이 아닌 다른 어떤 것에 기초하여 자신의 정체성을 형성하려고 열심히 노력하는 일로 얼룩져 있다. 의지의 능력은 남아 있으나 그것은 심하게 왜곡되어졌다. 죄에 구속되어 있는 의지의 인식은 루터와 그 외의 종교개혁자들로 하여금 구원과

관련된 교리들에 있어서 인간의 헌신을 이차적인 자리에 두도록 하는 이유가 되었다. 그러므로 가장 우선적인 교리는 예수 그리스도의 생애와 죽음과 그리고 부활에서 성취된 하나님의 화해의 교리로 보게 되었다. 이렇게 볼 때 헌신은 언제나 하나님의 화해의 역사에 대한 응답으로 보아야 한다. 즉, 믿는 자로서 우리의 역할이 분명히 있으나 그것은 언제나 이차적인 것이다. 인간 의지의 예속 때문에 구원은 선물로서 인간이 하나님의 사랑을 받아들일 수 있는 자유를 가져다 주며 동시에 인간의 신뢰를 하나님의 신실하심에 맡길 수 있도록 해 준다.

인간의 헌신을 이차적인 자리에 놓는 경우를 자신이 저지른 범죄행위 때문에 감옥에서 처형의 날만을 기다리는 죄수의 상황과 비교할 수 있을 것이다.[5] 이 죄수가 형이 집행되기 수분 전에 주지사의 명령으로 형 집행이 정지되고 사면을 받게 되었다는 기쁜 소식을 간수가 감방으로 가져와 듣게 되었다. 간수는 감옥문을 열었고 사면을 받은 죄수는 이제 자유를 얻었으므로 그는 자리를 털고 일어나 그에게 일어난 일을 받아들이는 일만 남았다. 이 예에서 주의해야 할 점은 모든 중요한 일은 죄수에게 일어났다는 사실이다. 즉, 사면, 기쁜 소식의 전달, 감방문의 열림 등은 모두 죄수를 위한 것이었다. 비록 그 죄수의 역할도 있었으나 그것은 제한된 역할이었다. 그는 자신을 위해 스스로 아무것도 한 것이 없다는 사실을 받아들여야만 한다. 신앙에서의 헌신도 마찬가지이다. 헌신은 무엇보다도 우리를 위하여 그리스도 안에 나타내신 하나님의 행위에 대한 응답인데 그것은 용서하심과 우리 자신을 위하여 우리가 할 수 있는 일은 아무것도 없다는 사실을 받아들인다는 의미를 가진다.

교사는 헌신을 적당한 자리에 놓기 위하여 노력해야 한다. 인간의 의지를 지나치게 강조하여 인간이 자신을 구원할 수 있는 능력이 있다는 분위기를 만드는 일은 기독교교육에서 받아들일 수 없는 일이다. 그뿐만 아니라 헌신을 의지력, 긍정적 사고, 또는 이와 유사한 것으로 볼 때 하나님에게 향하는 개인적인 봉헌이나 헌신의 진정한 근거를 무시하는 결과를 낳게 된다.

 헌신교육에서 우리의 목적은 좀 다른 것이다. 그것은 학습자들이 지금까지 이해해 오던 삶의 이야기를 새롭게 형성시킬 정도로 의미 있고 저항하지 못할 방법으로 그리스도 안에 나타난 하나님의 사랑을 제시하는 것이다. 필자가 개인 정체성 이야기(personal identity narrative)라고 부르는 이 수준에서 비로소 헌신은 생겨나고 양육되는 것이다. 학습자들이 자신들의 삶을 진정으로 새롭게 보기 시작할 때 그 때에야 비로소 그들의 헌신의 수준이 바뀌게 될 것이다. 의지에 호소하는 것으로는 충분하지 않다. 교수는 성경과 기독교 전통에서 찾아 볼 수 있는 신실하신 하나님에 관한 이야기에 비추어서 학습자들이 자신들의 정체성 이야기를 재해석하도록 도움을 줄 수 있는 보다 흥미 있고 또한 도전을 가져다 줄 수 있는 방향으로 계획되어야만 한다. 제 5장에서 이러한 과제가 어떻게 교수에서 성취될 수 있는가에 대해 살펴보게 될 것이다.

신비교육(Teaching for Mystery)

 신앙 입방체의 마지막 차원은 신비이다. 신비라는 단어의 어원은 희랍어로서 그 뜻은 "침묵을 지키다" 혹은 "숨겨져 있다"인데, 영어는 희랍어 어원이 갖고 있는 의미를 그대로 사용하고 있다. 신비는 침묵하거나 숨겨져 있는 어떤 것을 가리키는 것이기에 그것은 인간이 완전히 이해할 수 없는 것이다. 추리소설의 예를 보아도 소설의 중요한 부분은 독자들이 끝까지 긴장하고 흥미를 갖게 하기 위하여 숨겨져 있게 마련이다.

 신비함은 신앙이 갖고 있는 중요한 부분이다. 비록 인간 실존의 궁극적인 결말은 그리스도의 삶에 계시되어 이미 잘 이해되어 있지만 하나님과 세상에 관한 많은 것들이 아직 숨겨져 있다. 우리가 알고 있다고 주장하는 하나님에 대한 지식은 그런 의미에서 많은 한계를 내포하고 있으며, 신앙에 있어서 우리는 이러한 한계들을 수용하고 우리가 갖고 있는 하나님의 지식을 신비의 영역에까지 확대시키려는 수고를 버려야만 한다. 신앙에서 신비의 역할을 파악할 수 있는 한 가지 방법은 일상적인 인간 관계에서 그것이 어떻게 기능하고 있는가를 보는 것이다. 넓은 의미에서 신비는 모든 관계의 한 부분인 타인성(otherness)을 인정하는 것에 의거한다. 아무리 친한 관계라도 그 사람은 언제나 타인이며 내가 완전히 이해할 수 없는 존재이기 때문에 그 사람의 어떤 부분들은 숨겨져 있거나 비밀로 남아 있다. 오래된 친구가 "네가 이런 음식을 좋아하는 줄은 몰랐어"라든가 "자네가 어렸을 때 그런 운동을 한 줄은 정말 몰랐네"라고 하는 말을 우리는 종종 듣고 있지 않는가?

이와 같은 일을 우리는 친밀한 관계의 보다 깊은 수준에서도 보게 된다. 그 좋은 예로서 부부간의 관계에서 서로가 다른 것을 원한다는 것을 인식할 때가 종종 있다. 남편은 신체적인 친밀함을 바라고, 아내는 감정적인 친밀감을 바라는 경우가 있는가 하면, 남편이 거리를 두는 관계를 원할 때 아내는 많은 것을 서로 나누기를 갈망할 수도 있다. 각 사람은 서로 다른 요구와 의사소통의 양식을 가지고 관계를 시작하기가 십상이기에 서로에게 좀더 민감해지도록 노력은 할 수 있을지 몰라도 앞에서 지적했던 타자성은 언제나 남게 된다. 사실 상대방을 완전히 이해하는 것은 불가능한 일이므로 어떤 종류의 친밀한 관계에서도 반드시 기억해야 할 중요한 점은 이 타자성을 받아들일 수 있는 길을 배우는 것이라고 보여진다. 이것이 바로 신비를 인정하는 것이다. 우리 인간들이 맺고 있는 하나님과의 관계에서 매우 중요한 부분이 타자성의 측면으로 볼 수 있겠다. 인간은 하나님과 질적으로 다른 존재이다. 인간은 하나님의 지으심을 받은 피조물이며, 하나님은 창조자이시다. 하나님은 구원자이시고 인간은 구원받아야 할 존재이다. 인간은 역사에 참여하는 유한한 존재이나 하나님은 역사의 주인이시다. 신앙의 핵심은 하나님의 타자성을 인정하는 것이다. 하나님의 방법은 우리의 것과는 다르며 그 대부분은 신비로 남는다. 바울이 고린도 전서 13:12에서 "우리가 이제는 거울로 보는 것같이 희미하다."고 말한 것은 그것을 암시해 주는 것이라고 하겠다. 신앙의 중요한 면은 이 신비를 인정하는 것이다.

  기독교인의 삶에서 경험되는 가장 큰 유혹 중의 하나는 신비가 우리에게 가져다 주는 한계를 넘어서려는 노력이라고 할 수 있다. 인간은 하나님을 타자로서 받아들이지 않으려 한다. 역사를 통하여 나타난 예들을 보아도 이것은 증명되고 있음을 알 수 있다. 즉, 다양한 기독교 종파들은 이 세상의 종말을 예언하였다. 그들은 함께 모여서 마지막 날을 위한 특별한 준비를 하였다. 그렇게 함으로써 그들은 하나님에 관해 인간이 알고 있는 하나님의 지식에 내포되어 있는 한계를 무시하는 결과를 가져올 수밖에 없었다. "가라사대 때와 기한은 아버지께서 자기의 권한에 두셨으니, 너희의 알 바 아니요……"(행 1:7). 하나님의 때를 믿고 그 시간에 맞추어 살기보다는 그러한 집단들은 하나님의 신비의 영역을 침범했다고 할 수 있다.

  신앙의 신비함을 받아들이는 일은 우리가 살아가면서 하게 되는 직접적인 경험이 우리가 알고 있는 하나님과는 반대된다고 생각되는 상황에 처할 때 특히 중요해진다. 우리의 신앙은 하나님은 언제나 이 세상을 사랑하시고 돌보신다고 우리에게 말해 주지만 예를 들어 텔레비전의 화면에 끝없이 계속되는 인간의 고통을 본다. 그런데 우리가 직접 사랑하는 사람의 죽음이나 끔찍한 사고로 가족 중의 한 사람이 갑자기 사망하는 고통을 경험할 때 인간 고통의 문제는 우리에게 더욱 심각하게 다가온다. 특히 그러한 순간에 신앙은 신비와 만난다.

  하나님에 대한 우리의 신뢰는 우리의 경험에 의해 직접적으로 확인되지는 않는다. 우리는 무엇을 듣거나 보거나에 관계없이 하나님을 믿는다. 하나님의 뜻이 가지고 있는 신비는 그리스도 안에서 드러났기에 우리는 죽음이나 고통이 끝이 아님을 알고 있다. 그럼에도 불구하고 그것이 우리 자신의 삶과 우리를 둘러싸고 있는 세계에서 어떻게 실현되어지는가에 대하여 이해하는 우리의 능력에는 한계들이 있다. 하나님은 언제나 타자로 남으신다. 그러므로 하나님에 대한 우리의 믿음에서 중요한 부분에는 이 하나님의 타자성을 인정하는 일이 포함되어야만 한다.

　그러기 때문에 교회교육에서 때때로 신앙의 신비에 초점을 맞추는 것이 필요하다. 그러나 신비에 관하여 교육하는 것과 신비를 위한 교육에는 커다란 차이가 있음을 지적해야 하겠다. 그런 의미에서 교수의 목적은 신비의 역할에 관한 개념적 지식을 전하는 것이 아니라 사람들이 자신들이 맺고 있는 하나님과의 관계의 중심에 자리잡고 있는 신비를 개인적으로 인정할 수 있는 기회를 주는 데 있다고 하겠다. 신비를 위한 교수는 모든 종류의 교수에 현존하는 한계들을 교사들이 다시 한 번 직면할 수 있게 해준다. 어떤 경우에도 신앙의 생성이나 성장이 교사들에 의해 성취되는 것은 아니다. 왜 어떤 사람들은 신앙을 얻고 그 신앙이 계속적으로 성장하며 또 어떤 사람들은 그렇지 못한가의 문제는 신비의 영역에 남을 수밖에 없다. 교수에서 적절한 정도 이상을 성취하려고 하는, 우리의 제한성을 넘어서려는 노력은 어리석은 일이다. 우리가 가르치는 학생들이 신앙을 갖고 그 신앙이 성장하도록 강요할 수는 없는 일이며 그것은 마치 하늘에 닿을 탑을 쌓는 것과 같이 무모한 일이다.

　교사로서 우리가 할 수 있는 일은 성령과 인간의 영, 그리고 하나님의 말씀과 인간의 고백의 언어들이 서로 만나는 데 도구로서 섬기는 일이다. 교수의 한계를 받아들이는 것은 신앙의 한 부분인 신비를 인식하는 길과 직결된다. 신앙의 교사로서 우리의 과제는 바울이 말했듯이 "하나님의 비밀을 맡은자"(고전 4 : 1)가 되는 것이므로 우리는 그 이상이나 그 이하도 될 수 없는 막중한 책임을 지고 있다.

3
신념을 위한 교육 : 지식 전달을 위한 강의법

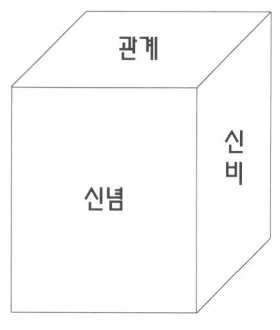

교회에서 행해지고 있는 교육의 상황에 관한 가장 비참한 논평 중에 하나는 널리 퍼져 있는 성경적, 신학적 문맹이다. 세대에 관계없이 기독교인들은 교회의 핵심적인 가르침과 성경에 있는 그 가르침의 기초들에 대한 지식을 전혀 알지 못한 채 성장하고 있다. 지식의 전달이 교회교육이 갖고 있는 오직 하나의 과제는 아니라고 하더라도, 그것은 중요한 과제의 하나임을 부인할 수는 없을 것이다. 만일 우리가 신앙 입방체의 신념의 차원을 지원하는 교수를 한다고 한다면, 우리는 지식의 전달을 우위에 두어야만 할 것이다.

좀 이상하게 보이지만, 금세기에 있었던 대부분의 기독교교육은 성경적 지식과 교리적 지식을 전달하는 일의 중요성을 경시해 왔는데 부분적으로 이것은 성경이나 교리문답을 학습하도록 강요하는 주입식 교육방법에 반발하여 나타난 현상이라고 볼 수 있다. 두려움과 죄책감은 종종 사람들로 하여금 어떤 신념들을 수용하도록 강요하는 데 이용되었다. 이해를 위해서 기계적인 암기가 가장 우선 순위에 놓여 졌는데 이러한 교육적 접근은 교회에 의해 당연히 거부되었다.

그러나 성경과 교리의 지식을 전달하는 데 소홀히 했던 또 다른 이유가 있었는데 그것은 금세기의 기독교교육을 지배했던 교육철학 때문이었다. 그 철학은 진보적인 신학과 밀접하게 연결되어 있던 경험 중심의 학습이었다.[1] 그 관점에서 보면 학습자들은 그들 자신의 경험을 통하여 스스로 기독교 신앙의 의미를 발견하도록 격려받는다고 할 수 있을 것이다. 따라서 교사들은 가르치는 내용보다는 교실과 그 교실의 구성원들이 의미 있는 지식을 구성해 주는 과정에 초점을 맞추었다. 이 경우 내용은 학습자들이 사용하도록 배운 사고와 경험의 과정보다 덜 중요하게 취급되었다.

인지 심리학 분야에서 있었던 최근의 연구는 교육을 그러한 관점에서 생각하는 것에 대해 심각한 의문을 제기하였다.[2] 경험 중심의 교육이 하고 있듯이 내용과 과정을 명확하게 구분하는 것 자체가 쉬운 일이 아님을 우리는 인정해야만 한다. 최근에 있었던 또 하나의 연구에 의하면 사람들은 그들이 이미 갖고 있던 지식의 저장소에 기초하여 새로운 지식을 얻는다는 사실이 발견되었다. 종종 이러한 지식의 저장소를 배경 지식으로 기술되곤 하였다.[3] 우리가 신문이나 책을 읽을 때마다 우리가 읽는 것을 이해하기 위하여 배경 지식을 끄집어내곤 한다. 어떤 저자도 주어진 기사에 제목이 요구하는 모든 것을 서술할 수는 없는 것이며 그렇기 때문에 저자는 독자들이 주제를 이해할 수 있는 어느 정도의 기본지식이 있음을 가정하고 글을 쓰게 되는 것이다. 만일 기사가 우리가 평소에 별로 잘 알지 못하는 것에 관한 것이라면 그 기사를 이해하기는 힘들어질 것은 당연한 일이다. 간단히 정리하자면 사람들은 새로운 정보를 그들이 이미 갖고 있는 내용에 근거해서 획득하게 되는 것이다. 이것은 독서 외에 다른 활동을 통해서도 가능하다.

예컨대 내가 우리 아이들을 데리고 대학 농구시합을 구경할 때 아

3. 신념을 위한 교육 : 지식 전달을 위한 강의법 49

홉 살 난 딸 아이는 장내 아나운서가 해설하고 있는 경기의 하나 하나를 이해하는 데 어려움이 있지만 열네 살 먹은 아들 아이는 장내 아나운서의 해설을 자주 평가하는 것을 보게 된다. 내 딸 아이는 농구 경기에 대한 지식이 거의 없기 때문에 경기장에서 일어나는 일을 설명하는 개념이나 단어들을 알아들을 수가 없지만 학교 농구 선수인 아들 아이는 이미 경기를 관람하고 분석할 수 있는 세련된 농구의 지식들을 소유하고 있기 때문에 아나운서들의 경기 해설을 잘 이해할 뿐만 아니라 그들의 의견을 평가까지 할 수 있는 것이다. 다시 말하면 두 아이는 그들이 이미 갖고 있는 기초지식에 근거하여 새로운 정보를 수용하고 또한 처리하고 있는 것이다.

　인지 심리학자들은 인간의 정신작용을 컴퓨터의 정보처리와 비교하여 설명하고 있다. 정보처리는 컴퓨터로 산문을 쓰거나 수학적인 정보를 입력하는 활동과 같다. 세 가지의 비교를 자주하고 있는데 그것을 좀더 자세히 살펴보자.

　첫째로, 정보처리를 시작하기 전에 컴퓨터를 먼저 켜야 한다. 그와 마찬가지로 인간의 정신도 새로운 자료에 주의를 집중하기 위하여 작동을 시켜야 한다. 우리가 학생들에게 새로운 정보를 제공할 때 그들의 주의를 집중시키고 그것을 유지하기 위해 노력하지 않는 한 어떤 가치 있는 것도 남아 있을 가능성은 없다고 보아야 할 것이다.

　둘째로, 컴퓨터가 일단 작동을 시작하면, 새로운 정보를 넣거나 이전의 화일을 수정하기 위해서는 이미 저장되어 있는 화일을 불러내야만 한다. 이와 마찬가지로 인간의 정신도 이미 처리된 지식의 관점에서 새로운 정보를 받아들이고 조직하는 것이다. 예컨대, 세례에 관한 강의를 들을 때 우리는 우리가 이미 갖고 있는 세례에 관한 지식을 불러내고 그것을 새로운 정보에 동화시키게 된다. 만일 우리가 세례에 관하여 아는 것이 아무것도 없다면 우리는 세례에 대한 새로운 파일을 만들어야만 할 것이다. 다시 말하면 이 경우에는 강사의 세례에 관한 강의에 기초하여 세례에 관한 정보의 형성을 시작해야만 한다. 인지 심리학에서는 새로운 정보를 처리하는 데 사용하는 기초정보의 단위를 쉐마(도식)라고 불렀다. 주어진 지식의 영역에 관한 쉐마가 풍부하고 복잡할수록 그 영역에 관한 새로운 지식을 받아들이고 이해하는 능력은 더욱 깊어진다.

셋째로, 컴퓨터는 정보가 흘러넘치지 않는 한도 안에서만 정보에 대한 기억을 유지할 수 있다. 때때로 삽입한 정보는 디스크나 또는 새로 만든 화일에 저장시켜야만 한다. 더 나아가 디스크에 새로운 정보가 저장될 때까지는 영구한 기록은 존재하지 않는다. 많은 저술가들이 정전 때문에 아침내내 해온 일이 허사가 되고, 컴퓨터에서 활동 중인 기억의 화일이 저장되기 전에 상실되는 경험을 했을 것이다. 이와 마찬가지로 우리는 매우 제한된 정보들을 단기기억으로 받아들이며 그것들이 장기기억으로 저장되도록 노력해야만 한다. 새로운 정보가 장기기억의 부분이 될 때 비로소 그 지식이 이후에 인출되어 새로운 정보를 처리하는 데 사용되어질 수 있다.

컴퓨터에 익숙한 사람이면 위의 비유는 아마도 일리가 있는 예가 될 것이다. 만일 그렇지 않다면 그것은 별로 도움이 되지 못했을 것이다. 바로 여기에 문제의 핵심이 있다. 우리 모두는 새로운 정보를 우리가 이미 소유하고 있는 배경의 지식을 기초로 해서 새로운 정보를 받아들이고 또한 처리하고 있는 것이다.

물론 인간의 마음은 컴퓨터보다 월등하며 따라서 위의 비유는 한계가 있다. 마음은 창조적이고 반성적인 능력을 가지고 있는데 컴퓨터는 이러한 능력을 결코 가질 수 없다. 그럼에도 불구하고 그 비유는 교수에서 지식 전달의 중요성에 관하여 생각해 보는 데 도움이 된다고 보여진다. 우리는 학생들이 성경적, 신학적인 지식을 형성하는 데 도움을 주는 일을 매우 심각하게 받아들여야만 한다. 이러한 지식이 없이는 그들이 성경을 의미 있게 읽을 수 없을 것이며, 더욱이 그들이 자신의 삶과 세계를 신학적인 관점에서 해석하도록 해주는 쉐마를 소유하지 못할 것이다. 학습자들이 소유하는 기초적인 정보는 매우 중요하다.

새로운 지식을 교수하는 방법을 배우는 일은 쉬운 일이 아니다. 이

장에서는 정보를 전달하는 방법으로서 강의법에 관심의 초점을 맞추기로 했는데 이것은 강의법 사용의 하나의 예에 불과하다. 강의는 듣는 사람들의 내적 대화에 생기를 불러일으키며 보다 깊은 헌신을 가져다 주기 때문에 그것은 사람들을 정서적으로 감동시켜 준다. 강의법은 주제가 갖고 있는 여러 가지 측면을 탐색하게 해주며 사람들이 자신이 갖고 있는 관점의 한계를 인정하도록 하는 데 도움을 준다. 간단히 말하여 강의법은 단순히 지식의 전달 이상의 역할을 한다고 볼 수 있는데, 그러나 여기서 우리의 초점은 학습자들이 그들의 신념을 형성하고 그것을 강화시키는 데 도움을 줄 수 있는 지식을 제공하는 데 있음을 지적해야만 하겠다.

물론 강의법만이 그러한 일을 실현하도록 돕는 것은 아니다. 새로운 내용을 교수하고 신앙 입방체의 신념 측면을 교수하는 데 사용할 수 있는 교수과정은 매우 다양하다. 그 교수과정의 대부분은 이 책에 추천 도서로 소개되고 있다.[4] 다음 장에서는 지식의 전달에 역시 효과적인 교수방법인 토의법에 주의를 집중하려고 한다. 그럼에도 불구하고 교육에 몸담고 있는 사람들의 대부분에게는 강의법이 가장 중요한 교수방법 중의 하나로 남아 있다. 학생들이 기대하거나 혹은 시간 제약이 강의를 하지 않을 수 없도록 이끌어 갈 수도 있는데 어떤 경우이건 우리가 그렇게 하고 싶어도 강의를 피할 수는 없을 것이다.

강의법 : 왜 그것은 살아남았는가?

훌륭한 강연자는 매우 드물다. 우리의 고교시절이나 대학시절을 회상해 보아도 좋은 강의를 했던 교사나 교수를 기억하기가 쉽지 않다는 것은 바로 그것을 증명해 주는 것이다. 이렇듯 강의는 결코 쉬운 일이 아님에도 불구하고 왜 교사들은 그렇게 자주 강의를 고집하는 것인가? 이미 지적했지만 가장 중요한 이유 중의 하나는 : "우리는 배운 대로 가르친다는 데 있다." 오랜 기간 동안 우리가 받아 온 교육은 주로 강의에 의하여 수행되어 왔기에 우리는 우리에게 가장 낯익은 교수방법에 의존할 수밖에 없게 된다. 교회에서 강의법이 자주 사용되는 또 다른 이유는 그 방법이 다른 교수방법을 사용했을 때보다 훨씬 더 효과적인 결과를 가져오기 때문임을 지적해야 하겠다. 강의법만큼 주제에 대한 흥미를 자극하면서 동시에 청중에게 빠른 시간내에 많은 정보를 전달할 수 있는 교수법은 없을 것이다.

수세기에 걸쳐서 강의법이 살아남았다는 사실 자체가 강의법이 갖고 있는 교수방법의 잠재성을 증명해 주는 것으로 볼 수 있다. 강의법은 고대 희랍의 아카데미아에서부터 그 유래를 거슬러 올라갈 수 있다. 그 당시 서적들은 매우 귀했고 있다고 해도 부유한 후원자로부터 지원을 받는 학자들만이 이용할 수 있었기 때문에 강의는 대중들에게 지식을 전수하는 중요한 방법으로 자리잡게 되었다. 교사들은 강의 준비를 위하여 엄청난 시간을 들였으며 그 준비과정에서 그들은 무엇을 가르칠 것인가의 문제뿐만 아니라 어떻게 그것을 전달할 것인가에도 관심을 갖게 되었다. 대중연설의 기술에 초점을 맞춘 수사학은 고대의 교육에 있어서 가장 중요한 주제가 되기에 이르렀다.

강의는 또한 처음부터 교회의 삶에 매우 중요한 부분으로 그 역할을 감당하였음을 역사는 우리에게 증언해 주고 있다. 초대교회는 교리적 설교를 통하여 초신자들을 교육하였다.[5] 물론 설교가 강의는 아니라고 하더라도 설교는 기독교 신앙의 기초를 전하기 위하여 계획된 교수의 형식을 갖추고 있다. 종교개혁 시대에는 교회에서 교훈적인 설교가 교육의 중요한 근거로서 다시 부상되었는데 이때 종교개혁자들이 만들어 놓은 아카데미에서 주어진 강의가 함께 병행되곤 하였다.[6] 어떻게 보면 그때 이미 활자가 만들어져서 인쇄가 가능했으며 최초로 대중이 아무 규제없이 책을 볼 수 있게 되었다는 사실을 감안해 보면 그것은 이상하게 보일 수도 있다. 인쇄가 가능해진 시대에도 계속해서 강의법이 중요하게 다루어진 이유는 과연 무엇인가?

그 질문에 대하여 간단히 대답한다면 다음과 같이 말할 수 있을 것 같다. 즉, 글을 읽는 것이 좋은 강의를 대치할 수는 없기 때문이다. 이것은 종교개혁이 일어났던 16세기나 오늘이나 다를 바가 없다고 보여진다. 비록 독서는 인간으로 하여금 지식을 흡수하는 데 보다 빠르고 보다 더 정확히 기억할 수 있도록 해준다는 연구 결과들이 있지만 그것은 아직 강의가 갖고 있는 말하고, 몸짓을 하고, 반응하는 인간과 얼굴을 서로 맞대는 상호작용이 결여되어 있는 것이다.[7] 좋은 강의는 청중들이 가장 중요한 정보가 무엇인가를 구별할 수 있게 해주며 후에 기억하기 위하여 어떻게 그 정보들을 조직해야 하는가를 잘 알려 준다. 좋은 강연자는 듣는 사람이 이미 갖고 있는 배경 지식을 새로운 정보와 서로 연결시켜 주며 강의가 진행되면서 제기되는 질문에 응답해 준다. 바꾸어 말하면 좋은 강연자는 학습자가 더 배울 수 있도록 동기를 유발시켜 주는 역할을 한다고 볼 수 있다.

좋은 강의를 하는 것은 매우 어려운 일이어서 많은 노력과 기술이 요구되어진다. 그리고 과거보다 이 시대에 강의법을 사용하는 것이 훨씬 더 어렵게 되었는데 그 이유는 텔레비전, 비디오 테이프, 그리고 영화의 출현으로 요즈음의 학생들은 시각적으로 더욱 지향되어 있기 때문이다. 그러기 때문에 오늘의 학생들은 듣는 것보다는 보는 것에 더 익숙해 있을 뿐만 아니라 한 장면에서 다음 장면으로 급격하게 바뀌는 것을 보는 것에 익숙해져 있다. 그 결과로 어린이와 어른에 이르기까지 주의집중 간격이 줄어들게 되었는데 특히 그것은 다른 사람이 말하는 것을 듣는 일에 있어서 더욱 그러하다.[8] 전문가들에 의하면 요즈음의 보통 성인들이 상대방의 말을 듣는 주의집중 시간은 10분이라고 한다. 이와 같이 강의가 과거에 비해 더 힘든 지금 왜 그 방법을 계속 사용하는가? 시청각 매체로 훈련된 의식을 갖고 있는 학생들에게 비디오 자료를 사용하지 않고 왜 강의를 하는가? 이 질문에 대한 대답은 다음의 두 가지로 정리할 수 있을 것 같다.

첫째로, 비디오 테이프가 교수에서 매우 중요한 자리를 차지하고 있으나 그것을 만들거나 구입하는 데 많은 비용이 든다. 교회에서 가르쳐야 할 모든 주제를 비디오로 개발하는 일은 경제적으로나 개념적으로나 불가능한 일이다. 대부분의 교회들은 비록 테이프가 이용 가능하다고 해도 그 자료들을 장만할 수 있는 여유가 없는 것이 현실이다. 둘째로, 기독교 신앙의 많은 측면들이 고도로 단순화된 미디어 지향적인 형식으로 환원될 수 없는 것이 있다. 기독교인의 삶에 매우 중요한 지식은 복잡하며 그렇듯 복잡한 지식은 점진적이고 누적되는 방법으로 획득되어져야만 한다. 그러한 점진적인 방법은 학생들이 이미 갖고 있는 배경적인 지식에 새로운 지식을 형성시키고 그들의 질문에 응답하고 그들과 대화하며 그 새로운 지식을 학생들의 삶에 적용하도록 도움을 줄 수 있는 교사의 주의 깊은 인도 아래 수행되어지는 것이다. 이때 여러 가지 방법으로 소통되는 교사의 개인적인 확신은 역시 아주 중요하다. 미디어를 사용한 발표는 강의가 내포하고 있는 위에서 지적한 장점들이 결여되어 있다.

이러한 이유 때문에 강의는 교사들이 마땅히 획득하도록 노력해야 하는 기술인 것이다. 강의를 잘하는 것이 쉽진 않지만 강의 기술을 증진시키기 위하여 계속 노력한다면 그것은 가능한 일이다. 다음에서 강의를 준비하고 그것을 전달하는 데 도움이 되는 몇 가지 아이디어를 소개하려고 한다. 그 아이디어들은 나 자신과 다른 사람들의 교수경험에서 나온 것이지만 그러나 그것은 다만 제안임을 지적하고 싶다. 사실 모든 교사들에게 효과적일 수 있는 완전하고 단계적인 강의법을 요약하는 일은 불가능하다. 각자가 갖고 있는 능력, 기술, 창의력 그리고 배경이 중요한 역할을 해주며, 동시에 학급의 분위기와 상황에 의해 강의는 크게 영향을 받고 있음을 부인할 수 없다. 즉, 학급이 무엇을 가장 잘 배우는지 그리고 어떤 교수방법에 익숙해 있는가에 영향을 받게 된다. 다음에 제시되는 몇 가지의 실제적인 아이디어들은 교사가 강의를 준비하고 전달하는 독특한 접근 방법을 찾는 데 도움을 줄 수 있을 것이다.

아이디어의 개요

많은 사람들이 강의를 조직할 때 우선 해야 할 일은 아이디어를 요약하는 일인데 그것은 다음과 같은 방법으로 할 수 있다. 우선 다루려고 하는 주제를 조사하는 일로 시작한다. 언제나 이 일은 기초적이고 배경이 되는 독서를 포함하는데 여기서의 독서는 학급에서 배우고 있는 책이나 교단의 교재가 그 대상이 된다. 책을 읽는 동안 중요한 요점에 표식을 해두는 것이 도움이 되는데 어떤 사람은 줄을 긋거나 색칠로 표시를 하기도 하고 빈 공간에 표식을 하는가 하면 어떤 이는 중요한 아이디어에 괄호를 사용하여 표시해 놓기도 한다. 읽으면서 표시를 해두면 중요한 아이디어가 있던 곳을 찾아내기가 쉬워서 매우 편리하다. 만일 그것이 어렵다면 시간이 조금 더 걸리기는 하지만 중요한 아이디어들을 간단히 적어 놓는 것도 역시 도움이 된다.

일단 기본적인 독서가 끝나면 아이디어를 요약할 준비가 된 셈이다. 그 일은 책에 표시된 부분이나 노트에 간단히 적어 둔 내용을 보고 교수에서 다룰 부분을 결정함으로써 가능해진다. 이 시점에서 아이디어들을 순서대로 정리하는 것은 불필요하다. 왜냐하면 이 때는 단지 읽은 책의 내용 중에서 가장 중요한 아이디어와 학급에서 다루려고 하는 아이디어들을 골라내는 시점이기 때문이다. 이 아이디어들을 각 아이디어의 사이에 약간의 공간을 두고 종이에 적음으로써 아이디어 요약을 만들 수 있다. 각 아이디어를 적어 가면서 가끔 그것과 관련된 예나 부수적인 요점이 떠오르면, 이것들을 그들과 관련되어 있는 아이디어 아래에 기록해 둔다. 부수적인 요점들은 조금 안쪽으로 넣어서 기록하여 나중에 떠오를 수 있는 요점에 대한 생각을 기록할 수 있는 공간을 남겨 두는 것이 도움이 된다.

다음에 할 일은 적어 놓은 아이디어들 중에 실제로 강의에 사용되어질 것을 결정하는 것이다. 이 단계에서는 현실적으로 한 강의에 소화할 수 있는 생각들만을 선택해야만 하는데 인간은 한 번에 극히 제한된 정보만을 받아들이고 기억할 수 있기 때문이다. 앞에서 이미 지적했듯이 인간의 단기기억은 매우 제한되어 있다. 어떤 연구 결과들을 보면 50분에 최대한 서너 가지 정도의 주안점밖에는 받아들이지 못한다는 사실이 밝혀졌다고 한다.[9] 따라서 한 번에 너무 많은 것을 넣으려고 할 때 오히려 실제로 배울 수 있는 학습의 양을 줄이는 결과를 가져올 수 있음을 기억해야만 할 것이다. "부족한 것이 더 많은 것"이라는 격언은 바로 이런 것을 비유한 것이라고 생각된다. 학습자의 단기기억이 그 한계에 도달했는데 그 위에 계속 더 많은 지식을 넣으면 그것은 마치 이미 다 찬 잔에 물을 더 붓는 격이 되면서 그 정보는 단지 넘쳐 흘러 버리는 쓸모없는 곳이 되어 버린다.

아이디어의 요약에 얼마나 많은 요점들을 포함시켜야 하는가를 결정할 때 시간의 제약을 고려하는 것이 도움이 된다. 다음의 질문들이 이 문제와 관련된 것들이라고 생각된다. 이 강의를 위하여 얼마의 시간이 주어졌는가? 한 시간, 45분, 혹은 30분밖에 주어지지 않았는가? 학습자들이 처음 10분 동안 집중하지 않고 있는가? 학습자의 반 이상이 성가대 때문에 일찍 교실을 나가는가? 학습자들의 몇 명은 항상 자신의 의견을 말하거나 질문을 하기 위하여 시간을 사용하는가? 분명한 것은 이러한 문제에 응답할 수 있는 오직 하나의 옳은 답은 없다는 사실이다. 예컨대, 어떤 교사들은 어떤 일이 있어도 제시간에 시작하여 본래 예정된 일정대로 학급을 운영함으로써 학급 운영의 기본원칙을 지키려고 노력한다. 이런 교사들은 제 시간에 교실에 와 있는 학생들을 희생시킬 수 없다는 것을 이유로 내세운다. 그러나 또 다른 교사들은 학급의 자연스런 흐름에 자신을 적응시키고 학습의 전반부를 서로 사귀고 교제하는 시간으로 이용하고 마지막에 질문을 받는 방식으로 하여 학생들이 모두 참석한 다음에 비로소 강의를 하기도 한다. 이런 경우 강의시간에 방해를 받지 않을 뿐만 아니라 강의에 초점을 맞추어 집중할 수 있는 장점이 있다.

시간의 제한과 관련되는 또 다른 요소들이 결정을 기다리게 되는 경우가 있는데 그것은 바로 어떤 아이디어를 강의에 포함하고 어떤 것은 빼는가에 관한 것이다. 이 경우에 다음의 세 가지 질문을 생각해 볼 수 있다. 우리가 읽은 자료에서 어떤 아이디어들이 가장 중요한 것으로 강조되어지고 있었는가? 학습자들이 다루어야 할 가장 필요한 아이디어들은 어떤 것인가? 우리가 개인적으로 가장 관심을 기울이게 되는 아이디어들은 어떤 것이며 확신을 가지고 강의할 수 있는 것은 어떤 것인가? 사실 이 질문들 중에 어떤 것이 주어진 강의에 가장 알맞는 것인가를 결정할 수 있는 분명한 원칙은 없기 때문에 보통 어느 정도의 균형을 유지하는 일이 가장 바람직한 것으로 여겨진다. 일단 강의에서 삭제할 아이디어들이 결정되면 이미 기록되어 있던 아이디어 개요에서 줄을 그어서 지워버리는 것이 도움이 될 것이다.

이제 강의에서 다루어질 기본적인 아이디어들이 정리되었다. 대부분의 교사들이 도움이 된다고 생각하는 단계는 발제개요(presentation outline)를 만드는 것이다. 이것이 실제 강의에서 쓰여질 개요가 된다.

발제개요

종종 강의 준비를 위해 만들어 놓은 아이디어 개요는 강의를 위해서 읽어야 할 독서에 전적으로 기초하고 있다. 그러나 강의에서 제시되는 기본적인 요점들은 강의 준비를 위한 독서의 순서를 그대로 따르지 않을 수도 있다. 모든 강의에서 우리가 기억해야 할 일은 학습자들이 이해할 수 있는 방법으로 내용을 제시하는 것이 강의의 과제라는 사실이다. 그런 의미에서 강의는 단순히 책의 내용을 요약 전달하는 것이 아님을 알 수 있다. 만일 우리가 단순히 읽은 책의 내용을 요약하는 것이라면 학습자에게 책을 주는 것이 더 좋을 것이다. 강의에서 우리가 기억해야 할 일은 그 강의의 대상이 되는 학습자들에게 맞추어서 아이디어를 제시하는 것이 강의를 하는 사람의 목적이라는 점이다.

예비지식의 평가

발제개요를 준비할 때 "학습자가 강의에서 제시될 아이디어들을 얼마나 알고 있는가?"라는 질문을 해보는 일은 도움이 된다. 이미 앞에서 언급했듯이, 예비지식은 사람들이 새로운 지식을 파악하고 저장하는 데 결정적으로 중요한 역할을 한다는 사실이 연구 결과에서 드러나고 있다. 예컨대, 로마서를 공부한 그룹은 바울의 또 다른 서신인 갈라디아서에 관한 새로운 지식을 받아들일 수 있는 능력을 증진시켜줄 아이디어들을 이미 확보하고 있다고 할 수 있다. 이 그룹은 이신칭의의 교리에 관한 이해를 갖고 있을 것이다. 그러한 이해는 바울이 생각했던 율법과 성령에 대한 이해를 만나게 해줄 것이다. 갈라디아서에 관한 새로운 지식은 이러한 아이디어들을 형성시켜 줄 것이다. 이와 반대로 바울 서신에 대하여 사전 지식이 없는 그룹에 대해서는 전혀 다른 방법으로 접근해야 하는데, 그러한 접근은 먼저 바울에 관한 기본적인 지식을 전달하는 것으로부터 시작되어야만 한다.

학습자가 이미 갖고 있는 예비지식의 수준을 알려고 할 때 다음과 같은 질문을 해보는 것은 도움이 될 것이다. 첫째로, 학습자들이 강의의 제목에 관하여 어떤 생각을 갖고 있는가? 둘째로, 학습자들은 그들의 삶의 경험에서 강의의 주제에 대하여 무엇을 알고 있는가? 첫 번째 질문은 강의 주제에 관하여 학생들이 이미 알고 있는 정보에 초점을 맞추는 물음이다. 앞에서 제시한 예를 적용해 생각한다면 다음과 같은 질문이 될 것이다. 즉, 학생들이 바울이나 바울 서신에 대하여 무엇을 알고 있는가? 교사는 이 지식에 근거하여 자신의 강의를 진행할 수 있는가? 잘못된 아이디어들을 시정할 필요는 없는가? 새로운 영역에 있어서는 처음부터 시작해야만 할 것이다.

두 번째 질문에서 교사는 정보를 넘어서는 새로운 지식을 염두에 두고 그러한 물음을 묻게 된다. 즉, 강의의 제목에 관한 직접적인 경험을 의미하는 질문이다. 예컨대, 어떤 그룹은 바울의 이신칭의의 교리에 대하여 아는 것이 별로 없을지도 모르지만, 인간적인 용서에 관해서는 매우 익히 알고 있을 수 있는데, 강의에서 이런 것을 전제할 수도 있을 것이다. 우리가 살아가면서 겪는 직접적인 경험은 강의에서 전달하려고 하는 새로운 정보와 학생들이 이미 알고 있는 지식을 연결시켜 주는 중요한 접촉점으로서의 역할을 해준다.

조직원리(The Organizing Principle)

일단 학생들이 갖고 있는 예비지식을 평가한 후에 해야 할 일은 발제개요를 만드는 일이다. 이때 다음의 질문과 예가 도움을 줄 것이다. 강의를 조직할 때 어떤 전체적인 원칙을 사용할 것인가? 강의를 여행 집단을 인도하는 것과 유사한 것으로 생각해 보자. 우선 여행을 어떻게 계획할 것인가? 가능한 한 많은 곳을 방문하기 위하여 매우 의욕적으로 미리 계획된 연구 여행인가? 혹은 미리 예약을 하지 않고 그룹의 공상을 채워 주는 일들을 할 수 있는 자유를 주는 한가로운 유람 여행인가?

강의를 할 때 우리는 사람들로 하여금 여행을 하는 것과 유사한 경험을 하도록 해준다고 생각할 수 있다. 그러므로 우리가 해야 할 가장 중요한 결정은 여행 계획의 원칙을 선택하는 것인데 이것을 조직원리라고 부른다.[10] 다음에 강의를 계획하는 몇 개의 방법을 제시해 보았다.

* 문제로부터 시작하여 그 문제를 해결하는 방향으로 나아간다 ;
* 이슈의 한 면을 제시한 후 다음에 그 반대되는 면을 진술하고, 그리고는 가능한 해결책을 제시한다 ;
* 아이디어를 말한 후 삶에서 그것을 적용할 수 있는 방향으로 이끌어 간다 ;
* 역사적인 순서에 따라 사건이나 아이디어들을 제시한다 : 처음에 이 일이 일어났고, 다음에는 저 일이 나타났다는 등과 같은 방법으로 ;
* 익숙한 생각이나 경험으로 시작한 후 그것을 비판적으로 고찰하고 그리고는 그것을 낯선 것으로 만든다.

그 외에도 강의 계획에 사용할 수 있는 다른 방법들이 있을 것이지만 강의하는 사람의 생각을 제시하는 데 안내해 줄 수 있는 조직원리를 선택하는 것이 가장 기본적인 방법이라고 하겠다. 강의의 목적이 읽은 책을 단순히 요약하는 것이 아님을 기억한다면 강의란 학습자들이 필요로 하는 것과 이미 있는 것에 기초하여 아이디어들을 전달하는 것으로 이해해야 한다. 만일 사전에 아이디어의 개요가 되어져 있다면 그것에 의지하여 강의를 위한 아이디어들을 조직할 수 있는 가능한 방법들을 생각해 볼 수 있을 것이다. 일반적인 원리로 생각할 수 있는 것은 강의는 학습자들이 이미 알고 있는 것으로부터 시작하여 그들을 새로운 방향으로 이끌어 가는 것이다. 그렇다면 강의에서 우리는 어떤 여행을 계획하기를 바라는가?

개요작성 : 서 론

강의 계획에 대한 원칙이 일단 정해지면 이제 강의개요를 만들 준비가 된 셈이다. 대부분의 교사들은 강의를 네 부분으로 나누어서 생각하는 것이 매우 도움이 됨을 발견하였는데 그것은 서론, 본론, 각 부분의 요약, 그리고 결론의 네 부분이다.[11] 이 네 부분은 강의개요의 기본적인 구조를 제공해 주며 강의 계획의 원칙에 기초하여 서로 연결되어진다. 여기서는 서론에 관하여 살펴보기로 한다.

좋은 서론은 적어도 두 가지 역할을 해준다. 우선 그것은 학습자의 주의를 집중시켜 주며 동시에 강의가 강의 계획의 원칙에 따라 잘 흘러갈 수 있도록 해준다. 이미 지적했듯이 새로운 지식을 전달하는 데 있어서 가장 핵심적인 점은 학습자들의 주의를 집중시키고 유지시키는 것이다. 연구에 의하면 강의를 시작한 지 처음 10분 동안은 점차로 교실의 주의가 증가되지만 그 이후로는 감퇴되기 시작한다고 한다.[12] 이것이 바로 강의를 힘들게 만드는 이유 중의 하나라고 할 수 있다. 학습자들의 주의를 집중시키기 위해서 흥미를 끌 수 있는 것을 이용하여 강의를 시작하는 것이 바람직하다. 그러한 방법은 호기심을 자극하고 강의에 대한 기대감을 이끌어 내거나 또는 긴장을 촉진시켜 주기 때문이다. 좋은 추리소설은 시작하자마자 곧 우리의 주의를 사로잡으며 읽기를 끝낼 때까지 책을 손에서 뗄 수 없도록 하듯이 좋은 강의는 청중의 주위를 사로잡을 수 있어야만 한다. 어떤 사람들은 유머를 사용하기도 하고 또 어떤 이들은 이야기나 혹은 학습자들의 삶과 관계 있는 주제와 연결된 예를 사용하면서 강의를 시작하기도 한다. 강의를 어떻게 시작하거나에 관계없이 강의를 하는 사람은 학습자들의 주의를 집중시킬 수 있어야 할 뿐만 아니라 강의에서 제시하려고 하는 자료에 그들의 주의가 집중되어지도록 노력해야만 할 것이다.

서론은 또한 강의 계획의 원칙에 따라 강의가 진행되도록 그 방향을 잡아 주는 기능을 한다. 예컨대, 만일 강의를 질문하고 대답하는 방법으로 계획했다면 서론을 작성할 때 해야 할 일은 강의를 통해서 대답해야 할 질문을 제시하는 것이다. 마찬가지로, 토론을 강의의 계획으로 삼았다면 서론에서는 토론할 주제를 제시하고 왜 그것이 중요한 이슈가 되는가를 설명하는 것으로 좋은 서론을 만들 수 있을 것이다.

청중의 주의를 끌게 하고 강의가 진행되도록 해주는 것뿐만 아니라 어떤 사람들은 도입 부분을 서론에 포함시킨다. 도입은 강사나 교사가 학생들로 하여금 정보를 기억하고 강의에서 얻게 되는 새로운 정보를 처리하는 데 필요한 생각을 하는 기능을 준비하는 일을 도와주는 교육의 기술이다. 그것은 마치 육상선수가 경기를 시작할 때 경기 진행자가 "준비 …… 출발!"[13]이라고 신호하는 것과 유사하다고 할 수 있다. 준비신호는 선수로 하여금 경기가 곧 시작될 것이라는 사실을 알려 주는 역할을 해주는 것이다. 도입 부분은 지난번에 다루었던 자료를 간단히 개관하거나 청중이나 학생들이 이미 갖고 있는 정보들을 상기시키는 것으로 그것은 학생으로 하여금 그 이후의 강의를 준비하는 데 도움을 준다.

도입(induction)에 대하여 좀더 구체적으로 이해하기 위하여 그것에 대한 몇 가지의 예를 보기로 하자 : "지난 주에 우리는 다음과 같은 주제들을 다루었습니다. ……오늘 아침에는 그것보다 한 단계 더 나아가기로 하겠습니다 라든가, 혹은 여러분들은 성경에 있는 다음의 이야기를 알고 있을 것입니다. 반 전체가 기억하고 있는지 한번 알아 봅시다……. 오랫동안 기독교의 위대한 신학자들은 이 이야기를 서로 다른 관점에서 보아 왔습니다. 오늘 우리는 그 관점들 중에서 몇 가지를 살펴보기로 하겠습니다."

도입 부분은 학생들로 하여금 이전에 다루었던 아이디어들을 개관하거나 그들이 이미 알고 있는 지식을 인출하여 강의에서 제시되는 새로운 정보와 연결시키는 일을 도와주는 매우 중요한 역할을 해준다. 이것은 학생들로 하여금 그들이 이미 갖고 있는 것에 근거하여 기초를 만들 수 있게 해줌으로써 강의에서 획득한 자료를 장기-기억에 저장할 수 있는 보다 유리한 기회를 제공한다고 하겠다.

지금까지의 설명을 요약해 보자. 좋은 강의는 서론에서 다음과 같은 두 가지의 역할을 해준다. 우선 학생의 주의를 집중시키고, 계획된 원칙에 따라 강의가 시작되도록 해준다. 거기에 더하여 대부분의 강사들은 서론에 도입 부분을 포함시켜서 학생들로 하여금 그들이 이미 갖고 있는 기초지식을 사용하도록 자극한다. 이러한 목표는 몇 가지의 질문 형식으로 표현될 수도 있을 것이다. 내가 강의를 시작할 때 어떻게 주의를 집중시킬 수 있는가? 일목요연하게 진행될 수 있는 강의 시작을 위해 어떤 방법이 있는가? 강의를 시작할 때 학생들이 갖고 있는 어떤 기초지식을 활용하도록 도와야 하는가?

강의내용 : 본 론

강의내용의 개요는 서론에 기초하여 만들어지며 강의 계획의 원칙에 있는 양식을 따르게 되는데 본론은 분명하게 구분되어 나누어져야만 한다. 현대 장로교인들이 제기한 하나님이 어떤 이는 구원하시기로 선택하시고 어떤 이는 영원히 구원받지 못하도록 예정하셨다고 주장하는 전통적인 교리인 예정론을 강의의 주제로 정했다고 가정해 보자. 서론에서는 교단이 갖고 있는 신앙고백서에서 찾아볼 수 있는 이 교리의 두 가지의 예를 제시한다. 그리고 본론에서는 많은 사람들이 이 교리에 대해서 제기하고 있는 질문을 세 가지로 나누어서 구성하기로 하고 질문을 다음과 같이 정리한다. 첫째, 이 교리가 인간의 자유를 축소시키는 것은 아닌가? 둘째, 이 교리가 하나님을 전제적인 폭군으로 만드는 것은 아닌가? 셋째, 그것에 대한 분명한 증거가 성경에 있는가? 이 세 가지의 질문을 강의의 내용으로 하여 질문 1은 제 1부에서, 질문 2는 제 2부에서, 그리고 질문 3은 제 3부에서 다룰 것이다.

강의의 내용은 서론에서부터 나오며 또한 강의 계획의 원칙에서 만든 양식을 따르게 된다. 지금까지 우리가 살펴본 것에 기초해서 볼 때 강의 계획의 원칙을 결정하는 일이 강의에서 왜 그토록 중요한가를 이해할 수 있을 것이다. 앞에서 제시한 것과 같은 강의의 자료는 강의 계획의 원칙에 기초하여 몇 가지 다른 방법으로도 계획되어질 수 있을 것이다. 예를 들어 보자. 토론의 방법으로도 아주 쉽게 강의를 계획할 수 있다. 이때 서론은 많은 현대인들이 이 교리(예정론)에 관하여 갖고 있는 문제들을 제기함으로써 오늘의 장로 교인들에 의해 토론되어질 수 있도록 예정론을 제시한다. 그리고 강의의 본론에서는 두 개의 기본적인 부분으로 나누어서 각 부분은 그 교리의 서로 다른 측면을 제시한다. 위에서 언급한 요점들은 토론의 한 측면에서 취급하고 아래에 제시하는 요점들은 다른 측면의 토론 주제가 된다 : 첫째, 인간은 그들이 자신의 삶의 방법을 자유롭게 선택할 수 없을 정도로 삶의 정황에 지배를 받는다 ; 둘째, 하나님의 방법은 우리 인간의 방법과는 다르므로 예정론의 교리가 현대의 사고에 맞는가의 여부는 그리 중요한 문제가 아니다 ; 셋째, 성경은 이 교리에 대한 증거를 눈으로 확인할 수 있는 것보다 훨씬 더 많은 증거들을 갖고 있다. 적어도 위대한 신학자인 어거스틴, 칼빈, 그리고 루터는 그렇게 생각했다. 세 가지 질문에 기초하여 만들어진 강의 계획에 비교해 볼 때 이 강의 계획은 토론을 위해 구성된 강의내용은 기본적으로 두 개의 부분으로 되어 있으며 토론의 각 부분은 세 가지의 부수적인 요점을 갖는다.

　지금까지 보아 온 대로 강의의 내용은 강의 계획의 원칙을 따르게 되는 것이다. 아이디어 개요에서 가지고 있던 기본적인 요점들은 이제는 발표에서 따랐던 양식에 의해 정리되어야 한다. 아이디어의 개요를 발표내용으로 만들 때 강의에서 다룰 기본적인 요점들을 기록함으로써 발표개요에 대한 일반적인 골격을 만들어서 시작하는 것이 도움이 될 것이다. 그 다음에는 부수적인 요점들과 예들을 보충하게 되는데, 특히 실례들을 매우 중요한 것이기 때문에 뒤에 다시 다루기로 한다.

　강의내용을 만들 때 강의에서 다루게 될 아이디어들을 생각하는 것도 중요하지만 그에 못지 않게 중요한 것은 그들을 어떻게 제시할 것인가에 관한 문제이다. 앞에서 이미 학생의 주의를 집중시키는 일이 중요하다는 사실을 지적했지만 강의가 진행되는 동안 학습자의 주의를 집중시키기 위해 계속 노력해야 함을 강조하고 싶다. 그렇기 때문에 강의가 다양한 방법으로 제시되는 것은 매우 중요한 일이며 "어떤 방법도 오래 지속되는 것은 바람직하지 않다"는 것은 이 경우에 좋은 규칙이 된다고 할 수 있을 것이다. 이 문제를 좀더 분명히 말한다면 발제 형식을 대략 매10분 간격으로 바꾸는 것이 바람직하다고 생각된다.[14]

　물론 그것은 매우 다양한 방법으로 실천될 수 있는데, 그 한 방법으로 생각할 수 있는 것은 정기적으로 강의내용을 변경하는 것이다. 만일 한 동안 아이디어를 설명하는 것에 초점이 집중되어졌다면 그 다음에는 이야기나 삽화로 강의의 내용을 바꾸어 보는 것이 좋을 것이다. 강의를 변경하는 또 다른 중요한 방법은 학습자들에게 질문을 하거나 혹은 그들이 질문을 하게 하거나 강의에 대한 논평을 하도록 잠시 멈추는 것이다. 그뿐만 아니라 강의 동안에 필요할 때마다 시청각 자료를 사용하는 것도 역시 강의의 다양성을 창조하는 길인데 잠깐 녹음 테이프를 듣거나 비디오 테이프의 한 부분을 보는 것은 교실에서 주의를 집중시키는 데 크게 도움이 될 것이다.

교사가 몸을 움직이는 일도 역시 도움이 되며 칠판이나 벽에 걸어 놓은 차트에 필요한 요점들을 쓰는 것은 그 좋은 예가 된다. 대부분의 훌륭한 교사들은 사전에 학생들에게 강의개요를 제시하지 않는 경우가 많기 때문에 대체로 강의가 진행되는 동안 중요한 요점들을 칠판에 기록함으로써 그 내용이 드러나게 된다. 중요한 요점을 칠판이나 챠트지에 기록하기 위하여 몸을 움직이는 일은 한 곳에 서서 오랫동안 강의를 함으로써 발생할 수 있는 단조로움을 없애 줄 수 있을 것이다. 어떤 교사들은 질문할 때 교실을 돌아다니기를 좋아하기도 하고 혹은 칠판에 논평을 기록하기 위하여 강단 앞에서 자리를 옮기기도 하는데 이것도 강의를 단조로움으로부터 구해 주는 한 방법이 될 것이다.

발제개요에서 이러한 다양성을 미리 계획하는 것이 도움이 될 것이다. 많은 교사들은 강의의 어느 시점에서 다루게 되는 아이디어 밑에 그것을 전달할 방법을 써 넣으며 어떤 이들은 그들이 사용할 전달방법을 보다 분명하게 알아볼 수 있도록 밑줄을 치거나 색깔이 다른 펜을 사용하여 표시하기도 한다. 만일 칠판이나 챠트지를 사용할 생각이면 강의가 끝난 후에 교사가 원하는 대로 보여지도록 하기 위하여 노력하도록 한다.

주기적 요약

강의의 세 번째 부분은 주기적인 요약과 과도기적 진술이다. 이러한 요인들은 강의가 포함하고 있는 각 부분을 서로 연결시켜 주는 중요한 기능을 한다. 요약은 지금까지 다루었던 자료들을 간추린 형식으로 개관하고 앞으로 다룰 자료를 지적해 줌으로써 그것은 마치 농구시합 중에 갖게 되는 짧은 타임 아웃과 같은 기능을 해준다고 볼 수 있다. 선수들은 타임 아웃의 기간 동안 코치가 지금까지 게임이 어떻게 진행되어 왔으며 게임이 다시 시작되면 선수들이 어떻게 해야 하는가를 설명하는 동안 잠시 쉴 수 있다.

학습자로 하여금 잠시 쉴 수 있는 시간을 주고 쉬는 동안 강의 중 때때로 강의에 대한 요약을 들려 주는 일은 그들이 주의를 집중하지 않아 잘 이해하지 못한 부분에 대하여 다시 이해할 수 있는 기회를 주거나 또는 자료에 대한 잘못된 이해를 바로 잡을 수 있는 기회를 제공해 준다는 의미에서 매우 중요한 역할을 한다고 하겠다. 그리고 그것은 강의의 한 부분이 끝나고 새로운 부분이 시작된다는 신호의 의미도 있다.

　요약할 때 교사가 새로운 정보를 제공하는 것은 바람직하지 않은 일이다. 요약의 목표는 이미 다룬 자료를 간단히 개관하는 데 있기 때문이다. 때로 요약은 제시된 지난번의 요점을 간단히 개관해도 좋으며 어떤 때는 지금까지 다루었던 주제를 이전에 제시했던 관점에 연결시킬 수도 있다. 이것은 학생에게 강의의 골격을 보여 주는 것이기도 하다. 그러나 요약을 항상 교사 자신이 제공하지 않고 오히려 학생 스스로가 해보도록 요구할 수도 있는데 이 경우 교사는 학습자가 강의의 내용을 얼마나 이해하고 있는가를 가늠할 수 있는 기회가 된다. 그뿐만 아니라 그것은 교사의 말이 아닌 언어로 요약된 자료를 들을 수 있는 기회를 준다.

　만일 강의개요가 칠판이나 챠트지에 기록되어 있다면 요약하는 동안 그것을 참고하여 도움을 받을 수 있을 것이다. 발제에 다양성을 보태기 위하여 칠판이나 챠트지로 몸을 움직이는 것을 고려한다면 다루어질 주제 옆에 기록하는 일이 수월해질 것이다. 많은 경우 과도기적인 진술은 주기적인 요약의 한 부분으로 간주된다. 지금까지의 강의에서 무엇에 초점이 집중되었는가를 지적하고 새로운 주제로 옮겨간다는 사실을 알려 준 후에 과도기적인 진술은 앞으로 다루어질 요점이 앞에서 이미 살펴보았던 관점과 어떻게 연결되는가에 대한 설명을 의미한다. 이러한 진술은 사람들이 알고 있는 것보다 훨씬 더 중요한 의미를 내포하고 있으므로 그것이 어떻게 표현되어지는가에 대하여 특별한 주의를 기울여 보려 한다. 대체로 사람들은 그것을 발제개요에 자세하게 기록하는 것이 도움이 된다는 점을 발견하였다. 우리가 어떤 곳을 처음으로 여행할 때 자세한 안내서를 갖고 있는 것이 매우 중요한 것과 마찬가지로 분명하고 구체적인 언어로 과도기적 진술을 기록하는 것은 학습자에게 강의의 다음 부분에 대하여 안내해 준다는 중요한 의미를 갖고 있다.

학생들이 지금까지 무엇을 해왔으며 앞으로의 강의는 어디로 갈 것인가를 아는 것은 그들에게 도움이 될 것이다. 예를 들어 새로운 요점이 계속되어지는 요점들 중 하나라고 한다면 교사는 이 사실을 알려야만 한다 : "그 외에 또 다른 중요성은……" 혹은 "이것은 우리를 또 다른 영역으로 인도해 간다……." 반면에 다음에 나올 주제가 이제 막 다룬 자료의 결과들을 취급하는 것이라면 그 진술은 다음과 같이 표현되어져야만 한다 : "그 결과로서……" 혹은 "이제 우리는 방금 분석해 보았던 것의 결과에 도달했습니다."

강의의 서로 다른 부분들은 여러 가지 방법으로 서로 연결될 수 있을 것이다. 과도기적 진술의 목표는 학습자들에게 그 관계에 관하여 좀더 확실하게 알려 주기 위함이다. 이렇게 함으로써 학생들이 앞으로 제시될 자료를 어떻게 이해해야만 하는가를 말해 주는 '예고편'과 같은 일을 해준다고 생각할 수 있다.

결 론

결론은 강의가 목적지에 도착했음을 알려 주는 역할을 하며 교회학교 교실에서 그 일은 종종 매우 힘이 든다는 사실을 발견하게 된다. 왜냐하면 아이들이 문을 두들기거나 혹은 성가대나 또는 교회의 다른 부서에 가기 위하여 교실을 슬쩍 빠져나가는 학생들이 있기 때문이다. 아마도 강의의 내용을 삭감하는 것이 더 수월하겠지만 그러나 끝이 왔음을 알리는 일은 중요한 문제이다. 그것은 수업을 끝내고 교실을 떠날 때 갖게 되는 마지막 인상을 대표해 주는 것이다. 영화의 마지막은 얼마나 중요한가? 좋은 사람이 승리하거나 미스터리가 해결되었을 때 관객들은 즐겁고 만족한 기분으로 극장을 떠난다. 그러나 어떤 경우에 영화는 비극적으로 끝이 나고 관객들은 말없이 혹은 눈물을 흘리면서 극장을 떠나게 된다. 비록 결론은 이 정도로 극적이지는 않다고 하더라도 그것은 오랫동안 지속되는 마지막 인상을 남겨 준다.

영화의 마지막과 같이 결론은 다양한 형식을 취한다. 그렇게 다양한 형식의 결론은 강의가 제공할 수 있는 최고의 통찰을 가져다 주면서 청중들로 하여금 이제 드디어 목적지에 도달했다는 사실을 분명히 전달해 주거나 혹은 그것은 중심되는 요점들을 개관함으로써 강의의 마지막 요약을 제시해 주기도 한다. 그러나 또 다른 경우에는 강의가 단지 주제의 피상적인 것만을 건드렸기 때문에 아직도 더 많은 부분이 파헤쳐져야 한다는 생각을 하게 되는 때도 있을 것이다. 어떤 경우에도 결론은 다양한 기능을 하게 되는데 그것은 강의 계획과 어떤 종류의 마지막 인상을 만들 것인가에 달렸다고 하겠다.

교회에서의 대부분의 교육활동에 참여하는 것은 전적으로 자발적인 것이기에 학급의 구성원들을 결론을 통해 가끔 호기심을 돋우어 줌으로써 다시 학급에 돌아올 수 있도록 동기를 유발시켜 주는 것은 매우 중요하다. 이 일도 다양한 방법으로 실천할 수 있다. 즉, 강의에서 대답하지 않고 그냥 남겨 두었던 일련의 질문들을 그대로 두면서 학생들에게 다음 만날 때 그 해결되지 않은 문제들에 대한 그들의 생각들을 물어 보겠다고 당부해 놓는 방법이 있을 것이다. 혹은 강의에서 다루었던 자료를 그 주 동안의 삶과 연결시킬 수 있는 한두 가지 방법을 찾아보도록 부탁할 수도 있다. 그 외에도 다음 주 동안에 일어난 뉴스 중에서 다음 시간에 공부할 주제와 관련된 것을 골라 보도록 요청할 수도 있다. 교사가 학생들을 얼마나 잘 알고 있는가에 따라 한두 학생에게 다음 시간에 반에서 나눌 수 있는 생각들을 준비해 오라고 부탁할 수도 있을 것이다. 어떤 경우에라도 학생들이 교실을 떠날 때 학습의 자료를 그들의 마음에 갖고 갈 수 있도록 함으로써 다음 시간을 기대하도록 하면서 강의의 결론을 내리도록 한다.

강의 계획의 단계

강의 계획에 관련된 다양한 단계를 요약해 보는 것은 도움이 될 것이다. 그러나 여기에 제시하는 것은 다만 제안에 불과한 것이기에 교사 각자가 갖고 있는 특성에 맞추는 것이 바람직하리라 보여진다. 여기에 제시한 단계들은 간단히 따를 수 있는 길이라기보다는 강의를 준비하는 데 도움이 되는 생각들을 설명해 놓은 것이다.

1. 참고자료를 읽고, 자료에 표식을 하거나 중요한 것을 노트에 적는다.
2. 아이디어 개요를 기록한다.
─읽은 자료를 자세히 훑어본다.
─중요한 아이디어를 적는다.
─어떤 아이디어를 남겨 둘 것인가를 결정한다 :
시간이 얼마나 있는가?
학습자가 만나야 할 필요가 있는 아이디어는 어떤 것인가?
내가 깊은 관심을 갖고 있는 아이디어는 어떤 것인가?
3. 발제개요를 기록한다.
─학습자가 갖고 있는 기초지식을 반영한다 :
그들이 주제에 관하여 이미 알고 있는 생각은 무엇인가?
그들의 삶의 경험에서 그것에 관하여 알고 있는 것은 무엇인가?
─강의 계획의 원칙을 결정한다.
─강의의 내용을 기록한다 :
강의 계획의 원칙을 따른다.
다양성을 유지할 수 있는 전달 방법을 포함시킨다.
─주기적으로 요약과 과도기적 진술을 한다.
─결론의 개요를 기록한다 :
강의가 남기려고 하는 마지막 인상은 무엇인가?
마음에 강의를 간직하고 교실을 떠날 수 있도록 하는 길은 무엇인가?

다음 시간과 연결점들이 있는가?

강의 연습

일단 발제개요가 만들어지면 강의 준비는 거의 마무리되었다고 볼 수 있으며, 이제 강의를 위해 더 해야 할 준비는 강의에 대한 연습이다. 어떤 사람들은 강의하기 전에 소리를 내어 말해 보는 연습을 하는데 만일 많은 청중 앞에서의 강의에서 긴장했을 때 이러한 연습은 좀더 자신감을 가져다 주기 때문에 강의를 연습하는 것은 좋은 강의를 위해 도움이 될 것이다. 강의 연습에 사용되는 기법은 텔레비전이나 라디오와 같은 소음을 배경에 두고 강의를 해보는 것이다. 그것은 강의하는 사람을 매우 산만하게 하겠지만 그런 상황에서 강의가 진행될 수 있다면 교실에서 방해받지 않고 강의를 진행할 수 있는 승산은 더 크다고 볼 수 있다.

반복적인 연습은 대체로 불필요하다. 실제로 반복적으로 연습하지 않고 강의에 임했을 때 찾아오는 자연 발생적이고 자연적인 면의 중요성을 잊어서는 안 될 것이다. 서론과 결론, 그리고 요약이나 중간 설명만을 연습해 두는 것이 바람직한 준비라고 보여진다. 왜냐하면 그것들만 잘 마음에 기억하고 있고 발제개요가 잘되어 있다면 나머지 강의는 자연스럽게 진행해 나가는 것이 좋을 것이다.

어떤 교육 이론가들은 강의가 연극공연과 유사하다는 주장을 해왔다.[15] 강의나 연극공연 모두 극적인 맛과 연기를 필요로 한다는 관점에서 보면 그 둘이 서로 유사하다는 그들의 주장이 크게 잘못된 것은 아니다. 그러나 만일 우리가 그 주장을 받아들인다면 우리 중 대부분은 처음부터 실패할 수밖에 없다. 나는 연극공연에서는 강의 주제에 관하여 강연자가 갖고 있는 지식과 확신을 전달할 때 요구되는 의사소통의 능력이 강의보다 훨씬 덜 중요하게 취급된다고 믿고 있다. 강의를 준비할 때 계속해서 우리 자신에게 왜 이 자료에 관심을 갖는가를 물어야 하며, 강의를 실제로 진행할 때에는 우리가 갖고 있는 이러한 관심과 확신을 표현해야만 한다. 우리가 주제에 대한 진정한 의욕과 열의를 일으키지 못한다면 주제를 바꾸는 문제를 생각해 보는 것이 좋을 것이다. 학생들의 주의를 집중시키는 일은 그 자체로 이미 매우 힘든 일이기에 강연자가 자신의 강의 주제에 대한 관심을 옳게 소통시키지 못한다면 청중의 관심을 불러일으키는 일은 거의 불가능하다고 볼 수 있다.

강의 도중의 피드백

강의의 경험이 쌓이면서 강의 도중에 학생들이 보여 주는 피드백에 유의하게 된다. 가장 중요한 피드백은 비언어적인 것이다. 만일 학생들이 의자를 바꾼다든지 반복해서 헛기침을 한다면 발표를 바꿀 때가 되었음을 감지해야만 하며, 학생들의 눈동자가 흐릿해지면 변화를 주어야 할 때가 되었음을 알아차려야만 한다. 이럴 때는 강의를 잠깐 멈추고 질문을 하거나 또는 이야기나 실례를 들어서 강의의 변화를 시도해 보는 것이 좋을 것이다. 학생들의 주의를 다시 집중시키기 위해서는 강의 중간에 방향 수정을 해야만 한다.

어떤 강연자들은 다음과 같은 질문을 함으로써 피드백을 유도하기도 한다 : "강의 속도가 너무 빠르지는 않습니까?" "이 말이 이해가 됩니까?" "지금까지 저와 함께 오고 있습니까?" 또 어떤 사람들은 뒷 줄에 있는 학생들에게 가벼운 농담을 하면서 피드백을 받는 경우도 있다. : "아직 깨어 있으세요?" "뒤에 계시는 분들은 어떠세요, 커피가 더 필요하지 않으세요?"[16] 물론 이런 농담은 학생들과 좋은 관계 (rapport)가 형성되어 있을 때 가장 효과가 있다.

실례들

두 가지의 일반적인 문제를 제시함으로써 강의에 관한 토의를 끝내기로 하겠다 : 우선 강의를 다른 교수방법과 결합시키는 일이 중요하다는 사실과 좋은 실례가 중요한 기능을 한다는 점이다. 그러면 후자에 대하여 좀더 살펴보자.

좋은 '예'는 좋은 강의를 위해 매우 중요하다. 아마도 우리가 발제 개요에서 다루어야 할 기본적인 요점들에 관하여 생각하는 것에 못지 않게 좋은 '예'를 생각해내는 데에도 많은 시간을 할애해야만 할 것이다. 좋은 예가 이토록 중요한 이유는 그것이 바로 강의 자료와 학생들의 삶을 서로 연결시켜 주기 때문이다. 예는 학생이 새로운 아이디어를 획득하고 그것을 자신들의 삶에 관계시키는 데 아주 중요하다. 더 나아가 이야기로 된 예는 순수한 개념으로는 도저히 할 수 없는 방법으로 학생들을 감동시켜 준다.

좋은 예들은 학생들로 하여금 고정되어 있다는 느낌을 주지 않으며 강의하는 사람이 갖고 있는 기본적인 요점들의 이해의 폭을 깊게 해 준다. 우리가 아이디어의 개요를 준비하는 단계에서 예들이 자연발생적으로 떠오르지만 대체로 좋은 예는 노력을 해야만 확보할 수 있다. 경험이 많은 대부분의 교사들은 예나 실례들을 세 가지의 서로 다른 통로로 얻을 수 있음을 발견하였다.

그 첫 번째는 의식적으로 예를 찾는 경우이다. 대체로 나는 강의개요를 만든 후에 적당한 예들을 찾기 위해 시간을 보내곤 한다. 이때 나는 우선 전하려고 하는 핵심적인 요점을 찾아낸 다음 청중의 경험에서 이 요점과 유사한 점을 찾는다. 이 때가 학생들의 기초지식을 생각할 수 있는 좋은 순간이다. 예는 학생들에게 익숙한 경험이나 지식을 그들에게 익숙하지 않은 새로운 아이디어들과 서로 연결시켜 주는 다리를 만들어 준다. 나는 언제인가 정치적인 이념들을 면도를 한 후에 바르는 로션과 비교하는 강의를 들은 적이 있다. "만일 로션을 조금만 부어서 바르면 그것은 매우 상쾌하지만, 그 로션을 병채로 다 마시면 생명을 잃을 것이라"고 그는 말하였다. 이 예는 아주 소박하지만 평범한 경험으로부터 어떤 것을 도출해 내어 청중으로 하여금 강의의 요점을 보다 잘 이해할 수 있도록 유용하게 그것을 사용한 좋은 예가 될 것이다. 실제로 이런 면들은 이해를 위한 제한된 도구지만 그것이 교리가 되어 그것을 광적으로 따르게 될 때 그것은 위험한 것이 된다는 사실을 우리는 익히 알고 있다.

교사들이 예를 찾아내는 두 번째 방법은 그들이 잡지나 책, 그리고 신문이나 텔레비전을 읽거나 보면서이다. 탁월한 설교자나 강연자는 언제나 좋은 예들을 얻기 위한 안테나를 세워 놓고 있다. 만일 미리 넉넉히 시간을 두고 준비를 한다면 수많은 예들이 우리를 찾아오는 것을 보며 놀라게 될 것이다.

세 번째 방법은 좀더 간접적인 방법이다. 창의력은 종종 무의식적인 과정에서 일을 한다. 만일 강의개요를 만드는 중이라면 그것을 그냥 두었다가 하루나 이틀이 지난 후에 돌아와 다시 시작하면 그때 예들이 난데없이 나타나는 것을 자주 경험하게 될 것이다. 무의식 세계에서 인간의 마음은 강의에서 제시되는 아이디어에 대해 숙고하였고 다른 아이디어와 경험들을 서로 연결시키기 시작했음을 알 수 있다. 이러한 예들은 종종 가장 풍부하고 정서적으로도 매우 강렬한 힘을 지니고 있다.

강의와 다른 교수방법의 결합

앞에서도 여러 번 지적했지만 특히 텔레비전의 지배를 받고 있는 오늘과 같은 시대에 강의는 극히 힘든 일이다. 우리가 특출한 강연자가 아닌 한 강의를 계속하면서 학급의 관심을 지속적으로 유지하는 것은 결코 쉬운 일이 아니다. 교회의 상황에서 학생들은 교실을 옮겨 버릴 것이다. 우리가 하고 있는 강의가 싫으면 학생들은 좀더 흥미 있는 교실로 가 버릴 것이다.

매주 강의를 하는 것은 바람직하지 못하다. 그것은 단지 힘들 뿐만 아니라 다른 교수방법들이 학생들의 적극적인 사고를 자극하는 데 더 좋은 방법이 될 수 있기 때문이다. 강의를 다른 교수방법과 결합하는 경우를 생각해 보자. 즉, 한 주일은 강의를 하고, 다음에는 토의를 이끌거나 혹은 좌담회를 조직하는 것도 그 한 방법이 될 것이다. 또한 한 번의 수업시간에 강의와 토의를 결합하는 것도 매우 생산적인 방법이 될 수 있다. 예컨대, 강의 도중에 미리 준비한 질문을 다루는 시간을 계획해 보거나, 수업의 전반부는 주제에 대한 강의를 하고 후반부에는 그것에 대해 토론하는 방법을 생각해 볼 수 있다. 이 방법은 학생들이 강의를 듣기 위해 미리 독서를 하지 않아도 될 경우에 특히 유용하다. 강의는 학생들에게 새로운 자료를 소개하고 다음에는 폭넓은 토론을 위한 무대를 만드는 것이다. 또 다른 접근 방법은 강의에서 매우 높은 긴장을 가져다 주는 쟁점의 한 측면을 제시하고 한두 학생에게 반론을 제시하도록 하는 방법이 있다. 이 두 경우 모두 강의와 다른 교수방법의 결합으로 되었고 그렇게 함으로써 다양성을 가져올 뿐만 아니라 더 많은 학생들의 참여를 기대할 수 있다.

강의를 많은 교수방법 중의 하나로 보는 가장 중요한 이유가 바로 이 책의 중심되는 테마라고 할 수 있을 것이다 ; 만일 우리가 신앙이 일깨워지고 지원받고 또한 도전받을 수 있는 상황을 창조하려고 한다면, 우리는 마땅히 다양한 교수방법을 사용해야만 할 것이다. 학생들의 신념 형성에서 기초가 되는 지식의 전달은 입방체로 되어 있는 신앙의 한 측면만을 말해 주는 것이다. 따라서 오직 지식의 전달에만 초점을 맞춘다면 학생들이 다른 측면에서 성장할 수 있는 기회를 감소시키는 결과를 가져올 것이다. 그러면 신앙의 두 번째 측면인 관계적 측면을 살펴보기로 하자.

4
관계를 위한 교육 : 토의법

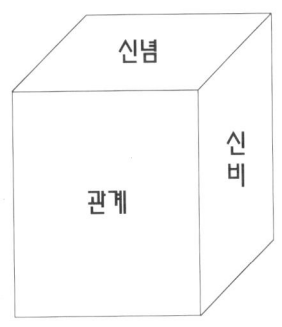

　　신앙은 그리스도를 통하여 사랑과 신실함을 보여 주신 하나님과 맺은 신뢰의 관계이다. 신앙 입방체 중에서 가장 중요한 측면은 기독교인이 살아 있는 하나님과 형성하는 관계이다. 신앙은 단지 하나님에 대하여 어떤 아이디어를 갖는 것만을 의미하지 않으며, 도덕적인 의무만을 추구하는 것도 아니다. 그것은 살아 있는 하나님과 맺은 역동적이고, 개인적인 관계인 것이다. 그러기 때문에 우리의 가르침을 통하여 사람들이 하나님과의 관계 안에서 성장하는 데 도움을 줄 수 있는 길을 찾아야만 한다. 물론 교회는 매우 다양한 방법으로 이 일을 성취하기 위하여 노력한다. 언제건 예배에 참석하여 하나님의 말씀이 설교로 선포되는 것을 듣고 성만찬이 베풀어질 때 가슴과 마음을 열어 놓은 모든 사람에게 은혜는 전달되는 것이다. 그리고 교회의 비공식적인 친교활동인 교회의 회식, 휴식시간, 위원회 모임,

그리고 상호적인 관심을 불러일으키는 이 모든 활동을 통하여 교회는 교인들이 하나님과의 관계 안에서 성장할 수 있도록 돕게 된다. 이와 마찬가지로 교인들이 하고 있는 다양한 봉사활동도 그들이 그러한 관계 안에서 성장할 수 있는 기회를 제공한다고 하겠다.

교육 목회는 교회에서 지원받을 수 있는 신앙 입방체의 관계적 측면의 많은 방법 중의 하나라고 볼 수 있다. 그러나 교회에서 교육의 중요성을 과소 평가해서는 안 될 것이다. 실제로 교회의 교육 프로그램의 질과 교회 구성원들의 지속적인 성장 사이에 매우 밀접한 관계가 있다는 증거가 있다.[1] 교회에서 교육을 담당하고 있는 우리들은 교회의 구성원들이 하나님과의 관계 안에서 성장할 수 있도록 지원받고 도전받을 수 있는 기회를 만들기 위하여 노력해야만 한다.

지난 세기 동안 교회가 그 구성원들의 영성을 지원하는 데 대한 관심이 부활되고 있음을 보아 왔다. 그리고 매우 광범위한 교육의 접근들로 교인들이 하나님과의 관계 안에서의 성장을 돕고 있다. 그중에 몇 가지는 규칙적이고, 개인적인 헌신의 삶을 계발시키는 일에 초점을 맞추는 것이며, 또 어떤 것들은 소집단 중심의 성경공부와 계약 제자화집단(covenant discipleship group ; 미국 개신교에서 하고 있는 프로그램으로서 한국교회의 제자화 훈련과 유사하다 : 역자 주)에 초점을 집중시키기도 한다. 이 모든 접근들은 신앙의 관계적 차원을 설명해 주는 컨텍스트(context)를 만들어 내는 데 도움을 주는 방법들이라고 하겠다.

본장에서는 신앙의 관계적 차원과 관련된 학습방법으로서 토의 진행법에 관하여 중점적으로 살펴보기로 하겠다. 물론 토의법이 신앙의 관계적 차원을 다루는 많은 방법 중에 하나라고는 하지만 그것은 매우 중요한 것이다. 토의에서의 주고받음을 통하여 학생들은 배움의 공동체에서 소극적인 지식의 수용자의 위치에서 적극적인 기여자로 바뀌어질 수 있다. 학습자들이 서로 대화를 함으로써 그들은 서로의 생각과 느낌을 나눌 수 있는 기회와 다른 사람들의 생각과 느낌을 수용할 수 있는 기회를 제공받게 된다. 진정한 정직성과 자기 노출이 있는 곳에서 하나님 안에서의 성장을 기대할 수 있으며 따라서 이러한 공동체에의 참여는 활력 있는 신앙을 위하여 매우 중요하다.

교사로서 우리의 과제는 교실에서 진정한 대화를 촉진시킬 수 있는 방법을 배우는 것이라고 할 수 있는데 그것은 곧, 토의 진행에 대한 이해와 기술의 습득을 의미하는 것이다. 이 방법은 교수에서 신앙의 관계적 차원이 지원받을 수 있는 보다 중요한 방법들 중의 하나라고 할 수 있다.

다양한 질문의 유형들

토의 진행에 있어서 가장 중요한 기술은 아마도 좋은 질문을 하는 것이다. 질문들은 토의를 시작하고 지속시켜 주는 역할을 한다. 다양한 질문들은 다양한 생각들을 불러일으킨다. 토의 진행의 능력을 향상시키는 길은 좋은 질문들을 형성하는 방법과 주고받는 대화에서 그 질문들을 적절히 사용하는 감각을 개발시키는 데 있다. 그 동안 질문을 분류하는 다양한 방법들이 만들어졌는데 다음에 소개하는 방법들이 도움이 될 것이다.[2]

사실적 질문

이런 유형의 질문은 정보를 얻기 위해 제기되며 때때로 이러한 정보는 학습자의 기억에 저장되어진다. 어떤 때는 교사가 학생들이 특정한 사실에 주목하도록 하기 위하여 성경구절이나 비디오 테이프와 같은 어떤 것을 눈여겨보도록 요구할 수도 있다. 사실적 질문의 예를 살펴보자.

* 예수님의 어머니는 누구인가?
* 예수님은 어디에서 탄생했는가?
* 복음이라는 말은 무엇을 의미하는가?

* 바울이 자신의 목회서신에서 복음이라는 말을 사용한 적이 있는가?
* 사도행전 5 : 4에 보면 베드로가 아나니아에게 그가 믿는 형제들에게만 거짓말을 한 것이 아니라고 말하고 있는데, 그렇다면 누구에게 거짓말을 했는가?

사실적 질문들은 우리가 물을 수 있는 질문 중에 가장 좁은 범주에 속한 것이라고 볼 수 있다. 그러한 질문들은 단 하나의 정답을 갖고 있다. 사실적인 질문에만 기초해서는 좋은 토의를 진행하기 어렵다. 그러나 불행하게도 교사들에 의하여 만들어지는 질문들의 50%는 이런 종류의 질문으로 알려져 있다.[3] 사실 이외의 것에 관하여 질문하는 방법을 익히는 것은 그런 의미에서 볼 때 매우 중요한 일이다. 그럼에도 불구하고 그것이 학생들이 정확한 정보를 저장하거나 또는 기억하는 일을 도와주는 일의 중요성을 간과해도 된다는 의미는 결코 아님을 기억해야만 할 것이다. 예컨대, 성경공부 그룹으로 하여금 현재 토의하고 있는 문제를 성경은 실제로 어떻게 말하고 있는가를 알아보기 위하여 성경으로 돌아가도록 하는 일은 매우 중요한데 특히 그것은 어떤 사람이 본래의 목표에서 벗어날 때 필요하다. 실제로 사실적인 질문들은 토의를 시작하는 데 좋은 방법이 되어 준다. 왜냐하면 사실들을 서로 나누는 일은 대체로 그렇게 힘든 일이 아니며 주어진 주제에 관하여 의견이나 통찰을 제공하는 것 만큼 위협이 되지도 않기 때문이다.

분석적 질문

이런 유형의 질문은 학생들에게 어떤 것에 관한 정보군을 분석하고 그것에 관하여 결론을 추출해 내라고 요청하는 것이다. 교사들은 마음에 옳은 답, 혹은 적어도 가능한 옳은 대답의 범위를 갖고 있다. 교사들은 학생들이 단순히 사실들을 기억하는 것을 넘어서서 그 사실들이 내포하고 있는 의미를 분석하도록 이끌어 간다고 할 수 있다. 그렇게 함으로써 교사들은 사실만으로는 가져다 줄 수 없는 관계를 이해할 수 있는 사고의 적극적인 과정으로 학생들을 인도해 가는 것이다. 아래에 분석적인 질문들의 몇 가지 예를 제시하였다.

* 오늘 우리가 공부한 성경구절에서 발견되는 하나님 나라의 특징을 세 가지만 열거할 수 있는가?
* 지금까지 우리가 보아 온 것에 기초해 볼 때, 누가복음에서 '가난한 자'의 역할은 무엇인가?
* 유아 세례와 성인 세례(believers' baptism)의 차이점들은 무엇인가?
* 바울이 로마서 서두의 인사에서 소개하는 주제들은 무엇인가?
* 루터와 칼빈 시대에 실행되던 교리 문답 교육과 현대의 많은 교회에서 실행되고 있는 입교 문답 사이에는 어떤 차이점들이 있는가?

분석적인 질문은 대체로 사실적인 질문을 통하여 얻은 정보에 의하여 직접 만들어진다. 학생들이 어떤 사실들을 갖게 된 후에는 그들이 갖고 있는 그 사실들에 근거하여 결론을 내릴 수 있도록 권한다. 이 때 교사는 학생들이 특정한 결론들을 얻어 낼 것을 요청하고 있는 상황에 있으므로 교사는 그러한 질문이 요구하는 답을 미리 생각해 놓아야만 한다. 분석적인 질문들은 사실적인 질문들보다 답을 찾거나 만드는 데 훨씬 더 많은 시간을 필요로 한다. 왜냐하면 그런 유형의 질문들은 적극적인 사고를 요하기 때문이다. 따라서 교사는 중도에 끊지 말고 학생들이 충분히 생각할 수 있는 시간을 주어야만 한다.

생산적 질문

학생들 자신이 스스로 답을 얻어 낼 수 있는 또 다른 유형의 질문으로 생산적 질문을 들 수 있는데 이러한 질문은 정답을 추구하지 않는 질문의 성격상 매우 개방적이고 제한이 없는 것이 특징이다. 그러므로 학생들이 갖고 있는 창의력과 상상력에 근거하여 그들 자신의 독특한 응답을 얻어 내도록 유도해야 한다. 간단히 말하면, 학생들이 정말 새로운 어떤 것을 생산해 낼 것을 요청하는 것이라고 할 수 있겠다. 생산적 질문들의 몇 가지 예를 보기로 하자.

* 사람들이 그리스도를 알게 되는 서로 다른 차이점들은 무엇인가? 당신은 어떻게 그리스도를 알게 되었는가?
* 바울이 고린도 전서에서 말하던 교회와 오늘의 교회가 어떤 면에서 같은가?
* 기독교인이 아닌 사람들도 천국에 갈 수 있는가?
* 오늘의 미국 정치에서 교회는 어떤 역할을 해야만 하는가?

위에 열거한 질문들은 단 하나의 옳은 답으로 해결할 수 없는 특징을 갖고 있다. 그러한 질문을 제기함으로써 교사들은 학생들이 순수하게 그들 자신의 대답을 '생산'해 내기를 기대한다. 물론 학생들이 그들의 답을 사실적인 자료들과 분석으로 뒷받침할 수 있다면 도움이 되겠지만 그러나 그것들로는 충분하지 않다. 학생들 스스로 창조적인 도약을 해야만 하며 그렇게 함으로써 그들 자신의 답을 찾을 수 있어야 한다. 성경과 신학을 학생들의 삶과 연결시키는 데 초점을 맞춘 대부분의 질문들은 생산적인 질문이 될 수 있다. 반복하지만 그러한 질문에는 정답이 없다. 학생들은 학습을 통하여 획득한 지식들을 그들 자신의 삶의 독특한 정황과 창조적으로 연결짓도록 해야만 한다. 교수할 때 사고와 통찰을 자극할 수 있는 질문들을 만드는 일은 그런 의미에서 매우 중요한 일이다. 생산적 질문에는 잘못된 답이 없다는 사실을 이해시켜야 하며 동시에 학생들이 제시한 대답을 확인해 주고 긍정해 주는 일도 교사가 기억해야 할 중요한 점이다.

평가적 질문

평가적 질문에서는 학생으로 하여금 어떤 것에 관하여 가치판단을 내릴 것을 요구한다고 볼 수 있다. 여기서도 정답은 없다. 생산적인 질문과 같이 평가적 질문도 비교적 범위가 넓고 제한이 없다. 학생들은 어떤 것을 평가하기 위하여 하나의 기준을 사용해야 한다. 평가적 질문의 예를 살펴보자.

* 성경에서 가장 중요한 가르침(들)은 무엇인가?
* 무엇이 목사를 좋은 목회자로 만들어 주는가?
* 당신은 미국의 교회가 세계의 기아 문제 해결을 위하여 최선을 다하고 있다고 생각하는가? 이에 관해 설명해 보라.
* 좋은 기독교이면서 동시에 효과적인 정치인이 될 수 있는가? 그렇다면 그 이유는? 그렇지 않다면 그 이유는?
* 최근 아프리카에 있는 많은 교회들이 예배에 그들의 전통적인 노래나 북, 그리고 춤을 사용하고 있는데 그것은 좋은 일인가 혹은 바람직하지 않은 일인가?

말할 필요도 없이 위의 질문들에도 정답은 없다. 그 질문들에서 볼 수 있듯이 우리는 학생들로 하여금 어떤 것을 평가하기를 요구하고 있다. 그렇게 하기 위하여 그들은 어떤 기준을 사용하게 되고 그 기준에 의하여 그것이 좋거나 나쁘거나 옳거나 잘못 됐거나 또는 건강하거나 건강하지 못한가를 평가하게 되는 것이다.

하나의 예로서 위에 열거한 첫 번째 질문을 보자. 여기서 학생들은 성경의 가르침 중에서 가장 중요한 것이 어떤 것인가를 결정하도록 요청받고 있다. 이 질문에 대답하기 위하여 그들은 두 가지 일을 해야만 한다. 첫째로, 성경의 기본적인 가르침을 기억해야만 한다. 둘째로, 가장 중요한 것이 무엇을 의미하는지를 결정해야만 하는데, 그것은 성경의 많은 가르침들을 판단할 수 있는 기준이 되어 준다. 그 예로서 어떤 사람들은 이신칭의가 성경의 핵심이기 때문에 이것이 성경의 모든 가르침의 기준이 된다고 주장할 것이다. 이러한 기준에 의하여 마틴 루터는 행함을 강조하는 야고보서가 로마서에 비하여 그 가치가 떨어진다고 생각하였다. 또 어떤 사람들은 억압받고 있는 사람들을 자유로운 존재로 만들어 주는 하나님의 해방의 역사를 가장 중요한 것으로 볼 것이다. 이들은 노예와 여성들의 종속성을 강조하는 부분들은 성경이 기록될 당시의 세계의 기준에 영향을 받았음으로 성경의 다른 부분들에 비하여 덜 중요하다고 생각할 것이다.

평가적 질문은 대답하기가 쉽지 않기 때문에 학생들에게 생각할 시간을 주어야 한다. 이런 유형의 질문은 종종 교실에서 흥미 있는 토의를 유발시키기도 하는데 더러는 열띤 토의를 촉발하기도 한다. 그리고 더 나아가 학생들이 그들의 판단을 내릴 때 사용하는 기준을 성찰할 수 있도록 도움을 주기도 한다. 어떤 것을 평가하는 데 사용하는 기준은 대체로 무의식의 수준에 머물러 있다. 교육이 내포하고 있는 가장 가치 있는 보상 중의 하나는 학습자들이 갖고 있는 규범을 인식하도록 도와줌으로써 그들로 하여금 이러한 규범이나 기준을 보호받고 지원받는 환경에서 비평적으로 검토할 수 있는 기회를 제공해 주는 것이라고 생각한다.

토의 진행 : 일반적 설명

많은 사람들이 질문에 의지하여 토의를 진행하는 일이 사람들 앞에 서서 강의를 하는 것보다 더 힘들고 두려운 일이라는 사실을 발견한다. 그 이유는 토의 진행에 관여되어 있는 임의성과 예측불가능성 때문이라고 할 수 있다. 토의 진행자에 비하여 강의를 하는 강사는 학급을 훨씬 더 잘 통제할 수 있다. 미리 토의 준비를 충분히 해놓았어도 일단 토의가 시작되면 토의 진행자는 재미있고 예측 불가능한 세계로 들어가게 되는 것이다. 교육을 담당하고 있는 사람들의 대부분은 이러한 과제를 자신이 감당할 수 있을까에 대하여 회의에 빠질 때가 종종 있다. 그러나 교사는 토의 진행에 다만 부분적인 책임만을 지고 있음을 이해해야 한다. 학생들이 읽어야 할 책을 읽지 않거나 또는 자신들의 의견을 제시하지 않으려 할 때도 있을 것이다. 아마도 학생들이 이전에 한번도 그들의 생각이나 느낌을 나누도록 격려를 받아 본 적이 없었을지도 모른다. 때로는 아주 탁월한 교사들도 어떤 특정한 그룹에서는 좋은 토의를 진행시키지 못하는 경우가 있다.

바람직한 토의가 될 수 있는 상황을 만드는 데 도움이 되는 몇 가지 제안을 다음에 제시하려고 한다. 다시 한 번 강조하거니와 교사들에게 항상 효과가 있는 간단 명료한 접근 방법은 없다는 사실을 기억해야만 한다. 그러므로 여기에 제시하는 아이디어들은 교사들이 처해 있는 상황과 능력에 따라 적절히 응용해야 할 것이다.

토의 계획

계획의 대부분은 우리가 진행하기로 정한 토의의 유형에 기초하게 된다. 토의의 유형들에 관해서는 다음에 다룰 기회가 또 있으므로 지금은 질문의 유형들을 기억하고 있는 것이 중요하다는 것에 유념하는 것으로 충분하다. 대부분의 교사들은 필요 이상으로 사실적인 질문들을 사용하고 있음을 우선 기억하도록 한다. 학생들이 다양한 생각들을 할 수 있는 기회를 주기 위하여 교사는 다양한 유형의 질문들을 사용해야만 한다. "예" 혹은 "아니요"의 대답만을 가져다 주는 질문들은 하지 않도록 한다.

토의의 시작

일반적으로 비교적 쉽고 위협적이지 않은 질문으로 토의를 시작하는 것이 바람직하다. 예컨대 사실적 질문이 평가적 질문보다 대답하기가 훨씬 수월하다. 교실에 출석하여 갑자기 아무런 준비도 없이 개인적인 것을 나누어야 하거나 혹은 매우 깊은 생각을 필요로 하는 질문을 받고 싶어하는 사람은 아무도 없을 것이다. 언제나 학생들이 편안하게 토의에 참여할 수 있도록 하는 것이 좋다.

나의 학생 시절 설교학 교수님이 한번은 설교의 리듬을 설명해 준 적이 있는데 그것은 토의의 흐름에도 적용할 수 있는 것이었다. 즉, 천천히 시작하여 낮은 음성으로 가다가 불꽃이 일도록 한 후 끝낸다. 이 원리를 응용해 보자. 우선 학생들이 토의에 편안하게 참여하게 한 후 확실한 생각과 나눔을 가질 수 있도록 이끌어 주고 그들이 극적인 통찰에 이르도록 하여 모든 것을 하나로 묶어 속히 결론을 내리도록 한다. 그러나 토의의 흐름은 설교의 흐름과 같이 쉽게 통제할 수 없음을 지적해야 하겠다.

게다가 모든 규칙에는 예외가 있다. 때때로 학급을 흔들어 놓을 수 있는 극적이고 논쟁의 여지가 있는 질문으로 시작하는 것이 상당히 효과적일 수 있다. 이 경우 곧바로 토의에 들어갈 수 있다. 다음과 같은 질문들이 교실의 주의를 끌 수 있을 것이다.

* 어떤 사람들은 우리가 성 차별에 대한 것보다 인종 차별에 관하여 고백할 가능성이 더 크다고 주장한다. 당신은 이러한 생각에 동의하는가? 동의한다면 그 이유는 어디에 있으며 동의하지 않는다면 그 이유는 무엇인가?
* 교회에 출석하는 대부분의 사람들은 어떤 값을 치르더라도 갈등을 피하기를 원한다. 당신은 그것이 옳은 주장이라고 생각하는가? 만일 그렇다면 우리는 왜 그토록 갈등을 회피하는가?
* "약대가 바늘귀로 들어가는 것이 부자가 하나님의 나라에 들어가는 것보다 쉬우니라"(눅 18:25). 왜 이 성경구절이 오늘의 미국인들에게 특별한 타당성을 지니고 있는가?

그러한 강도를 가지고 시작하는 것은 위험할 수도 있다. 학생들이 곧바로 토의에 들어갈 준비가 되어 있지 않을 수도 있다. 또한 그런 상황에 있을 때 길고 불편한 침묵이나 피상적인 의견을 피력할 수도 있을 것이다. 그리고 비록 좋은 토의를 시작하는 데 성공했다고 하더라도 그런 상황을 지속시키는 일이 쉽지는 않을 것이다. 토의를 강렬한 자극을 주는 것으로 시작하면 토의가 점차적으로 그 강도가 감소되는 경향이 있다. 그렇기 때문에 일반적으로 "천천히 시작하고 낮은 음성으로 진행하는 것"이 좋은 규칙이라고 할 수 있다. 그러나 앞에서도 이미 언급했듯이 모든 규칙에는 예외가 있기 마련이므로 좋은 토의를 진행할 수 있는 비결 중의 하나는 우리가 위험을 감수하려는 마음이다.

침묵의 유용성

많은 교사들은 교실에서의 침묵을 두려워한다. 사실 질문을 했는데 아무 응답도 받지 못하는 것처럼 위협적인 것은 없을 것이다. 그런 상황은 교사를 매우 당황하게 한다. 그러나 대개 침묵은 우리가 생각하는 것보다 훨씬 짧다. 어떤 연구가 발표한 것을 보면 교사들은 자신이 물은 질문에 학생들이 대답할 때 평균 1초 정도를 기다려 준다고 하였다.[4] 이 연구는 또한 교사들이 3초에서 5초를 기다려 줄 때 좀더 깊이 있고 질적으로 수준이 높은 대답이 주어졌음을 알 수 있었다고 하였다. 질문을 한 후 우리가 대개 얼마나 기다리는가를 의식하도록 노력해야만 한다. 우리는 학생들이 생각할 것을 요청했으므로 그들이 그렇게 할 수 있는 기회를 주어야 한다는 사실을 잊지 말아야 한다.

한 가지 기술은 질문을 한 후 천천히 열까지 세는 것이다.[5] 만일 그래도 대답이 나오지 않으면 질문을 좀더 간단한 형식으로 바꾸어할 수 있다. 교실에서 교사가 보내는 비언어적인 신호에 주의를 기울여야 한다. 만일 서 있다면 벽이나 교탁과 같은 견고한 물체에 기댈 수도 있을 것이다. 이러한 자세는 교사가 마음이 편하며 얼마든지 기다릴 수 있음을 암시해 주는 것이다. 혹은 학생들과 시선을 맞추고 "누가 대답할 수 있습니까?"라는 얼굴표정이나 몸짓을 할 수도 있다.

그래도 반응이 없다면 다음과 같은 말로 침묵을 깰 수 있다 : "저는 이 침묵이 무엇을 의미하는지 모르겠군요. 제가 혹시 의미 없는 질문을 했나요? 아니면 아직도 생각하고 계신가요?" 그리고는 또 기다리거나 혹은 "여러분 중에 누구든지 제가 무슨 질문을 했는지에 관하여 말해 줄 수 있습니까? 분명히 제 질문이 모호했던 것 같습니다."라는 말을 할 수도 있다. 또 다른 방법은 학생들 각자로 하여금 옆에 있는 사람에게 돌아 앉아 그에게 질문에 대한 답을 할 수도 있다. 그리고는 자유롭게 누구든지 자신이 갖고 있는 통찰을 교실의 모든 사람들과 나누어 보도록 요청해 본다.

　질문을 한 후에 침묵에 직면하게 되면 다음의 두 가지 중에 하나를 하고 싶은 유혹을 받게 된다. 즉, 대답을 해주거나 또는 두세 가지의 새로운 질문을 하는 것이다. 그러나 사실 이 두 가지 일은 모두 침묵을 다루는 데 도움을 주지 못한다. 기억해야 할 일은 침묵이 학습에 도움이 된다는 사실이다. 그것은 생각과 회상을 위해 열려진 공간이라는 점이다. 우리는 침묵이 주는 불안을 정복하는 길을 배워야 하며 그것을 교수에서 유리하게 사용할 수 있어야 한다. 교사가 즉시로 대답할 수 없는 질문에 대하여 기다려 주는 자세를 보여 주는 것보다 더 자신 있게 보이는 것은 아마도 없을 것이다.

토의의 유지

　일단 토의가 시작된 후 토의를 계속 유지시키려 할 때 사용할 수 있는 기술 중에 좀더 중요한 몇 가지를 다음에 소개해 보기로 한다.

　학생의 반응을 확인해 준다. 토의가 계속 유지되도록 해주는 중요한 요인은 학생에게 그들이 보여 준 반응이나 질문에 대한 대답을 교사가 열심히 들었으며 그것을 소중하게 생각한다는 것을 보여 주는 일이다. 잘못된 대답이라도 그것이 학생 자신이 위험을 무릅쓰고 자신의 의견을 나누었다는 사실 하나만으로라도 칭찬받을 충분한 이유가 되는 것이다. 이러한 자세는 특히 토의의 시작 부분에서 더욱 필요하다. 만일 토의의 전반부에서 발표된 반응들을 교사가 요약해 주고 또한 확인해 주면 학생들은 안정된 마음으로 자신의 의견을 나눌 수 있게 될 것이다. 그렇게 함으로써 토의가 자연스럽게 흘러갈 수 있는 분위기가 만들어지는 것이다.

짧은 연설을 삼가한다. 학생의 대답에 대한 반응의 일환으로 교사가 짧은 연설을 끼워 넣게 되면 토의는 곧 중단되어 버린다. 우리가 토의가 계속되어지도록 노력할 때 이것은 특히 피해야 할 일이다. 이때는 학생들이 토의에 참여하도록 하는 일이 교사가 학생의 반응에 대하여 장황한 반응을 하는 것보다 훨씬 더 중요한 문제임을 기억해야만 한다. 물론 이 규칙에도 예외는 있다. 때로는 교사가 교수를 위하여 준비한 자료들이 다른 사람들은 갖고 있지 않은 정보에 접할 수 있게 해주는 경우가 있다. 이러한 정보를 나눔으로써 토의의 수준을 보다 더 깊은 수준으로 이끌어 들일 수 있다. 그러나 이 경우에도 잊지 말아야 할 것은 교사는 교실에서 하나의 자원일 뿐 모든 바른 답을 알고 있는 궁극적인 권위의 자리에 있는 사람은 아니라는 점이다. 우리의 일은 토의를 조성하는 것이지 해결의 실마리가 되는 통찰을 제공하는 역할을 감당하는 것은 아니다.

고무적인 질문을 한다. 고무적인 질문은 학급이나 어떤 특정한 학생이 대답을 하지 못할 때 묻는 질문의 형식이다. 이것은 학생들이 대답을 찾을 수 있는 단서나 암시를 제공해 준다. 일반적으로, 이러한 질문은 앞에서 한 질문보다 더 초점을 맞춘 내용을 갖는다. 다음과 같은 질문을 했다고 가정해 보자 : "오늘 우리가 공부한 성경구절에서 발견되는 하나님 나라의 특징 세 가지를 열거할 수 있습니까?" 아무도 이 질문에 반응을 보이지 않는다. 이때 고무적인 질문을 한다면 다음과 같은 것이 될 것이다 : "마태복음의 7절과 누가복음의 12절을 보세요. 그 둘이 갖고 있는 공통점은 무엇입니까?" 고무적인 질문은 학생들로 하여금 참여를 촉진시키고 학생들이 자신의 질문을 조직할 수 있도록 도움을 준다.

탐색적인 질문을 한다. 탐색적인 질문은 학생이 보여 준 처음의 반응보다 더욱 깊은 수준으로 들어가도록 해준다. 때때로 이것은 한 종류의 질문에서 또 다른 종류의 질문으로 옮겨 가는 것과 관계가 있다. 마태복음에 초점을 맞춘 성경공부에서 우리는 다음과 같은 사실적인 질문을 할 수 있다 : "예수님이 나신 곳이 어디입니까?" 이렇게 묻고는 분석적 질문을 하면서 탐색적인 질문으로 자연스럽게 옮겨 갈 수 있다. 즉, "메시아가 베들레헴에서 나실 것이라는 사실을 말하면서 왜 저자는 구약의 말씀을 인용하고 있습니까? 왜 그것이 저자에게 중요했을까요?" 사실적 질문에서 분석적인 질문으로 옮겨 가면서 마태복음의 중심되는 주제인 약속과 그 성취를 소개하는 데 사용하였음을 볼 수 있다. 어떤 때는 학생에게 그가 왜 그 대답을 하게 되었는가를 생각하도록 할 때 탐색적인 질문을 이용할 수 있다. "무엇이 좋은 목회자를 만들어 주는가?"라는 평가적 질문을 하면서 학생들이 평소에 갖고 있는 좋은 목사상의 근거를 찾아보도록 요청함으로써 탐색적인 질문을 할 수 있을 것이다. 좋은 탐색적인 질문을 할 수 있는 기술을 배우는 일은 매우 중요하고 필요하다.

보다 적극적인 참여를 위해 토의의 방향을 수정한다. 이 기술은 한 학생이 보여 준 반응에 응답하지 않고 다른 학생들의 반응을 이끌어 내기 위하여 방향을 수정하는 것과 관계가 있다. 다음과 같이 일반적인 질문을 할 수 있을 것이다 : "제인의 응답을 여러분들은 어떻게 생각하십니까?" 혹은 "이 문제에 대해서 다른 생각은 없으십니까?" 우리는 때로 특정한 학생을 직접 지명함으로써 토의의 방향을 바꿀 수도 있다 : "톰은 이 이슈를 어떻게 생각하고 있습니까?" 그러나 이런 경우에 교사가 그 학생이 그러한 질문에 응할 수 있는 사람임을 잘 알고 있어야만 한다는 조건이 따른다. 왜냐하면 그런 일이 정기적으로 행해질 때 어떤 학생들은 자신의 이름이 불리워지는 것에 위협을 느끼고 더 이상 출석하지 않을 수도 있기 때문이다.

토의의 흐름이 수정될 때 적절한 지시를 한다. 대화의 흐름을 수정할 때 적절한 지시를 함으로써 토의의 진행에 크게 영향을 줄 수 있다. 우리는 우리가 얻고 싶은 반응과 토의의 경향에 영향을 주게 된다. 예컨대, 우리가 만일 논쟁을 불러일으키기를 원한다면 우리가 사용할 수 있는 지시는 "제인에게 동의하지 않는 사람은 누구지요?" 혹은 "폴, 당신은 앞에서는 다른 방향으로 간 듯한데 제인에게 동의하세요?" 어떤 때는 결합을 위한 질문을 함으로써 토의의 방향을 수정할 수 있다 : "우리는 이 이슈가 내포하고 있는 서로 다른 측면들을 살펴보았습니다. 그렇다면 공통적인 주제들은 어떤 것들일까요?" 혹은 "지금까지 차이점에 관하여 살펴보았는데 어떤 분이 유사점을 말해 주시겠어요?"

다른 목적을 위해 적절한 지시를 사용한다. 적절한 지시를 사용하여 토의의 흐름에 또 다른 방법으로 영향을 줄 수 있는데, 그것은 토의의 속도와 관계된 것이다. 다음과 같은 질문을 통하여 토의의 속도를 높일 수 있을 것이다 : "빨리 이 구절에 대한 여러분의 인상을 가능한 한 많은 사람이 말해 보세요." 혹은 "여러분이 지난 주에 공부한 것 중에 기억나는 것을 아주 짧게 말해 주시겠습니까?" 토의의 속도를 줄이기 위해 다음과 같은 지시를 할 수도 있을 것이다 : "이 문제가 정말 오늘의 우리들에게 어떤 의미를 갖고 있는가에 대해 잠깐 생각해 보기로 합시다." 라든지 혹은 "대답하기 전에 충분히 생각해 보세요……." 토의가 구체적인가 혹은 추상적인가에 대해서도 영향을 줄 수 있다 : "오늘의 교회에서 볼 수 있는 이러한 문제의 구체적인 예들을 들어 보세요." 혹은 "우리가 토의한 것들을 일반화시킨다면 당신은 그것을 어떻게 정리하시겠습니까?"

토의의 종결

토의를 기분 좋고 깔끔한 결론으로 이끌어 가는 일이 그렇게 쉬운 일은 아니다. 그리고 그것이 반드시 우리의 목표라고 할 수도 없다. 토의하는 동안에 나타난 서로 다른 생각들이나 느낌들은 교회가 매우 다양한 사람들로 이루어져 있음을 일깨워 주는 표식임을 인식하는 일도 어떤 문제에 대한 명확한 해결책을 찾는 것 못지 않게 값진 일이다. 토의가 끝날 때 모든 사람이 같은 결론에 도달하지는 않으며 토의에서 다룬 이슈가 완전히 해결되지도 않는다!

토의를 끝내는 일이 항상 중요한 것은 아니지만 종결의 분위기를 만드는 것은 중요하다. 교회의 모든 구성원들이 토의의 중심에 자리 잡고 있는 생각과 느낌을 교환하는 것에 가치를 부여하지는 않는다. 때때로 그들은 무지를 나누는 것쯤으로 토의를 생각한다. 토의의 종결은 대화가 어떤 지점에 도달했다는 느낌을 갖게 하는 데 도움을 준다. 그리고 그것은 토의 참여자들에게 그들이 다루었던 문제들을 되돌아보게 해준다.

토의를 끝낼 수 있는 방법은 다양하다. 많은 교사들이 학생들에게 시간이 한 10분 정도 남았음을 알려 주기를 원하는데 이것은 마음속에 무엇인가 말하고 싶은 것이 있는 사람에게 그것을 표현하도록 격려해 주는 역할을 한다. 그것은 토의가 이제 곧 막을 내린다는 신호가 되어 주기도 한다. 또 다른 방법은 요약을 해주는 것이다. 요약은 교사나 학생 중에 누군가가 할 수 있을 것이다. 만일 개요나 핵심적인 아이디어가 칠판이나 뉴스 프린트 ; 회의나 강의 중에 벽에 붙여 놓고 사용하는 큰 종이 : 역자 주)에 기록이 되어 있다면 그것이 요약이 될 수 있을 것이다. 또 하나의 방법은 토의에서 배운 것 중 한 가지를 선택하도록 하여 가능한 한 많은 사람들이 그것에 대하여 갖고 있는 생각을 간단히 서로 나누도록 하는 것이다. 그와 유사한 기술로는 해결되지 않은 이슈나 질문에 관해 서로 의견을 나누어 보는 것이다. 이것은 다음 시간에 다룰 수 있는 주제들로 발전할 수 있을 것이다.

　종결을 의식하는 것은 매우 중요하다. 종이 울려서 토의가 급하게 끝나거나 아이들이 밖에서 문을 두드릴 때 끝내는 것은 바람직하지 않다. 이렇게 되면 사람들이 교사나 학생이 말을 하고 있는데 교실을 떠나기 시작하게 될 것이다. 교사는 토의를 끝내기 위해서 충분한 시간을 가져야만 한다. 5~7분 정도가 적당한 시간이지만 만일 학생들의 생각을 서로 나누기로 했다면 시간이 좀더 필요할 수도 있을 것이다.

토의의 유형들

　토의를 계획할 때 결정해야 할 가장 중요한 문제는 토의의 유형에 관한 것이다. 그런데 토의의 유형은 하나의 연속선상에 있는 것으로 생각하는 것이 좋을 듯하다. 연속선은 유사한 것들을 질서 있게 배열해 준다. 이와 관련된 하나의 예를 들어 보자. 직선의 한쪽 끝에 흰색이 반대쪽에 검정색이 있다고 상상해 보자. 그 둘 사이에는 다양한 색상의 흰색, 회색, 검정색이 있으며 흰색에서 가까운 연한 색으로부터 반대쪽에 있는 검정색에 가까워질수록 점점 더 짙은 색을 나타내게 된다. 이 연속선은 양쪽 끝 사이에 매우 광범위한 색상을 포함하고 있다.

　토의의 종류에 관해서도 같은 관점에서 생각할 수 있다. 한쪽에는 초점을 맞춘 토의(focussed discussion)가 있다. 이러한 유형에서 교사는 토의의 방향이 분명하고 따라서 교사는 토의를 그 방향으로 이끌어 가려고 노력하게 된다. 여기서의 목표는 주어진 분량의 자료를 다루어서 학생들이 그것을 소화하여 이해하도록 하는 데 있다. 직선의 반대쪽에는 개방적인 토의(open-ended discussion)이 자리하고 있다. 이것은 토의의 흐름이 교사의 계획에 의해서가 아니고 학급이 서로의 의견을 나누면서 자연스럽게 부상하게 되는 종류의 토의이다. 이때 교사의 책임은 주로 사고를 유발할 수 있는 질문들을 만들어 사용함으로써 대화가 계속되어지도록 돕는 것에 있다. 그러므로 여기서는 교사가 미리 정해진 목표들로 이끌어 가지 않는다.

 교회에서 행해지고 있는 토의를 중심으로 하는 학급의 대부분은 아마도 이 둘을 양 끝에 두고 있는 연속선상 사이의 어디엔가 위치할 것이다. 그러한 토의들을 혼합적 토의(mixed discussion)라고 부를 수 있을 것이다. 어떤 때는 비록 교사가 분명한 계획을 갖고 있다고 해도 만일 의미 있는 대화가 예상하지 않는 방향으로 진행되기 시작한다면 처음의 그 계획을 벗어날 수도 있다. 이 경우 연속선의 한 끝에 있는 초점을 맞춘 토의에 보다 접근해 있다고 볼 수 있다. 또 어떤 때는 교사가 짧은 강의를 한 후에 개방적인 토의로 옮겨 갈 수도 있다. 말할 필요도 없이 이것은 개방적 토의에 보다 기울어져 있다고 하겠다. 계획과 안내 그리고 자발성의 혼합은 토의를 연속선상의 가운데 쯤에 위치시킨다고 할 수 있겠다.

 토의의 유형에 따라 그 계획이 차이가 있으며 각 유형에 따르는 기술도 역시 다르다. 개방적 토의를 이끌어 갈 때는 토의가 진행되면서 현재 학급에서 일어나고 있는 일을 감지할 수 있는 능력이 요구된다. 교사는 일련의 사고가 생산적인 방향으로 움직여 가고 있는지 아니면 단지 한 학생의 관심사로 기울어지고 있는지를 직감적으로 알 수 있어야만 한다. 그뿐만 아니라 토의에서 다루어지고 있는 주제와 지속적으로 연결시킬 수 있어야만 한다. 초점을 맞춘 토의는 미리 준비할 수 있는 능력과 관계가 있다. 교사는 미리 좋은 질문들을 작성해 놓아야 하고 또한 제기될 수 있는 질문들을 계획하기 위하며 학급의 반응들을 예상해 보아야만 한다. 이 유형에서는 자발성은 비교적 덜 요구된다. 서로 다른 유형을 위한 토의 계획에는 조금씩 서로 다른 원리를 따른다.

초점을 맞춘 토의 계획

 이런 종류의 토의는 강의와 매우 유사하기 때문에 그 계획도 앞 장에서 이미 설명한 강의 준비단계의 개요와 거의 동일하다.[6] 토의할 자료를 읽는 것으로부터 시작하여 그 읽은 자료에서 중심되는 요점들을 선택하여 아이디어 개요를 만든다. 그 다음에는 정리된 아이디어들을 조직원리에 따라 발제개요의 일반적인 골자를 만든다. 이 시점에서 토의 계획은 강의 계획에서 따르게 되는 길에서 벗어난다. 준비의 다음 단계는 발제개요를 토의 개요로 전환시키는 일이다. 이것은 개요에서 다룬 각 요점들에 부합되는 질문들로 구성된다. 강의에서와 같이 그 요점들을 발표하는 대신에 그것을 토의의 진행을 인도해 줄 수 있는 질문들로 바꾼다. 이러한 토의 계획의 목표는 강의에 못지 않게 상세한 주요 질문들과 부수적인 질문들로 토의의 개요를 만드는 데 있다. 바로 이 개요에 따라서 교사는 토의를 진행하게 된다.

우리가 백인 중산층으로 구성되어 있는 교회학교에서 가르친다고 가정해 보자. 우리가 공부할 책은 『세계 기아와 교회의 응답』이다. 학급의 전원이 책의 처음 세 장을 읽어 와야 한다. 토의 진행의 기본 골격을 다음과 같이 만들어 볼 수 있다.

　Ⅰ. 세계 기아의 소개 : 숨겨진 현실
　Ⅱ. 세계 기아에 관한 사실들
　Ⅲ. 성경의 명령 : 궁핍한 자를 섬기라
　Ⅳ. 결론 : 이 자료에 관한 생각과 느낌의 나눔

토의 개요를 만드는 일은 이들 주요 요점들을 질문으로 바꾸는 것이다. 그러므로 다음에 할 일은 강의 준비에서 설명된 개요에 부수적인 요점들을 만드는 것과 마찬가지로 부수적인 질문들로 주요 질문들을 채우는 일이다. 주요 아이디어들을 다음과 같은 질문으로 바꿀 수 있을 것이다.

　Ⅰ. 우리는 왜 굶주리는 사람들을 알고 있지 못한가?
　Ⅱ. 우리가 읽은 책이 보여 주는 세계 기아의 현실에 대한 부인하

지 못할 냉정한 사실들은 무엇인가?
Ⅲ. 성경은 우리가 어떻게 응답해야 한다고 말하고 있는가? 이 주제를 다루고 있는 구체적인 구절을 지적할 수 있는가?
Ⅳ. 이 자료를 읽고 토의함으로써 야기된 생각과 느낌은 무엇인가? 몇 개의 문장으로 그것을 서로 나누어 보자.

이 주요 질문들에는 부수적인 질문들이 첨가된다. 개요에 다양한 질문들을 포함시키는 일을 잊지 말아야 한다. 개요를 완성한 다음에는 그것을 다시 검토해 보고 개요가 제대로 되어 있는가를 확인하는 일도 중요하다. 토의가 진행되는 동안 각각의 시점에서 각각 다른 질문들을 사용할 수 있을 것이다. 위에서 제시한 개요의 예에서 서론은 생산적 질문과 평가적 질문으로 구성하여 학생들로 하여금 그들이 왜 그토록 세계 기아 문제의 현실과 동떨어진 삶을 살고 있는가를 성찰해 보도록 도울 수 있다. 우리는 또한 학생들로 하여금 시내에 쇼핑 갔을 때 흔히 볼 수 있는 걸인들(street people ; 미국의 대 도시에서 볼 수 있는 일정한 거처 없이 길거리에서 살아가는 사람들 : 역자 주)을 판단하는 무의식적인 규범을 깨닫는 데 도움을 줄 수 있을 것이다. 두 번째 부분에서는 사실적 질문으로 바꾸어서 책에서 말해 주고 있는 세계기아의 현실에 대하여 학생들이 독서를 통하여 기억하고 있는 사실들을 회상해 보도록 한다. 셋째 부분에서는 성경구절에 관한 사실적 질문들로부터 성경적인 주제에 관한 일반화로 이끌어 주는 분석적 질문으로 옮겨 간다. 그 다음에는 오늘의 교회에 그 주제들을 연결시켜 주는 생산적 질문으로 이어 준다. 토의의 마지막 부분은 평가적 질문을 사용하여 학생들에게 그들이 공부한 학습자료에 대한 그들의 반응을 성찰해 보도록 요청하고 특히 그들의 개인적인 응답에 주목하도록 한다.

초점을 맞춘 토의에서 우리는 학급이 보여 줄 가능한 반응을 예상하도록 노력하여 개요에 제기될 수 있는 질문들을 기록하도록 한다. 심지어는 어떤 특정한 질문을 누구에게 부탁할 것인가에 대해서도 결-

정해 두는 것이 좋다. 교사가 학급을 잘 알고 있는 경우 학급의 누가 어떤 종류의 질문을 가장 잘 다룰 수 있으며 누가 적극적으로 참여함으로써 토의가 시작되도록 할 수 있는가를 잘 알 수 있을 것이다. 만일 그런 종류의 토의를 선택한다면, 이 때의 기본적인 목표는 세워 놓은 계획을 수행하는 것이다. 이것은 교사가 학급을 인도해 갈 때보다 직접적이어야 한다는 의미이다. 만일 토의가 궤도를 벗어나면 그것을 제자리로 복귀시키는 것은 교사의 의무이다. 물론 그렇게 하는 것이 모든 자발성을 방해한다는 의미는 아니다. 이런 종류의 토의에서 기술을 갖고 있는 지도자는 마치 학급이 토의의 흐름을 결정하는 듯한 인상을 주도록 그룹을 이끌어 갈 수 있다. 이러한 교사들은 그들이 미리 만든 질문들을 마치 학생들의 반응에 기초하여 만든 것 같은 느낌을 준다. 이들은 또한 보다 많은 사람들이 토의에 참여할 수 있도록 하기 위하여 토의의 방향을 조정할 수 있는 사람들이다. 그러면서도 그들은 꾸준히 자신들이 만든 계획에 따라 토의가 앞으로 움직여 가는 능력을 갖고 있다. 어떤 교사들은 토의가 시작되기 전이나 혹은 시작될 때 칠판에 자신이 만든 개요를 기록하는 경우도 있다.

초점을 맞춘 토의는 특히 토의의 예측불가능성을 두려워하는 교사들에게 알맞는 방법이다. 이미 설명한 대로 이 경우 미리 준비한 자료를 갖고 있기 때문에 어떤 질문을 해야 하며 언제 끝내야 하는가를 알고 있다. 이 방법은 토의 진행의 경험이 없는 교사가 사용하기에 알맞는 것으로 보여진다. 그러나 우리가 교사로서 일하는 동안 어느 시점에 다다르면 다른 방법을 사용하도록 노력해야만 한다. 아직 자신이 없고 마음의 준비가 되어 있지 않다고 해도 보다 더 큰 자발성과 그룹 지도의 가능성을 갖고 있는 개방적 토의를 활용해 보도록 노력하는 것이 좋다. 그렇게 함으로써 학생들에게 더 많은 권한을 주어 토의의 방향을 결정하도록 한다.

초점을 맞춘 토의 계획의 요약을 다음과 같이 정리해 보았다.

1. 자료를 읽고 필요한 곳을 표시하거나 노트에 기록한다.

2. 아이디어 개요를 기록한다.
3. 발표 개요의 일반적인 요점들을 기록한다.
4. 발표 개요를 토의 개요로 바꾼다.
   - 주요 질문들을 써 놓는다.
   - 예상되는 학생들의 반응을 토대로 하여 뒤따르는 질문들을 만든다.
   - 질문에 대답할 수 있는 사람들을 생각해 둔다.
   - 칠판에 기록해 놓을 것들을 결정한다.

개방적 토의를 위한 계획

얼핏 보면 이런 종류의 토의를 위해서는 별다른 준비가 필요없을 것으로 생각할 수 있다. 그러나 이런 토의는 토의 진행 방향을 예측할 수 없기 때문에 다른 때보다 토의에서 다루어야 할 자료에 대하여 더 많이 알고 있어야만 한다. 아주 다양한 방향으로 움직여 가는 데 대한 준비가 되어 있어야 한다.

개방적 토의에서 교사는 토의의 흐름을 통제하지 않는다. 그의 역할은 토의가 움직여 가도록 하고 시간이 가면서 새로운 통찰이 떠오르도록 하고 가능한 많은 사람들이 토의에 참여할 수 있도록 하는 데 있다. 이런 토의와 가장 잘 연결되는 것으로 우리는 소크라테스의 대화를 생각할 수 있을 것이다. 고대 희랍시대의 철학자 소크라테스는 잘 알려진 대로 자신의 제자들이 대화에 참여함으로써 진리를 발견할 수 있도록 도왔다. 인생의 위대한 진리를 직접 가르치기보다는 자신이 하나의 이슈를 제시하거나 혹은 학생들로 하여금 제시하도록 하여 일련의 질문들을 통하여 그들이 보다 깊은 이해에 도달할 수 있도록 끌어가곤 하였다. 교사로서의 그의 역할은 산파와 같은 것이라고 한 그의 말은 잘 알려져 있다. 그는 아기가 태어나도록 도왔지만 그것은 그 자신의 아기는 아니었다. 진리는 대화를 통하여 드러났다.

개방적 토의도 이와 같다. 교사는 사전에 구성해 놓은 특정한 생각들을 전달하려 하지 않는다. 그보다는 오히려 교사는 학생 자신이 진리에 도달하도록 도우려 한다. 교사는 타인의 통찰이나 깨달음을 이끌어 내는 과정에서 도움을 주는 조산원이다. 이런 유형의 토의를 할 때 핵심적인 문제는 대화를 보다 깊은 이해에로 인도해 주는 탐색적 질문들을 하는 것이다.

그렇다면 이런 토의를 위해서는 어떤 준비가 필요한가? 처음의 준비는 강의나 초점을 맞춘 토의를 준비하는 것과 매우 유사하다. 우선 꼼꼼하게 자료들을 읽고 중요한 곳에 표시를 하거나 노트를 하거나 중요한 아이디어들을 확인해 둔다. 그 다음에는 이 자료들을 토의 개요로 만들지 말고 이 아이디어들을 우리 자신의 삶의 정황에 맞추어서 개인적이고 창의적으로 궁리해 보도록 한다. 어떤 아이디어가 가장 나의 마음을 사로잡는가? 그 이유는 무엇인가? 그것이 나에게 어떻게 말하고 있는가? 도전하고 있는가? 위로해 주고 있는가? 이러한 성찰을 하면서 마음에 떠오르는 생각들을 적어 놓는 것이 도움이 된다. 그 생각들을 합리적인 양식으로 정리하려고 애쓸 필요는 없다. 다만 그 생각들이 스며들도록 그대로 둔다. 창의력은 종종 그렇게 작용한다.

학급의 몇 학생들과의 관계에서 비슷한 과정을 경험하는 것이 도움이 될 것이다. 매우 다른 두세 사람을 선택한 후 한 번에 한 사람씩 마음에 그려 본다. 그들에게 중요하다고 생각되어질 아이디어들은 어떤 것일까? 비록 그들이 중요하게 생각하지 않는다고 해도 교사인 내가 보기에 그들에게 중요한 것은 어떤 것인가? 다시 강조하지만 이때 마음에 떠오르는 생각을 적어 놓는 것이 좋다. 여러 가지 면에서 이러한 성찰의 시간은 가장 중요한 준비라고 할 수 있다. 이 단계에서 우리는 학생들이 어떤 반응을 보여 줄 것인가에 대해 어느 정도 예상하기 시작한다. 학습이 시작되기 전에 하게 되는 이러한 생각들은 학생들의 통찰에 대하여 동시에 응답할 수 있는 능력의 토대가 되어 준다.

개방적인 토의에 초점을 맞추려고 애쓰지는 않더라도 종종 성찰을 통하여 얻게 된 중요한 생각들의 리스트를 작성해서 준비해 두면 도움이 될 것이다. 때로는 학생들 자신이 많은 생각들을 만들어 내기 때문에 우리는 단지 그들을 따라가면 된다. 물론 어떤 때는 이슈를 제기하기 위하여 우리가 좀더 적극적인 역할을 해야 할 때도 있다. 그러나 어떤 경우에라도 중요한 아이디어들과 이슈들을 준비하여 우리 앞에 두는 것이 좋다. 아무리 좋은 생각이라도 일단 대화가 시작되면 기억하기가 쉽지 않기 때문이다. 그것을 반드시 다루어야 한다는 부담을 가질 필요는 없지만 토의의 시작이 힘들어지면 그것이 유용하게 사용되어질 수 있다.

다음에 결정해야 할 것은 토의를 어떻게 시작하는가의 문제이다. 토의를 시작하거나 혹은 처음부터 토의의 책임을 학급이 지도록 장치를 할 수 있다. 만일 교사가 토의를 시작하기로 했으면 다음에 제시하는 기술들을 사용할 수 있을 것이다.

개인적인 것을 나누는 것으로 시작하여 다른 사람들도 그렇게 하도록 유도한다. 예를 들어, 앞에서 말했던 기아에 관한 책을 토대로 한 개방적인 토의에서는 개인적으로 직접 기아의 비참한 현실을 보고 느꼈던 참상을 나누는 것으로부터 시작할 수 있다. 그 다음에는 학생들 중에 유사한 경험을 해본 사람이 있는가를 묻는다. 직접적인 경험으로부터 기아에 대한 조직적인 원인을 파악하는 것에로 옮겨 가는 일이 왜 어려운가를 질문하면서 자연스럽게 다음 단계로 이동하게 된다.

토의를 위한 자료가 제기한다고 생각하는 이슈 두세 개를 제공하고 그 중에서 오늘 그들에게 가장 중요한 것을 찾도록 부탁한다. 그리고 그 이슈가 왜 그들에게 그토록 중요한가를 묻고 그들의 응답을 도출해 낸다.

자료에 대하여 광범위하면서도 평가적인 질문을 한다. "여러분은 우리 교회가 세계의 기아문제에 대해 충분한 대응을 하고 있다고 보십니까?" 왜 그렇게 하고 있는지, 또 왜 충분히 대응하지 않는 이유는 무엇일까요? 이 토의 방법은 학생들이 더 많은 부담을 지는 쪽으로 시작할 수 있다. 학생들이 미리 필요한 책을 읽으면 이것은 쉽사리 이루어질 수 있을 것이다. 학생들이 그런 준비를 갖추지 않았더라도 그들의 삶의 경험에 의존하여 그들을 주제로 들어가게 해줄 수 있다. 다음에 몇 가지 방법을 제시해 보기로 한다.

독서를 통하여 받은 느낌을 서로 나누어 보도록 부탁한다. "기아에 관한 이 책에서 여러분을 가장 화나게 하는 것은 무엇이었습니까? 분노의 대상은 누구였습니까? 당신 자신이었습니까?"

학생들에게 기억하도록 요청한 다음에 토의할 주제와 어느 정도 연결된 상황을 서로 나누어 보게 한다. "여러분은 아주 가까운 사람을 상실했던 적이 있습니까? 그때 어떤 감정을 경험하였습니까?" 나눔의 시간을 가진 후에 다음과 같이 주제를 소개한다 : "오늘은 우리가 슬픔을 당한 사람을 어떻게 보살필 수 있는가에 대하여 토의하려고 합니다. 여러분이 어떤 분을 상실했을 때, 사람들이 어떤 말을 했을 때, 또 어떻게 했을 때 가장 도움이 되었습니까?"

독서가 가져다 준 중요한 아이디어들에 관하여 학생들이 생각해 보도록 한다. "아주 간단하게 책에서 다루었던 가장 중요한 한두 개의 아이디어를 나누어 보십시오." 그 아이디어들을 칠판이나 뉴스 프린트에 열거한다. 그리고는 "여기에 기록한 아이디어 중에 어떤 것을 갖고 시작하는 것이 좋겠습니까? 그 이유는?"

이들은 단지 토의를 시작하는 몇 가지 방법에 불과하다. 일이 잘 진행되면 토의는 그대로 나아갈 것이다. 개방적인 토의에서 좋은 시작은 교사의 일을 매우 수월하게 해준다. 학급이 처음부터 활발하게 참여할 수 있는 길을 계획하기 위하여 어느 정도 질적으로 의미 있는 시간을 보내는 것은 가치 있는 일이다.
개방적인 토의 계획의 요약은 다음과 같이 정리될 수 있을 것이다.

1. 자료를 읽고 그것을 표시하거나 노트를 한다.
2. 우리 자신의 삶에 관계지어 자료들을 성찰해 본다.
   －생각들과 느낌들을 기록한다.
3. 몇 학생들을 마음속에서 상상해 본다.
   －이 자료가 그들에게 적절한가의 여부를 생각해 본다.
   －생각들과 느낌들을 기록한다.
4. 성찰하는 동안에 떠오른 중요한 아이디어나 이슈들을 열거해 놓을 아이디어 기록 카드를 만든다.
5. 토의를 어떻게 시작할 것인가를 기록한다.
   －처음의 지시나 질문들을 기록한다.

혼합적 토의 계획

여기서 혼합적이란 앞에서 설명한 두 종류 사이의 어디엔가 자리한다는 의미이다. 아마도 교회에서 우리가 사용하는 토의는 이런 유형일 것이다. 그러나 이 유형의 토의를 계획할 때도 그것이 연속선상에서 어느 쪽에 더 가깝게 기울어져야 하는가를 결정하는 일은 도움이 된다. 우리가 질적으로 의미 있는 통찰들 자체를 개방해 놓음으로써 그 통찰들이 이끄는 대로 따라갈 수 있는 초점을 맞춘 토의를 계획하고 있는가? 혹은 토의가 진행되면서 읽은 자료로부터 토의에 적절하다고 생각되는 통찰을 제공하는 개방적인 토의를 계획하고 있는가? 이러한 문제에 대한 결정은 토의의 준비뿐만 아니라 학급에서의 교사의 지도력에 상당한 영향을 주게 된다.

만일 초점을 맞춘 토의에 가까운 종류를 계획한다면 이미 설명한 방식에 따라 질문개요를 구성하는 것이 좋다. 그러나 혼합적인 토의에서 교사의 실제적인 지도는 훨씬 덜 직접적인 성격을 가진다고 보아야 한다. 만일 어떤 이슈와 관련하여 의미 있는 대화가 시작되면 교사가 준비했던 개요를 보류할 수 있어야만 한다. 다시 말하면 교사는 계획했던 모든 것을 다루기 위하여 학급이 제 궤도에 들어가도록 지나치게 애쓸 필요는 없다. 오히려 토의가 충분히 개방적인 다양한 방향으로 나아갈 수 있도록 교사의 개요에 생산적 질문과 평가적 질문을 포함시킬 수도 있다. 만일 토의가 이 시점에서 시작되면 그대로 두어야 한다. 우리의 목표는 질적인 학습과 통찰을 얻는 것이지 주어진 자료를 모두 다루는 것은 아니기 때문이다.

혼합적 토의가 개방적 토의에 가까운 것이라면 그 계획도 개방적 토의와 비슷한 방향으로 해야 한다. 종종 그것은 순순하게 개방적인 토의와는 차이가 있을 것이다. 왜냐하면 토의가 좀더 깊은 수준으로 들어갈 수 있도록 다른 자료들을 학급에 제공하기 때문인데 특히 그것은 학생들이 사전에 미리 자료들을 읽지 않았을 경우에 더욱 그러하다. 읽은 자료에 관한 간단한 요약을 서로 나누면서 시작하거나 토의가 움직여 가면서 그것에 관한 논평을 삽입할 수 있다. 이런 종류의 토의에서 교사는 자신을 지식의 자원이나 또는 조산원으로 보아야 한다. 이 두 개의 역할 사이에 균형을 유지하는 일이 결코 쉬운 일은 아니다. 기억해야 할 것은 교사는 자신이 모든 정답을 소유하고 있는 전문가의 위치에 있다고 생각하지 말아야 한다. 오히려 교사는 학생들이 스스로 그 자신의 통찰을 얻을 수 있도록 도움을 줄 수 있는 정보를 제공하는 역할을 한다는 점을 잊어서는 안 될 것이다.

토의에서의 나눔의 수준

사람들은 대체로 다른 기독교인들과 맺고 있는 관계에서 도전받고 지원받을 때에만 하나님과의 관계 안에서 성장한다. 그렇기 때문에 교회에서의 교육은 토의가 포함되어야만 한다. 토의에서의 주고 받음은 우리가 더 풍부하고 보다 진정한 영성을 개발할 수 있도록 우리를 격려해 준다. 그러나 반드시 항상 그런 것은 아니다. 교회에서 되어지고 있는 토의의 대부분은 하나님과의 관계에서 우리의 성장을 촉진시켜 주는 정직함과 자기 노출의 수준에 미치지 못하는 경우가 많다. 그러나 대안은 무엇인가? 우리는 자기 기만과 자기 만족의 거미줄에 우리 자신을 걸리게 하는 경향을 갖고 있다. 우리가 느리고 고통스러운 기독교적 성숙에의 길을 갈 때 다른 기독교인들에 의해 지원받고 도전받을 필요가 있다. 교사로서의 우리의 과제는 풍부하고 진정한 대화가 일어날 수 있도록 하는 데 있다.

토의와 개인의 영성 사이의 고리는 아마도 토의하는 동안 나눔의 서로 다른 수준을 성찰할때 가장 분명해진다.[7] 나눔의 네 가지 수준을 다음과 같이 정리할 수 있을 것이다.

1. 비공식적인 잡담
2. 정보와 아이디어의 나눔
3. 개인적인 통찰과 느낌의 나눔
4. 사람을 취약하게 해주는 자기 노출

네 가지 수준 모두가 정당한 나눔의 자리가 있다. 모든 시간에 개인적인 자기 노출을 지향하는 것은 가능하지도 않으며 또한 바람직한 것도 아니다. 잡담은 학급의 구성원들이 아직 서로를 잘 모르고 있거나 이제 막 관계가 형성되려는 때에 가장 알맞는 것이다.

경계선의 문제

토의에서 일어나는 나눔의 수준은 거의 언제나 그룹의 경계선과 관계가 있다. 학급이 모일 때마다 경계선이 형성되는데 그것은 그룹의 구성원과 구성원이 아닌 사람들을 분리시킨다. 느슨하게 경계가 만들어진 그룹은 누구나 회원이 될 수 있도록 열려 있다. 어떤 사람은 한 주일 오고 또 어떤 이들은 다음 주에 오기도 한다. 이런 그룹에서는 회원들이 들락날락한다. 그러나 엄격하게 경계가 지어진 그룹은 회원

권이 폐쇄되어 있다. 회원과 비회원이 분명하게 구분된다. 그리고 모일 때마다 회원들이 바뀌지 않는다.

대부분의 교회학교는 느슨한 경계선을 가진 학급들을 운영하고 있다. 이들은 나눔의 처음 두 단계에 머무르는 것이 보통이나 아주 가끔 세 번째 수준으로 옮겨 가는 경우도 있다. 아주 드물게 자기 노출의 수준까지 가는 때도 있으나 일반적으로 그룹의 경계가 좀더 깊은 수준의 나눔을 가능하게 해줄 정도로 단단하지가 않다. 우리는 현실적으로 학급에서 기대할 수 있는 나눔의 수준에 민감할 필요가 있다. 분위기가 아직 준비되어 있지 않을 때 나눔을 강요하는 것은 바람직하지 않다. 만일 교회가 깊은 나눔이 있는 교육을 제공하지 않고 있다면 그러한 교육이 실천될 수 있도록 그렇게 하도록 격려하여야만 한다.

비록 그것을 보장할 수는 없다고 하더라도 단단하게 경계가 지어진 그룹은 보다 깊은 나눔의 가능성을 갖고 있다고 하겠다. 그 외에도 학급의 크기나 다양성과 같은 요인들도 작용한다. 이런 유형의 집단은 회원과 비회원을 구분하는 경계가 명확하다. 여기서는 누가 참여하고 참여하지 않는가에 의해 별로 변화를 받지 못한다. 그렇기 때문에 이런 집단에서는 학급이 무엇 때문에 모였으며 어떤 방향으로 가야 하는가에 대한 분명한 기대를 발전시키게 된다. 한 예를 들어 보자. 출석, 독서 숙제, 매일의 기도는 소집단 성경공부에 참여하는 모든 이들에게 필요한 것이다. 무엇보다도 진실한 나눔이 격려될 것이다. 어떤 때는 이러한 기대가 분명하게 표현되어질 때도 있고 때로는 그냥 이해되어질 때도 있을 것이다. 어떤 경우에도 구성원들은 규칙이 위반되었을 때 그것을 안다. 경계가 분명한 그룹에서는 결석을 했을 때 그 사실이 당장 눈에 띠게 된다.

경계선이 분명한 그룹의 발달단계

일반적으로 집단의 경계선이 단단하면 단단할수록 의사소통은 더 깊은 수준에 도달할 수 있게 될 가능성이 커진다. 그 이유는 분명하다. 신뢰는 시간을 토대로 하여 형성되기 때문인데 시간은 집단의 구성원들로 하여금 자신의 보다 많은 부분과 그리고 하나님과의 관계를 다른 이들과 나눔의 모험을 갖도록 해준다. 우리가 많은 개인적 정보를 나누려고 하기 전에 우리들 중 대부분은 그러한 정보를 받아들이는 사람들을 우리가 신뢰할 수 있는가를 알 필요가 있다. 그들이 그러한 정보에 대해서 사람들이 비밀을 지켜 줄 것인지와 또한 그들이 도움이 될 수 있는 반응을 보여 줄 것인지에 대하여 신뢰할 수 있어야 한다. 단단한 경계선은 가장 깊은 수준의 의사소통에 도달할 수 있는 신뢰와 친밀감을 가져다 주는 분위기를 창조해 낸다.

그러나 언제나 이런 경우만 있는 것은 아니다. 어떤 교회학교 학급들은 경계선이 분명해도 의사소통의 처음 두 수준 이상을 넘어가지 못하는 경우가 있다. 같은 종류의 사람들이 어느 해는 들어왔다가 어느 해는 나갈 수도 있고, 새로 오는 사람들은 진정으로 환영받지 못한다. 여기서는 하나님과의 관계에서 사람들이 성장할 수 있도록 격려받지 못한다. 이런류의 그룹에서는 단단한 경계선은 성장을 지원해 주기보다는 오히려 방해가 된다.

그렇다면 같은 그룹에서 이러한 차이가 나타나는 이유는 무엇인가? 그 한 이유로는 깊은 수준의 의사소통에로 가는 과정에서 그룹은 몇 개의 단계를 거쳐가는 데 있다. 어떤 집단은 모든 단계를 거치는가 하면 어떤 집단은 단 하나의 단계에 정체되는 경우도 있다. 깊은 수준의 나눔은 오직 그룹이 성장하려는 의지가 있을 때에만 가능해진다. 집단의 발달 단계는 기억하기에 편리한 방식으로 다음과 같이 요약될 수 있다. 즉, 형성, 갈등, 규범, 수행의 단계이다.[8] 나는 여기에 다섯 번째 단계로 재형성의 단계를 더하고 싶다.

형성의 단계 동안에 집단의 구성원들은 서로에 대하여 사귄다. 이 때 다루는 기본적인 이슈는 들어오고 나가는 것이다. 사람들은 서로를 평가하고 집단의 일원이 될 것인가 말 것인가를 결정한다. 많은 경우 사람들은 이때 양가 감정(ambivalent feeling)을 갖게 된다. 그들은 자신이 받아들여지고 다른 사람들과 가까워지기를 바라지만 또 한편으로는 집단을 믿을 수 있을지 그리고 자신을 집단에 투자할 것인가에 대해 마음에 확신이 없다.

이 단계에서 사람들은 지도자에게 가장 많이 의지한다. 지도자가 자신들을 인도해 주고 또한 집단의 정서적인 분위기를 조절해 줄 것을 기대한다. 이 단계의 끝에 가서 경계선이 확실해진다. 회원들이 집단에 헌신하기로 하거나 혹은 떨어져 나간다. 집단은 목표를 확정했고 집단의 일을 해 나가기 위한 규칙을 형성하였다.

두 번째 단계를 폭풍의 시간이라고 부르는 것은 오해를 가져올 가능성이 있다. 모든 그룹이 구성원들이 공개적으로 싸우는 단계를 거치는 것은 아니다. 이 단계에서 다루는 기본적인 이슈는 집단의 삶에서 보편적인 것이다. 여기서 경험되는 갈등은 집단 안에서의 지도력과 권력의 형성이다. 이때 나타나는 갈등은 다음의 두 가지 관점에서 파악할 수 있다. 즉, 집단과 지도자 사이의 갈등과 회원 사이의 갈등이다.

지도자와의 갈등은 몇 가지 이유 때문에 일어난다. 그 이유 중 어떤 것들은 건강한 것이며 집단의 성장을 촉진해 주는 것이다. 어떤 것들은 부정적인 이유이다. 지도자와의 갈등이 처음의 의존적인 단계 이후에는 환영할 만한 것이다. 그것은 회원들이 자신들의 자신감을 표현하기 시작했다는 표시이기 때문이다. 회원들도 그룹을 도울 수 있는 좋은 아이디어나 능력이 있다. 지혜가 있는 지도자는 자신의 권위에 대한 이러한 도전에 두려워하지 않는다. 사실은 그러한 지도자는 지도력의 공유를 장려한다.

갈등의 단계가 언제나 긍정적이지는 않다. 갈등의 원인이 때로는 그룹에 대한 비현실적인 기대를 포기하지 않으려 할 때 경험된다. 어떤 사람들은 지금 자신이 속한 소그룹 성경공부반에서 드디어 모든 대답을 얻을 것이라는 믿음을 갖고 참석한다. 혹은 이 집단에서 다른 사람들과 친해질 수 있는 기회를 얻게 되리라는 기대를 갖는다. 대체로 지도자는 이러한 기대의 상징이다. 그룹이 단계를 거치면서 이러한 환상이 충족되지 않을 때 구성원들은 지도자나 다른 사람들에게 불만을 표현하기 시작한다. 집단원들이 이러한 환상을 넘어서 앞으로 나아가게 된다면 그 집단은 긍정적인 방향으로 발전해 갈 수 있게 된다. 만일 그렇게 되지 못할 때 집단원들이 서로 가까워지는 것은 기대할 수 없을 것이다.

갈등의 단계에 있을 때 그룹에서 어떤 일이 일어나고 있는가를 인식하는 것은 매우 중요한 일이다. 집단원들이 지도자와 지도력을 공유하고 그들이 갖고 있던 비현실적인 기대들을 포기하기 시작하는 시기를 거치지 않는 한 정직한 나눔을 기대하기는 불가능하다. 밑에 깔려 있는 갈등이나 불만은 자기 노출의 기초가 되어 주는 신뢰감에 근거한 결속을 이루는 데 방해가 될 것이다.

규범의 단계는 집단의 삶을 특징지어 주는 양식을 만드는 시기이다. 이러한 양식들은 회원들이 집단에서 서로에게 관계를 맺는 방식을 의미하기 때문에 예측 가능한 것이다. 예를 들어 어떤 집단은 아주 쉽게 나눔을 시작하지만 점진적으로 나눔을 시작하는 경우도 있다. 또 어떤 그룹은 대답하지 않은 질문을 그대로 두어도 크게 마음 쓰지 않으나 어느 회의나 반드시 종결의 필요를 강하게 갖는 그룹도 있다. 규범의 단계에서 구성원들은 그룹에서의 자신의 역할을 맡게 된다. 대화자의 역할, 시간 감시자의 역할, 농담자의 역할 등은 그 몇 가지의 예가 될 것이다.

이 단계가 집단의 삶의 아주 초기부터 시작된다는 것과 몇 개의 하부 단계를 거치는 것으로 보는 것이 우리에게 도움이 될 것이다. 어떤 의미에서는 이미 설명한 단계와 중복된다고도 볼 수 있다. 어떤 그룹이나 집단에서의 단체 생활을 위한 규범을 신속히 만들어야만 한다. 첫 단계인 형성의 단계 동안은 규범을 만드는 일에 지도자의 도움을 바라게 된다. 좋은 지도자는 회원이 갖고 있는 구조 설정과 인도받고 싶은 요구와 양식을 만드는 데 영향을 주고 집단에 대한 소유욕 사이에 균형을 유지할 수 있는 사람이다. 갈등의 단계에서는 이미 만들어진 규범이 지도력의 부상으로 인해 근본적으로 바뀌게 된다.

이 때쯤 되면 사람들이 집단에서 진정으로 기대하는 것에 대하여 좀 더 정직해질 것이라고 희망하게 된다.

세 번째 단계에서는 집단의 양식은 좀더 확실하게 자리잡게 된다. 사람들은 집단에서 특정한 역할을 수행해 왔기 때문에 이미 만들어져 있는 틀을 따르는 것이 익숙하고 편안하다고 느낀다. 얼마간의 변화는 허락되지만 그러한 변화는 이미 만들어진 규범의 테두리 안에서 이루어진다. 이렇게 하여 '우리'라는 감정이 발달되기 시작하며 새 회원들은 만들어져 있는 양식을 따라야만 한다.

각개의 하부 단계를 통하여 집단은 적절한 나눔의 수준을 결정하게 된다. 어떻게 보면 핵심적인 문제는 나눔을 계획하는 집단에서 '가까운가, 혹은 먼가'의 문제라고 할 수 있겠다. 나는 다른 사람들과 얼마나 '가까워'지기를 혹은 친해지기를 원하고 있는가? 규범의 단계가 끝날 때까지 그룹의 삶에 속해 있는 사람이 아니면 깊은 나눔의 수준에 도달할 수 없다.

네 번째는 수행의 단계이다. 일단 집단의 규범이 만들어지면 이제는 과제를 성취하는 데 관심을 집중할 수 있다. 집단의 과제수행을 위하여 세워 놓은 구조나 역할은 당연한 것으로 취급된다. 만일 그룹이 성경공부를 목표로 하고 있다면 이제는 그 그룹은 성경에 접근하는 방법과 회원의 삶에 그것을 적용하는 독특한 방식을 세워 놓았다. 만일 어떤 그룹이 교회의 어떤 위원회라면 회원들은 서로를 알고 있으므로 함께 일할 수 있는 길을 알고 있을 것이다.

지금까지 살펴본 네 개의 단계에 재형성의 단계를 보충하는 것은 매우 중요하다고 생각한다. 전형적으로 이 단계는 수행의 단계로 보고 있지만 특별한 주의를 기울여야 할 만큼 이것은 중요한 시기이다. 이것은 종결이나 또는 집단에 새롭게 헌신하는 시기이다. 주기적으로 모든 집단은 계속할 것인가 종결할 것인가의 여부를 결정해야만 한다. 이러한 결정을 할 수 있는 분명한 시간을 주는 것은 회원들로 하여금 주어진 시간에 대한 높은 수준의 헌신을 유지하도록 해주며 그 이후에는 자유롭게 떠날 수 있다.

만일 끝내기로 결정하거나 혹은 몇 사람이 떨어져 나간다면 이때 생길지도 모를 착잡한 감정에 특별한 주의를 기울이는 것이 좋다. 이 것은 서로가 매우 친했을 경우에는 더욱 중요하다. 다시 말하면 그룹이 그 삶을 끝낼 수 있는 충분한 시간을 주어야 한다. 모든 것은 때가 있듯이 그룹도 이제는 끝날 때가 되었으므로 종결지어야 한다는 사실에 대해서 혹은 떠나야 한다는 것에 대해서 받아들여야만 한다. 사람들이 지금까지 함께 지냈던 그룹이 그들에게 어떤 의미를 주었던가에 대한 느낌과 생각을 나누면서 종결지을 수 있도록 해주는 것이 바람직하다.

만일 그룹이 계속하기로 했다면 이때 그 삶의 방식을 바꾸는 것이 좋다. 이때 다음의 이슈들을 생각해야만 한다. 새 회원을 받아들일 것인가? 전체의 구성을 바꿀 것인가? 지도력을 어느 정도 수정해야 할 것인가? 지금까지 해왔던 역할을 수정해야 할 것인가? 이러한 개정은 주기적으로 모이는 그룹에서는 그 계획에 포함되어야만 한다. 이것은 적어도 매6개월에 한 번씩은 실천되어야만 한다. 그렇게 하지 않으면 그 그룹은 진부해지고 서서히 죽어가게 된다.

느슨한 경계선을 가진 그룹에서의 개인적인 나눔

이러한 그룹에서 깊은 나눔의 수준에 도달하는 것이 비록 어렵기는 해도 불가능한 것은 아니다. 교회학교의 대부분의 학급들이 이런 종류의 그룹이기 때문에 그런 일이 어떻게 가능할 것인가에 관하여 살펴보는 것은 의미 있는 일이라고 생각한다. 중요하게 생각해야 할 것 중에 하나가 그룹의 크기이다. 만일 20명이 넘는 정도라면 소그룹에서 볼 수 있는 친밀한 나눔은 기대할 수 없다. 깊은 수준의 나눔을 유도하기 위해서는 전체를 몇 개의 작은 그룹으로 나누어 운영하는 것이 좋다.

회원들로 하여금 스스로 소그룹을 나누도록 하거나 짝을 짓도록 하는게 가장 바람직한데 이렇게 함으로써 자기들 마음에 편한 사람들과 함께할 수 있는 기회를 갖게 된다. 이 경우에 지도자가 사용할 수 있는 말들을 살펴보기로 하자. "당신의 것을 나누기에 편하다고 생각되는 사람을 찾으세요" 또는 "이 주제를 토의하려고 하는 데 서너 개의 그룹으로 나누어 보세요." 일단 작은 그룹으로 나뉘었거나 짝이 지어졌으면 서서히 한 단계의 나눔에서 다음 단계의 나눔으로 옮겨 가도록 한다. 사실적인 정보들을 나누는 것이 개인적이 감정이나 생각을 나누는 일보다 훨씬 수월하다. 요구 수준이 낮은 나눔의 정도에서 시작하여 천천히 그 강도를 높이도록 한다.

큰 학급에서는 작은 그룹이나 짝을 다시 불러모아 전체 그룹과 토의한 것을 서로 나누는 시간을 갖게 하는 것이 종종 도움이 된다. 친밀한 분위기에서 볼 수 있는 나눔을 이러한 상황에서 기대하지 않아야 한다. 보다 여유를 주는 다음과 같은 종류의 질문을 한다. "토의된 다양한 질문 중에서 여러분에게 떠오른 통찰이 있으면 그중 한두 개를 말해 보세요"라든지 또는 "당신에게 떠오른 통찰 중에 가장 중요한 것은 어떤 것입니까?" 다음과 같은 질문을 통하여 보다 깊은 나눔을 요구할 수도 있다. "소그룹 토의 때 당신에게 가장 괴로웠던 일은 무엇이었습니까?" "현재의 당신의 삶에서 해야 할 가장 필요한 일은 무엇입니까?" 큰 집단에서도 의미 있는 나눔은 일어난다. 그러나 이러한 질문들에 대한 학생들의 대답은 어디까지나 자발적이어야 한다.

학급의 규모가 작은데 참여자의 수가 주일마다 달라진다면 지금까지 설명한 유형의 변형된 종류를 사용할 수도 있다. 처음부터 작은 그룹이나 짝으로 나누어 시작하고 나중에 모두 함께 모이도록 한다. 전체가 다시 모였을 때 첫 질문은 지금까지 토의했던 것에 관하여 직접 초점을 맞춘 것으로 한다. 소그룹에서 각자의 가정에서 되어지고 있는 부모-자녀간의 의사소통의 양식에 관한 것이었다고 가정해 보자. 전체가 다시 모였을 때 각개의 그룹으로 하여금 그들의 가정에서 행해지고 있는 의사소통의 양식의 유사성이나 또는 차이점에 관하여 질문한다. 그리고 어디에 문제가 있는가를 물을 수 있다.

다음에는 학급이 같은 수준의 나눔이 계속되도록 새롭지만 그러나 주제와 관련된 일련의 질문들을 다루는 일을 해야 한다. 다시 말하면 학생들이 소그룹에서 경험했던 친밀한 나눔을 전체 그룹과도 경험하도록 하지만 단지 새로운 주제를 토의한다. 위에 제시한 예를 좀더 보충하자면 현재 학생들이 사용하고 있는 자녀들과의 소통의 방법에서 바꾸고 싶은 한두 가지를 제시해 보라고 요청할 수 있다. 각자가 서로의 의견을 나누고 난 후에 그것이 어떻게 실천될 수 있는가에 대하여 전체 그룹이 다른 생각을 제시할 수도 있다. 다시 한 번 강조하거니와 억지로 나눔을 강요해서는 안 된다. 느슨한 그룹은 신뢰감이 자리잡지 않았기 때문에 회원들은 스스로 속도를 맞추어야 한다. 그러나 이러한 집단에서도 깊고 의미 있는 나눔은 일어나며 그로 인하여 학습의 질은 풍성해진다.

토의 진행의 한계

교사로서 우리는 한계가 있다. 좋은 토의가 일어나도록 강요할 수 없으며, 학생들이 높은 수준의 자기 노출을 내포하는 나눔의 수준으로 억지로 끌어 갈 수는 더욱 없다. 그것은 마치 보드 게임을 하는 것과 같아서 우리가 보드 위에 모든 필요한 것들을 잘 차려 놓아도 상대가 게임을 하지 않는 한 그 게임은 진행될 수 없게 된다. 그러나 분명히 교사는 좋은 토의가 진행될 수 있는 가능성들을 증대시킬 수는 있다. 좋은 질문들을 제기하는 방법을 배울 수 있고 훌륭한 학습 계획을 만들기 위해 사전에 열심히 준비할 수도 있다. 그러나 궁극적으로 우리의 한계를 수용해야만 한다. 이 모든 일에 신비의 요소가 도사리고 있다. 교사가 토의 동안 일어났던 모든 긍정적인 점이나 모든 허물에 대해 책임을 질 수는 없다.

마지막으로 지적하고 싶은 점은 교회 공동체는 성령의 창조물이다. 인간의 자유와 하나님의 역사의 신비한 혼합이 사람들이 지원받고 도전받는 그리스도의 공동체의 일원이 되도록 함께 모일 수 있도록 결정해 준다. 교사의 과제는 성령의 매개자가 되는 것인데 이때 그는 물론 성령의 역사를 조정할 수 없음을 잘 알고 있다. 하나님은 언제건 어디서나 기독교 공동체를 창조하시고 싶을 때 역사하신다. 교사가 해야 할 일은 이러한 공동체가 창조될 때 하나의 수단으로서 우리가 가지고 있는 인간적인 한계에도 불구하고 최선을 다하여 봉사하는 것이다. 이것이 바로 관계를 위한 교육의 기쁨이자 짐이라고 하겠다.

5
헌신을 위한 교육 : 삶의 이야기의 재해석

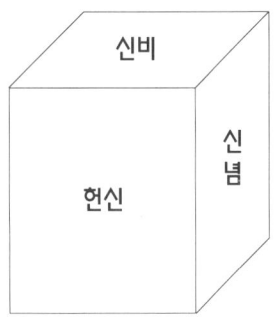

　이 장에서 우리는 신앙의 헌신의 차원에 주의를 기울이게 된다. 신앙에 있어서 헌신의 측면은 하나님과의 관계에서 개인이 갖고 있는 헌신과 봉헌의 질을 가리키는 것이다. 신앙의 다른 측면과 관련된 교육과 비교하여 이것은 더 큰 도전으로 보여진다. 강의나 토의는 우리에게 익숙한 학습방법이다.

헌신교육이 직면한 도전

　사람들로 하여금 하나님에 대한 보다 깊은 헌신을 도모하는 교육은 곧장 다른 사람에게 넘겨 주고 싶은 영역으로 보여진다. '이것은 목사가 감당해야 할 책임이 아닌가? 이것은 예배나 수련회에서 가장 효과적으로 할 수 있는 일은 아닌가? 사람들로 하여금 하나님에 대한 보다 깊은 헌신을 말하고 있는 나는 누구인가? 그렇다면 나는 과연 충분히 헌신하고 있는가? 교사인 나는 학생의 삶을 참견할 자격이 있다는 확신을 가질 수가 없다.'

이들은 정당한 의문이며 염려이다. 그러나 그러한 의문이나 염려가 신앙교육에서 헌신의 측면을 어떻게 다루어야 하는가에 대해 심각하게 생각하는 일을 방해하도록 해서는 안 될 것이다. 목사나 기독교교육을 담당하고 있는 사람을 포함한 어떤 누구라도 사람들을 보다 깊은 헌신의 자리로 이끌어들이는 일에 자신감을 가진 이는 없을 것이다. 어느 때엔가 그들은 기독교인의 삶에 있어서 성장과 변화의 과정은 궁극적으로 하나님의 손에 달렸다는 것을 인식하게 된다. 나를 포함하여 이 일에 관여하는 어느 누구도 할 수 있는 것은 하나님의 처분에 우리를 맡기고 진정한 헌신이 자리할 수 있는 상황을 만들기 위해 노력하는 것뿐이다.

만일 교회가 교인들이 하나님에게 향한 헌신을 찾아낼 수 있는 기회를 주지 않았을 때 그들은 얼마나 많은 것을 상실할 것인가를 생각해 보자. 교인들이 성경에 대한 지식이 아무리 많고 또는 다른 사람들과 아무리 친밀한 관계를 맺고 있다고 해도 그 사실만으로는 그것이 그렇게 중요하다고 볼 수는 없다. 헌신이 없는 신앙은 얕은 물과 같아서 피상적이 될 수 있다. 교회가 신앙이 갖고 있는 헌신의 차원에 대한 교육을 소홀히 할 수 없는 이유가 바로 여기에 있으며 교사인 우리는 이 영역에서도 중요한 공헌을 할 수 있다고 생각한다.

헌신을 위한 교육 : 출발점

헌신을 위한 교육은 어떤 것인가? 그것은 지금까지 우리가 다루었던 교수와는 어떤 차이가 있는가? 아마도 그러한 질문에 대답할 수 있는 가장 좋은 방법은 내가 경험했던 짤막한 이야기를 하는 것으로 보여진다. 그것은 우리 교회에서 나와 내 아내가 진행했던 기독교적 양육에 대한 5주간의 교육프로그램 중 세 번째 시간에 일어났던 일이었다. 비밀을 지키기 위하여 상세한 것은 바꾸었음을 밝힌다. 처음 두 시간은 양육에 대한 신학적인 이해와 아동발달에 관한 최근의 연구를 살펴보았다. 세 번째 시간에 우리는 참석자들이 갖고 있는 양육방식을 살펴볼 수 있는 기회를 주었다. 이전의 두 시간에도 그렇게 한 것같이 이번에도 작은 그룹으로 나누도록 하였다. 부부들은 같은 그룹에 속하지 않도록 배려하였다. 각자는 그들이 이해하고 있는 기독교적 양육에 부합되도록 바꾸고 싶은 자신의 현재의 양육에서 한 가지를 서로 얘기해 보도록 하였다.

몇 사람이 얘기를 마친 후에 폴 존슨(Paul Johnson)은 아이를 키울 때 가장 힘든 일은 자신의 성질을 조절하는 것이라고 고백하였다. 그는 최근에 재혼했는데 새 가정은 두 명의 10대 청소년이 있는데 폴은 이 아이들(stepchildren ; 아내가 데려온 자녀 : 역자 주)과 어느 날 충돌하게 되었다. 그러면서 그는 자신은 아버지의 말이 곧 법으로 통하던 가정에서 자랐다고 말했다. 그는 "그것은 존경의 문제지요"라고 말하였다. "그 아이들은 존경이 무엇인가에 대해 전혀 아는 것이 없는 것 같아 보였어요." 그러나 그는 계속해서 말하기를 자신은 기독교적인 양육이 낡고 권위적인 양육과 일치하지 않으며 특히 자신이 처한 상황에서 그러한 양육은 바람직하지 않음을 진정으로 인정한다고 말하였다. 그러면서 그가 원하는 것은 더 나은 이해와 소통이라고 하면서 "아마도 약간의 상호적인 존중이 도움은 되겠지요"라고 덧붙였다. 이것들은 이전 시간에 토의되었던 주제들이었다.

이것이 폴에게는 전환점이었다. 그는 새롭게 시작한 가정에 어떤 변화가 일어나려면 자기 자신이 변화되어야만 한다는 것을 깨달았다. 그는 온 가족이 상담을 받아 보자고 아내에게 제안하여 상담을 받았다. 물론 그와 자녀들의 관계가 결코 완전한 것은 아니지만 그들의 관계는 어느 정도 나아졌다. 폴은 이제 부모로서 자신이 갖고 있는 기독교인의 책임에 대하여 새로운 방식으로 생각하기 시작하였다. 그는 자기 아버지로부터 물려받은 권위적이고 엄격한 양육 모델을 버리고 그의 신앙과 일치하는 양육방식인 상호적 존중에 기초한 좋은 의사소통을 연마하려는 자세를 가지려고 노력하기 시작하였다.

여기에 소개한 폴의 이야기에 내포되어 있는 몇 개의 요인들은 헌신을 위한 교육에 필요한 통찰을 가져다 준다. 가장 분명한 점은 교육의 결과로서 일어난 변화로서 그는 새 자녀들과 자신의 관계를 바꾼 것이다. 자녀들에게 화를 내고 좌절하기보다 그는 상담을 하기로 하여 문제에 적극적으로 대처하였다. 이러한 결정은 어디에서 왔는가? 그것은 폴 자신의 과거에서 얻은 통찰과 아주 밀접하게 연결되어 있다. 그는 자기 아버지의 양육방식과 관련된 것들을 기억하기 시작하였다. 이러한 기억은 그가 위험을 느낄 수도 있는 비교적 정직하고 깊은 수준의 나눔이 일어나고 있는 중에 떠올랐다. 과거에 대한 이러한 회상은 폴을 성찰의 과정으로 인도해 주었다. 그는 우선 현재 자신이 사용하는 양육방법을 객관적으로 바라보고 또한 그 방법이 자기 자녀들과의 관계에서 적절한가의 여부를 평가하기 시작하였다. 이러한 성찰에서 중요한 부분은 기독교적 양육이란 무엇이며 그가 물려받은 방식이 어떻게 그가 형성하기 시작한 양육의 신학적인 이해에 부합하는가를 생각하게 해주는 것과 관계가 있다.

그 모든 요인들이 함께 작용하여 폴로 하여금 자신의 양육방식을 바꾸는 결정을 하도록 이끌어 주었다. 그것은 모두 헌신을 위한 교육에 중요한 측면이다. 이 시점에서는 이런 종류의 교수에 대한 일반적인 생각을 갖는 것만으로 충분하다. 내 생각으로는 헌신을 위한 교육의 핵심은 사람들로 하여금 자신의 이야기를 그들의 삶의 특정한 영역에서 그들이 갖고 있던 헌신이 바뀌어질 수 있는 방향으로 그들의 삶의 이야기를 재해석하도록 이끌어 주는 것이라고 보고 싶다.

이러한 재해석은 기독교의 이야기의 어떤 부분과 관련하여 이루어진다. 폴의 경우 그는 기독교적인 양육에 관하여 새로운 방식으로 생각할 것을 요청받았는데 그것은 그와 자녀와의 관계를 바라볼 수 있는 유리한 지점을 제공해 주었다. 간단히 말하자면 헌신에 대한 교육은 학습자의 삶의 어떤 영역을 변화시킬 수 있는 방향으로 기독교의 이야기에 비추어 그들의 삶의 부분을 재해석하도록 도움을 주는 것이라고 정리할 수 있겠다. 이러한 종류의 교육을 이해하는 열쇠는 사람들이 자신의 삶을 이해하는 과정에서 이야기가 해주는 중요한 역할을 파악하는 것이다.

개인 정체성 형상으로서의 이야기

제 2장에서 우리는 헌신을 개인 의지로 생각하는 것은 적절하지 못할 것이라는 점을 알았다. 학생들이 하나님에게 더욱 헌신적이 되기 위하여 그들의 의지력을 사용하도록 격려하는 것은 별로 효과가 없을 것으로 생각된다. 왜냐하면 인간의 의지는 보다 깊은 어떤 것에 근거하기 때문인데 그것은 사람들이 그들의 삶에 의미를 부여해 주는 밑에 깔린 이야기이다. 그러한 이야기가 바로 우리가 개인 정체성 이야기(personal identity narrative)라고 부르는 것인데 그 이야기는 사람들이 결정하고 선택하는 데 있어서 다양한 영향을 주게 된다.

그렇다고 사람들이 그들의 의지를 사용할 자유가 없다는 것을 의미하는 것은 아니다. 물론 그런 자유가 있다. 다만 강조하고 싶은 것은 인간 의지의 근본적인 방향은 그들이 자신을 이해하기 위하여 사용하는 근원적인 이야기에 영향을 받는다는 점이다. 이 이야기는 우선 사람들이 어떤 특정한 일들을 선택으로 보도록 이끌어 주며 그들의 선택을 실천해 가도록 모델을 제공해 준다.

우리는 이러한 경우를 동일한 상황에서 두 사람이 보여 주는 서로 다른 반응에서 볼 수 있다. 다음과 같은 상황을 상상해 보자. 어떤 고위 관리가 자신의 사무실에서 일하고 있는 두 여비서에게 부적절한 성적인 요구를 하였다. 15년 동안 그 사무실에서 일해 온 한 사람은 자기 상사의 그러한 제의에 완전히 마비되고 말았다. 지금까지 살아오면서 그 여자는 남성, 특히 권위를 갖고 있는 남성과 종속적인 관계에 있다고 생각해 왔다. 그는 언제나 남편과 아이들과 그리고 상사를 위하여 자기 자신의 필요는 제쳐 놓을 준비가 되어 있었고 또 기꺼이 그렇게 하는 사람으로 자신을 보아왔다.

그러나 이제 그 여자는 지금까지 이해하고 있던 자신의 모습으로는 직면한 문제에 대처할 수 없는 상황에 처하게 된 것이다. 자신이 갖고 있는 개인적인 도덕적 원칙과 상사의 제의에 충실할 수 없게 되었다. 단 하나의 선택은 사직하는 길밖에 없어 보였다. 이 여자가 자신을 이해하는 데 기초가 되는 이야기는 다른 선택의 여지를 주지 못했다. 독립적이고 대립적인 태도를 가지고 행동하는 자신을 상상할 수 없음을 그는 잘 알고 있었다.

이 여자와는 대조적으로 또 다른 비서는 다른 선택의 가능성을 보았다. 이 여자는 가정에서 남성과 동등하게 행동하는 데 어려움이 없었던 강한 여성들이 있는 가정에서 성장하였고 더 나아가 남자와 여자가 싸움하는 것을 자주 보아왔으며 자신의 필요와 권리를 표현하는 것을 두려워하지 않았다. 앞의 여자보다 훨씬 젊은 이 사람은 자신을 출세 가도에 있다고 보고 있으며 현재의 비서직은 보다 만족스러운 직업을 가질 때까지 머물러 있는 임시 방편으로 보고 있었다. 그 직업은 대학에 다시 돌아갈 돈을 마련하기 위한 하나의 방편이었다.

상사의 접근이 그 여자를 잠시 방심시켰으나 얼마 지나지 않아서 그러한 상사의 요구들이 그를 매우 화나게 만들었다. 그는 사직하고 싶지 않았다. 월급도 괜찮고 직장이 집 부근에 있었다. 생각해 보니 자신이 직면한 문제에 대하여 다음과 같은 몇 가지의 선택이 있음을 발견하였다 : 사직하면서 큰 소동을 벌인다 ; 상사와 대결하고 그의 반응을 본다 ; 조용히 있으면서 그 여자가 전혀 반응을 보이지 않을 것이 분명해지면 상사가 자신의 요구를 중단할 것인가의 여부를 본다. 그는 또한 변호사를 만나기로 결정하고 자신에게 보여 주고 있는 상사의 행동을 기록하기 시작하였다.

말할 것도 없이 이것은 지나치게 단순화된 각본이다. 그 두 여자가 보여 준 서로 다른 반응에 밑바탕이 되어 준 이야기를 잘 이해하기 위해서는 훨씬 더 많은 것이 설명에 포함될 필요가 있다. 그럼에도 불구하고 지적해야 할 중요한 점은 이들이 자신의 상황을 구성하고 자신에게 주어진 선택을 보는 차이라고 할 수 있다. 그 서로 다른 반응들은 단순히 이런저런 식으로 행동할 것을 결정하는 의지의 문제가 아니다. 오히려 각자가 자신이 갖고 있는 것이라고 보는 선택 그 상황에서 자신을 배우로 이해하는 데 이용한 뒤에 깔린 이야기에 매우 강하게 영향을 받은 것으로 보는 것이 타당하다. 그 각본은 우리를 몇 가지의 질문에 직면하도록 한다. 이야기란 무엇을 의미하는가? 그것은 어떻게 개인의 정체성과 관련되는가?

우리들 중 대부분은 직관적으로 이야기가 무엇인지를 알고 있다. 우리는 어릴 때부터 이야기를 들어왔다. 성인이 된 후에도 우리는 좋은 이야기를 엮어가는 책들을 읽기를 즐긴다. 이야기 혹은 설화(narrative)는 인물들이 관련된 줄거리를 만들고 시간이 흐르면서 그것이 전개되는 문학의 유형이다. 설화의 줄거리는 그것이 전개되면서 저자가 행동의 묘사를 제공하기 위하여 만들어 내는 다양한 사건들로 구성되어 있다. 줄거리 중에서 특별히 중요한 것은 이야기의 전환점을 가져다 주는 결정적인 사건들이다. 이러한 사건들은 주인공에 대하여 중요한 사실을 말해 주며 이야기를 진행시킨다.

최근에 많은 학자들은 설화가 다만 특수한 문학의 유형일 뿐만 아니라 인간이 자신의 삶의 의미를 파악하는 방식을 이해하는 데도 역시 유용하다는 사실을 지적해 주었다.[1] 어떤 작가가 말했듯이 설화(이야기)는 개인 정체성의 형상을 지닌다.[2] 그 의미는 무엇인가? 정체성이라는 개념은 시간이 지나도 한 개인이나 대상의 특징이 지속되는 것과 관련되어 있다. 떡갈나무의 정체성은, 예를 들자면, 묘목일 때부터 하늘을 찌들듯이 자랄 때까지 그 나무를 떡갈나무로 만들어 주는 것이다. 만일 그 나무를 잘라서 불에 태운다면 그 나무가 재로 변하면서 그 정체성을 상실하게 될 것이다.

인간에게 적용한다면 정체성은 시간이 지나도 지속되는 한 개인이 갖고 있는 특성으로서 그것은 삶의 각 단계에서 연속성을 제공해 준다. 옛날에 찍은 친구의 낡은 학급사진을 보면서 많은 아이들 중에 그 친구의 얼굴을 쉽게 찾아낼 수 있는 경험을 종종 하게 된다. 부정할 수 없는 많은 변화에도 불구하고 그가 갖고 있었던 어떤 특징들은 그대로 남아 있었다. 얼굴은 아직도 둥글고 눈의 모습도 그대로이다.
　개인 정체성이란 우리 각자가 우리 자신의 정체성을 이해하는 것을 의미한다 : 이것이 바로 나의 삶의 과정에 걸쳐서 내가 보는 나 자신이다. 이것이 나이며 어떻게 그렇게 되었는가를 말해 준다. 우리 모두는 다른 사람들이 보고 관계 짓는 우리의 모습에 의존하고 있음을 부인할 수 없지만 개인 정체성은 우리가 우리 자신을 보는 것과 연관을 갖는다.
　이야기 또는 설화는 개인 정체성의 표현이다. 우리의 이야기를 통해서 우리는 자신을 알게 된다. 왜냐하면 개인 정체성은 우리의 삶의 역사의 의미를 알려는 노력이기 때문이다. 즉, 우리가 어떻게 지금의 우리가 되었는가를 말해 주는 것이다. 우리가 누구인가를 이해하는 데 있어서—개인 정체성 형성—우리는 우리의 삶에서 중요한 사건들과 인물들을 시간이 흐르면서 펼쳐지는 의미 있는 줄거리로 만든다. 간단히 말하면 우리의 자기 이해는 자연스럽게 이야기의 형식을 취한다.

삶의 이야기의 재해석인 헌신을 위한 교육

　헌신에 대한 교육을 할 때 우리는 개인 정체성 이야기를 다룬다. 왜냐하면 개인 정체성은 학생들의 크고 작은 헌신의 원천이기 때문이다. 개인 정체성은 사람들이 그들의 시간과 에너지를 투자하는 방법에 매우 강력한 영향력을 발휘한다. 그것은 그들이 맺는 인간 관계의 여부, 일터나 집에서 사용하는 삶의 스타일, 그리고 그들이 성취하고자 하는 삶의 스타일의 배후에 자리하고 있다. 이것이 바로 학생들의 신앙적인 헌신을 오로지 그들의 의지에 호소하여 이끌어 내려는 노력만으로는 충분한 수준의 깊이로 들어갈 수 없는 이유가 된다. 그들의 의지는 그들의 개인적인 정체성을 형성해 주는 이야기에 의하여 인도되어진다.
　교사는 학생들이 그들의 개인 정체성 이야기의 구성이 결코 완성된

과정이 아니라는 사실을 인식할 필요가 있다. 사람들이 자신을 이해하는 데 기초가 되는 이야기는 살아가면서 변화된다. 어떻게 그렇게 되는가? 이야기를 창조하는 행위는 그것이 어떤 종류의 것이든지 항상 선택적이다. 왜냐하면 어떤 사건과 관계에는 초점을 맞추지만 어떤 것들은 무시해 버리기 때문이다. 이러한 선택의 과정은 내가 '해석의 열쇠'라고 부르는 것에 근거한다.[3] 해석의 열쇠들은 저자가 전체로서 이야기를 해석하는 데 안내의 양식을 가져다 주는 핵심적인 크고 작은 사건들과 관계들이다.

우리는 예수에 대한 복음서의 기술에서 위에서 언급한 과정이 작용하고 있는 것을 보게 된다. 복음서에서의 예수에 관한 이야기들은 선택적이다. 아주 상세한 많은 것이 생략되었다 : 예수께서 잡수신 음식, 그의 머리의 길이, 수면 시간과 같은 것은 찾아볼 수 없다. 오직 의미심장한 사건들과 관계들만이 선택되어 그 이야기들에 포함되었다. 더 나아가 줄거리는 예수의 삶과 사역의 전체적인 의미를 해석하는 데 사용한 지배적인 해석의 열쇠인 예수의 십자가상에서의 고통과 죽음인 고난에 의해 안내받고 있다. 예수의 탄생에 대한 설명까지도 예를 들자면, 앞으로 올 고난의 예시로서 묘사하고 있다. 그의 가족은 이집트로 피신하지 않을 수 없었으며, 베들레헴의 죄 없는 아기들은 학살되었다.

마찬가지로 해석의 열쇠는 우리의 개인적 정체성 이야기를 형성하는 데 도움을 준다. 예컨대, 자신을 불안정하고 인생에서 별로 성취한 것이 없다고 생각하는 어떤 남자는 자기 이해를 형성하는 데 있어서 자기 형과의 관계를 아주 중요한 요인으로 지적할 것이다. 그의 형은 운동이나 공부에서 별로 노력하지 않고도 탁월했던 반면에 그는 평범한 성적을 얻는 일이나 운동팀을 만드는 일을 위해서도 엄청난 투쟁을 해야만 했다. 어릴 때부터 그는 능력이 없다는 느낌을 내면화시켰으며 그것은 고등학교와 대학교 시절 동안 그를 지치게 하였다. 이 예에서 작용하고 있는 해석적인 과정은 이 사람이 자신의 생활사를 해석하는 데 사용하고 있는 중요한 관계에 연결된다.

개인 정체성의 변화는 우선 사람들이 그들의 이야기를 안내해 주는 해석의 열쇠에 중요한 변경이 있을 때 일어난다. 우리는 거의 모두 삶의 단계가 변화되면서 그런 경험을 하였다. 10대 청소년기에 지나치게 엄격하고 방어적인 부모를 본 사람들은 자기 자녀가 청소년이 되었을때 조심스럽고 완고한 부모가 된 자신을 보게 된다. 그와 마찬가지로 앞에서 예를 들었던 남자는 인생의 후반기에 와서 다른 사람들보다 더 열심히 일하고 꼼꼼히 잘 계획함으로써 자기 비하의 감정을 보상받았음을 깨닫게 될지도 모른다. 이러한 특징들이 그로 하여금 고등학교 시절을 그의 인생에서 최고의 시절이었다고 생각하는 그의 형보다 직업적으로 훨씬 더 크게 성공하도록 도움을 주었음을 알게 되었을지도 모른다. 어쩌면 그는 형의 그늘 밑에서 자란 것을 감사하게 생각할 수도 있다. 왜냐하면 그런 환경에서 그는 독립심과 인내심이 내포하고 있는 가치를 알게 되었기 때문이다. 새로운 해석의 열쇠는 그의 이야기를 새롭게 이해하도록 해주었으며 그리고 궁극적으로는 새로운 개인적인 정체성 이야기를 만들게 해주었을 것이다.

헌신을 위한 교육의 중심되는 과제는 학생들이 그들 자신의 정체성 형성에 근거가 되는 이야기를 재해석할 수 있는 기회를 가져다 주는데 있다. 이 일은 그들이 자기 자신과 그들이 갖고 있는 삶의 헌신에 대한 조망의 방식을 안내해 주는 새롭고 보다 적절한 해석의 열쇠를 잘 분간할 수 있도록 도와줌으로써 가능해진다. 그렇다면 이 새로운 해석의 열쇠들은 어디에서 오는가? 학생들 자신의 경험으로부터 오는가? 아니면 그들을 둘러싸고 있는 세계로부터 오는가?

기독교적인 관점에서 볼 때 이 두 경우는 모두 충분한 대답이 될 수 없다. 진정한 대답은 다른 곳에 있는데 여기에 바로 교사의 역할이 자리한다. 교사의 과제는 예수 그리스도의 이야기에서 학생들이 그들의 개인 정체성 이야기를 만드는 해석의 열쇠를 찾도록 도와주는 것이다.

그러므로 일차적으로 헌신을 위한 교수는 하나님이 세상에서 어떻게 역사하셨으며 그리고 예수 그리스도 안에서 절정을 이룬 일을 기술하고 있는 성경의 이야기와 학생들의 삶의 이야기를 의미 있는 방향으로 하나로 묶어 주는 일이다.

초청으로서의 교육

헌신에 초점을 맞춘 교수를 초청의 형태로 보는 것이 그것을 이해하는 데 도움이 될 것으로 생각된다. 헌신을 위한 교육의 제일되는 목표는 새 이야기가 주는 선물을 사람들이 받아들이도록 초대하는 것이다. 그들이 그렇게 하는 동안 그들의 삶의 양식을 구성하고 있었던 크고 작은 형태의 헌신은 점점 새로운 형태로 그 모습을 바꾸기 시작한다. 이렇게 교수를 초청의 문제로 생각하는 것은 중요하다. 왜냐하면 그것은 때때로 헌신교육으로 간주된 일종의 심리적 압력과 매우 분명하게 대조가 되기 때문이다.

우리가 학생들이 새로운 헌신을 다짐할 수 있도록 초대할 때 누가복음 14:15~24에 있는 큰 잔치에 대한 예수의 비유를 기억해 두면 매우 도움이 될 것이다. 그 비유에 보면 주인이 큰 잔치를 베풀기로 결정하였다. 주인은 다양한 손님들을 초대하고, 준비하고 있는 음식들을 살피고, 식탁을 준비하고, 잔치가 모두 준비되었을 때 손님들에게 알렸다. 그러나 그는 손님들을 억지로 초대에 응하도록 하지 않았다. 초대된 손님이 올 수 없다고 했을 때 그 주인은 하인들을 다른 곳에 보내 초대받고 싶어하는 사람들을 초대하도록 하였음을 볼 수 있다. 헌신교육에서도 이와 같다. 주인이 호화스러운 잔치를 준비했듯이 우리의 과제는 가능한 한 사려 깊고 창조적인 교수 계획을 준비하는 것에 있다. 그러나 우리는 마치 그 주인이 손님들을 억지로 불러들이지 않은 것과 같이 학생들을 억지로 변화시킬 수는 없다. 우리가 할 수 있는 일은 초대하는 것뿐이다. 그리고 우리는 성령의 신비한 역사를 믿어야만 한다.

헌신교육을 위한 계획 : 3단계 과정

헌신교육을 준비할 때 그 계획을 3단계로 진행하는 것이 좋다 : (1) 교수의 초점이 되는 헌신의 영역을 선택한다 ; (2) 계획하는 교수의 기본적인 양식을 결정하는 단계인데 그 양식은 헌신의 다섯 가지 차원을 포함해야만 한다 ; (3) 교수의 각 부분에서 사용될 수 있는 학습활동들을 새로 만들거나 찾는다. 보다 나은 이해를 위해 여기 소개한 단계들을 좀더 자세히 설명하기로 한다. 한 번 더 강조하지만 이 단계들은 모든 교사들이 반드시 거쳐야 할 준비의 과정을 대표하는 것은 아니다. 오히려 그것은 교수 준비에서 고려되어져야 할 중요한 영역들을 암시해 주는 것이다. 헌신을 위한 교육은 매우 창조적인 활동이며 이러한 창조성이 교수 계획에 반영되도록 해야 한다. 교사들은 이 과정을 자유롭게 자신에게 맞는 방법으로 조정하여 응용할 수 있음을 기억해야 한다.

첫째 단계 : 교수내용의 결정

첫 단계는 우리의 교수에서 강조하려는 헌신의 영역을 선택하는 것에 관심을 갖는다. 본장 전체를 통하여 '헌신의 영역'이라는 말은 우리가 가르치기로 결정한 주제를 의미함을 먼저 밝혀 둔다. 이것은 우리가 가르치는 학생들이 그리스도에게 개인적으로 다짐한 헌신과 같이 본질적인 어떤 것이거나 혹은 가족, 일, 정치 그리고 교회와 같이 그들의 삶에서 보다 좁은 차원에 관심을 집중하는 것일 수도 있다. 관심의 영역이 좁거나 넓거나에 관계없이 교사가 해야 할 일은 그 영역에서 학생들이 갖고 있는 헌신이 그들의 개인 정체성 이야기에 기초하고 있는가를 학생들이 생각할 수 있도록 돕는 일과 기독교 이야기의 어떤 부분에 비추어서 재해석의 과정에 들어갈 수 있도록 하는 일이다. 이것은 우리가 교수하는 그룹에 있어서 중요하고 개인적인 의미를 갖는 주제를 선택하는 일이 결정적으로 중요하다는 사실을 의미한다. 여기서 우리는 정보의 전달과 좋은 토의 진행을 능가하는 일을 하게 된다. 교사는 학생들이 자신의 삶을 변화시킬 것을 요청한다. 계획의 첫 단계에서 교사는 왜 자신의 학급이 지금 선택한 주제나 분야를 학습해야 하는가에 대하여 생각해 볼 필요가 있다. 만일 선택된 주제가 그들이 관심을 갖고 있고 다루고 싶은 것이었다면 도움이 될 것이다.

교회에서 운영하고 있는 많은 프로그램들은 교인들이나 교회가 접촉하려고 하는 지역사회의 구성원들이 필요하다고 느껴져서 만들어진 것이 많다. 교회의 지도자들이나 교사들은 교회의 어떤 특정 그룹들이 고민하고 있는 문제들을 조직적이고 의도적으로 확인하여 교육 목회에서 다루도록 노력한다. 양육, 은퇴준비, 독신과 성, 노부모 봉양, 화해, 이혼 후의 생활, 십대와의 관계 등은 그러한 문제들의 대표적인 예가 될 것이다.

만일 정규적인 학급을 맡은 교사라면 새해 교육계획을 준비해야 할 때가 되었을 때 학급으로 하여금 그들이 다루고 싶은 관심사와 요구를 확인할 기회를 줄 수 있다. 확인된 관심사와 필요는 본장에서 서술된 접근방법에 의해 교수될 수 있는 주제들의 가장 우선적인 대상이 된다. 사람들은 이미 이러한 영역들과 관련되어 있는 헌신의 문제로 고민하고 있다. 교사의 과제는 학생들로 하여금 이러한 고민을 기억과 성찰을 통하여 더욱 심화시키도록 도와주며 그것을 기독교 이야기의 관점에 비추어서 이해할 수 있도록 도와주는 것에 있다. 이것이 바로 헌신을 위한 교육이다.

그러나 이렇듯 필요에 의한 계획은 교육이 피상적이 될 위험을 내포하고 있다. 종종 이런 경우에 사람들이 가장 심각히 다루어야 할 바로 그 문제나 영역을 무시할 수 있기 때문이다. 만일 우리가 죄의 현실에 대하여 심각하게 다루려고 할 때 교사는 학생들이 실제로 필요한 것을 자동적으로 알게 된다고 가정할 수는 없다. 그러므로 계획할 때 우리는 복음이 보여 주는 필요의 관점에서 학생들을 보도록 노력해야만 한다. 때로는 이러한 영역들이 저항을 받을 가능성이 많다.

한 예를 들어 보자. 중년이 되어 교회로 돌아오는 베이비 부머(baby boomer ; 2차대전 이후에 출생률이 급상승한 시기에 태어난 세대 : 역자 주)들은 물질주의와 출세 제일주의와 관련된 이슈에 못지 않게 오히려 그들이 더 관심을 갖고 있는 듯한 이슈인 친밀감과 개인적인 의미의 문제들에 대해서도 갈등을 해야만 한다.[4] 종종 오직 복음의 빛에 의해서만 깊고 진정한 인간의 필요 드러나게 된다. 교수 준비를 할 때 교사는 학생들이 직면할 필요가 있는 헌신의 영역들을 확인하게 되는 영적인 인식의 과정으로 들어가야 한다. 교사는 학급을, 목회자를, 혹은 위원회들을 이러한 인식의 과정으로 들어오도록 초청해야만 한다.

둘째 단계 : 확대된 모형의 고안

두 번째는 교수를 안내해 줄 확대된 모형을 결정하는 단계이다. 이 때의 모형을 다섯 개의 기본적인 부분으로 구성되어 있다고 생각하는 것이 좋다. 그 부분은 기억하기, 성찰하기, 대면하기, 나누기, 결정하기로 나뉘어진다. 앞으로 좀더 자세하게 각 부분을 설명할 기회가 있기 때문에 지금은 간단하게 그것들을 살펴보기로 하겠다.

* **기억하기** : 교수에 초점을 맞추어서 학생들이 자신의 삶의 이야기의 중요한 부분을 회상해 보도록 요청한다.
* **성찰하기** : 학생들이 중요한 양식이나 주제를 식별할 수 있도록 그들의 삶으로부터 물러서 있도록 요청한다.
* **대면하기** : 학생들이 기독교의 이야기, 특히 예수 그리스도에 의하여 초점이 맞추어진 이야기의 몇 측면에 관여하도록 요청한다.
* **나 누 기** : 학생들로 하여금 다른 사람들에게 비밀로 했던 자신의 이야기의 부분들을 공개하도록 초청한다.
* **결정하기** : 자신에 대한 새로운 이해에 기초하여 학생들이 지금

까지와는 다른 삶을 살도록 요청한다.

  성경에 등장하는 중요한 인물들의 삶에서 위에 제시한 다섯 가지 측면이 어떻게 작용하고 있는가를 보는 것은 그리 어려운 일이 아니다. 모세의 삶을 보자. 모세는 그의 삶의 몇 시기에 하나님을 대면하게(encountering) 된다. 하나님이 불타고 있는 숲에서 그에게 말씀하셨을 때 모세는 이집트에서 살았던 자신의 과거와 광야로 도피한 이유를 기억(remembering)하지 않을 수 없었다. 모세는 자신이 말을 유창하게 하지 못한다는 이유를 들어 하나님에게 변명한다(reflecting). 모세는 많이 망설였으나 결국 하나님께서 자신에게 내리신 임무를 받아들이기로 결정(deciding)하고 그 소식을 아론과 이드로에게 알린다(sharing). 이 대면으로 인하여 일어난 모든 일들의 절정은 후에 출애굽기 15장의 모세의 노래에서 기억(remembering)되고 있다. 성경 전체를 통하여 신앙의 삶에서 새로운 헌신의 일부분으로서 기억, 성찰, 대면, 나눔, 결정의 단계를 거치고 있는 많은 예를 만날 수 있다.

  바울을 생각해 보자. 그도 역시 성찰과 반성의 과정으로 그를 인도해 준 하나님과의 극적인 대면을 하였다. 그의 서신에서 우리는 계속해서 바울이 자신의 과거를 기억하고 있으며 또한 자신이 얻은 통찰을 다른 사람들과 나누고 있음을 발견하게 된다. 계속해서 그는 주를 위하여 일을 떠맡기로 결심한다. 여기서도 헌신의 다섯 가지 측면이 드러남을 볼 수 있다. 바울이 그리스도를 만남으로써 그의 헌신을 근본적으로 바꾸어 놓은 새로운 해석의 열쇠들에 의하여 그의 삶의 이야기를 재해석하도록 해주었다. 그는 더 이상 기독교인들을 박해하는 바리새인 사울이 아니라 이제는 신앙 선교의 지도자 사도 바울이 되었다.

  신앙이 갖고 있는 헌신의 차원을 설명할 때 우리의 교수에서 주의를 기울여야 할 것이 바로 이 다섯 가지의 측면이다. 그럼에도 불구하고 우리가 헌신에 대한 교육을 준비할 때 이 측면들이 반드시 앞에서 열거한 순서대로 거쳐야만 할 단계로 보지 않는 것은 매우 중요하다. 오히려 그것은 마치 아주 다양한 방법으로 여러 가지 모양을 만들 수 있는 색유리 조각들과 같은 것으로 보는 것이 바람직할 것이다. 교사는 여러 조각들이 서로 들어 맞아 어떤 형상을 창조하는 일을 하는 사람이다. 다음에 세 번째 단계에 관한 간단한 설명을 하게 되는데 그렇게 함으로써 확대된 모형이 어떻게 결정되는가를 좀더 자세히 알아볼 수 있게 될 것이다.

셋째 단계 : 학습활동의 계획

계획의 세 번째 단계는 이전 단계에서 계획했던 교수 모형의 각 부분을 구성해 주는 학습활동을 찾아내거나 만드는 것이다. 교사가 학습 주제에 학생들이 참여할 수 있도록 해줄 의도적인 활동의 연속이면 어떤 것도 모두 학습활동에 포함된다. 학습활동의 실례들은 이전의 단계에서 열거했던 헌신교육의 다섯 가지 부분을 좀더 자세히 살펴볼 때 제시하기로 하겠다. 만일 적절한 학습활동이 머리에 곧 떠오르지 않으면 다른 교사들에게 말해 보거나 혹은 교수방법을 다루고 있는 저서들을 참고하는 것이 좋을 것이다. 이 책의 뒷 부분에 교수 준비에 도움이 될 참고도서들을 열거하였다. 다음에 제시하는 활동들은 활용되어질 활동에 대한 일반적인 생각을 제공해 줄 정보라고 생각할 수 있을 것이다. 교수 준비를 할 때 교사가 해야 할 일은 학생에게 알맞을 뿐만 아니라 동시에 교수 목표에도 부합되는 활동들을 찾는 데 있다고 하겠다.

각 단계의 통합

준비과정의 각 부분은 그 자체로서도 매우 힘든 일이다. 학생들이 고민해야 할 필요가 있다고 느끼는 가능한 이슈들을 확인하고 복음의 빛에 비추어 그들의 더 깊은 필요를 식별하는 일은 결코 쉬운 일이 아니다(1단계). 다섯 가지 차원을 통합해 주는 교수의 기본적인 모형(2단계)을 만들고 각 단계에 알맞는 학습활동을 찾는 일(3단계)도 그에 못지 않게 어려운 과제이다. 각 단계를 통과하는 데 도움이 될 한 가지 방법은 준비 카드를 만드는 것이다.

　일단 우리의 교수에서 초점을 맞출 헌신의 일반적인 영역을 선택하면, 그 다섯 가지 측면 하나 하나를 다루게 될 방법을 결정해야만 한다. 그 일은 한 번에 혹은 수련회나 연속적인 프로그램을 생각한다면 여러 번에 걸쳐서 실천할 수 있다. 색인 카드를 만들 때는 우선 다섯 개의 카드 맨 윗 부분에 헌신교육의 다섯 가지 차원을 적는다. 그 다음에는 각각의 차원을 조성해 줄 수 있는 학습활동을 생각해 본다. 성찰을 기록하는 카드에는, 예를 들어서, "개인들이 혼자 생각하여 그들의 삶에서 주제와 연관되어 있는 두 가지 일을 적어 보게 한다."든가 혹은 "작은 그룹으로 나누어서 이 주제를 성찰해 보도록 하여 두 가지 통찰을 전체가 모였을 때 서로 나누도록 한다."와 같은 학습활동을 적어 넣을 수 있을 것이다. 새로운 학습활동이 머리에 떠올랐을 때마다 카드에 기록되어 있는 헌신의 측면의 적용되어질 곳에 반드시 기록해 두도록 한다. 따라서 한 개 이상의 카드가 사용될 것이다. 나눔의 경우를 상상해 보자. 수련회나 강좌에서 나눔은 여러 시점에서 나타나게 되는데 그 때마다 다른 색인 카드를 만들어 본다. 물론 목적은 이 카드들을 강좌나 연속 프로그램의 확대된 모형으로 정리하는 것에 있다. 일반적으로 준비과정에서 교사는 확대된 모형을 만드는 일과 특정한 학습활동을 결정하는 일 사이를 오가게 된다. 활동에 대한 생각이 떠오르면 다른 형식을 결정하거나 혹은 처음에 계획했던 형식을 수정하여 새로운 학습활동으로 우리를 이끌어 줄 수 있는 방향으로 결정할 수도 있다. 이것이 바로 카드 사용의 이점이라고 할 수 있다. 그것은 매우 쉽게 정리될 수 있다.

　만일 헌신을 수련회나 연속 프로그램에서 교수하게 된다면 다섯 측면 사이에 균형 유지를 확실히 해야만 한다. 준비가 끝나면 그 카드들을 순서에 맞게 배열해 놓고 균형이 이루어졌는가를 확인한다. 학생들이 그들의 헌신을 어떻게 변화시킬 것인가를 결정하는 데 도움이 되는 활동만을 준비한 것은 아닌가? 기억하기와 나눔이 지나치게 강조되어진 것은 아닌가? 기독교 이야기와의 대면이 모든 시간에서 빠지고 단지 한 번만 다루어진 것은 아닌가? 만일 각 차원 사이의 균형이 이루어지지 않았다면 우리가 만든 전체 계획의 수정을 고려할 필요가 있다. 각 차원은 학생 각자가 그들의 헌신을 수정하는 과정에서 중요한 부분으로 작용하기 때문이다. 그러므로 하나의 차원을 제대로 다루지 않았을 경우 전체 과정이 잘못될 수 있는 가능성이 잠재되어 있음을 기억하는 일이 무엇보다 중요하다고 하겠다.

헌신을 위한 교수방법의 적용

분명히 헌신교육에서 적용되는 접근방법에 있어서 요구되는 위험의 수준, 성찰, 자기 노출은 다른 교수에서는 찾아볼 수 없는 것이다. 교사는 어떻게 학생들이 이러한 수준에로 들어오도록 그들을 초대할 수 있는가? 대부분의 경우 교사는 학생들이 지금까지 해오지 않던 일을 하도록 요청하게 된다. 한 가지 아이디어는 학생들이 필요를 느끼는 주제에 기초하여 시작하는 것이다. 만일 정규적인 학급을 교수하고 있는 교사라면 앞에서 설명했던 방식으로 학생들이 준비과정에 참여할 수 있게 한다. 이와 반대로 단기 강좌를 맡은 경우라면 그 강좌에 흥미를 가진 사람들을 초대하여 그들의 관심사를 들을 수도 있다. 이미 지적했듯이 필요에 근거한 준비만으로는 충분하지 않지만 그러나 본장에서 서술한 접근방법에 익숙하지 않은 그룹을 교수할 때 사용할 수 있는 좋은 시작 자료가 될 것이다.

그리고 학생들에게 앞으로 그들이 어떤 상황에 직면하게 될 것인지에 관한 일반적인 생각을 미리 알려 주는 것이 좋다. 그렇게 함으로써 취소하고 싶은 사람은 그렇게 할 수 있는 기회를 갖게 된다. 반대로 참여하기로 결정한 사람들에게는 그것이 그들이 선택한 일에 대한 보다 고조된 감각을 갖게 해줄 것이다.

헌신교육은 대부분의 학습 분위기를 뛰어넘는 성찰과 자기노출의 수준과 관계가 있기 때문에 대체로 그다지 위협적이지 않은 학습활동으로 시작하는 것이 바람직하다. 그렇게 볼 때 보다 깊은 기억이나 나눔의 수준은 점진적으로 들어가도록 학급을 유도해 가는 것이 좋을 것이다. 마찬가지로 학급이 전체 강좌나 혹은 수련회에 계속 머무르도록 도움을 주는 방향으로 그룹을 형성하는 것이 좋을 것이다. 다시 말하면 참여하는 사람들에게 스스로 자신의 그룹을 선택할 수 있는 기회를 주는 일을 잊지 말아야 한다. 이러한 기술들을 사용하는 목적은 학습자들이 성찰, 회상, 진정한 나눔의 기회를 가지도록 하는 데 있다.

　아마도 무엇보다도 중요한 것은 교사는 더 깊은 기억, 나눔, 성찰의 수준으로 들어가기를 거부할 수 있는 학생의 권리를 존중하는 것과 그들이 개인적으로 의미 있는 교육적인 경험에로 들어갈 수 있는 기회를 제공하는 일 사이에 있는 미세한 선을 걷도록 노력해야 한다는 점이다. 헌신교육에서 교사가 해야 할 일은 초대이지 강요가 아니라는 점을 기억하기 바란다. 그러나 이것이 교사가 창의적이 되고 가능한 한 억지로라도 초대하는 일을 막는 이유가 될 수는 없다.

준비과정의 요약

지금까지 서술된 3단계는 다음과 같이 요약될 수 있을 것이다.

1. 당신의 교수에서 초점이 될 수 있는 헌신의 영역을 선택한다.
   - 학생들의 필요와 관심사를 고려한다.
   - 필요에 근거한 준비를 넘어서서 학생들이 고려하도록 해줄 기독교 이야기에서 헌신의 영역을 알아낸다.
2. 당신의 교수에서 사용될 기본적인 모형을 결정한다. 그 모형은 헌신의 다섯 가지 차원인 기억하기, 성찰하기, 대면하기, 나누기, 결정하기가 포함된다.

3. 당신이 계획하는 교수의 각 부분에서 사용될 학습활동을 만들거나 찾는다.
   - 당신이 학생이었을 때 경험했던 학습활동을 회상해 본다.
   - 유용한 학습활동을 찾아내기 위하여 다른 교사들과 의논하거나 참고가 될 수 있는 서적들을 읽는다.

헌신을 위한 교육의 다섯 가지 차원 : 무엇이 문제인가?

지금까지 우리는 헌신을 위한 교육을 준비하는 데 대한 일반적인 생각들을 살펴보았다. 이제는 한 단계 더 나아가 헌신이 갖고 있는 여러 측면들을 좀더 자세하게 살펴보는 일이 남았다. 본장의 나머지 대부분은 그 측면들을 상세하게 설명하는 일과 그것들을 교수하는 데 사용되어질 학습활동들의 실례를 제시하는 데 할애하려고 한다. 우리가 각 측면에 주의를 집중시킬 때 기억해야 할 점은 교수의 전체적인 목적을 잊지 않아야 한다는 사실이다. 다섯 가지 차원은 매우 광범위하게 다양한 교수방법을 사용할 수 있다. 그것은 학생들이 그들이 갖고 있는 신앙의 헌신의 수준을 분석할 수 있는 상황을 만들어 주는 방향으로 함께 작용하는 방법이다. 우리가 신앙 입방체에서 헌신을 가르칠 때 우리는 학생들이 그들의 삶의 특정한 영역에서 하나님에게 향한 보다 깊은 헌신과 봉헌에로 초대하는 일을 하고 있는 것이다. 이 일은 그들이 기독교 이야기와의 대면 관계에서 자신의 삶의 이야기를 재해석하도록 이끌어 가는 일에 관여 한다.

기억하기

5세기에 활동한 위대한 기독교 신학자인 어거스틴은 그의 참회록에서 다음과 같이 기록하고 있다. "제 마음속을 보소서 오 주여, 제가 이 일들을 기억하고 당신에게 고백할 수밖에 없는 것은 그것이 당신의 뜻이기 때문입니다."[5] 기억을 이용하게 만드는 것이 헌신교육이 지향하는 것이다. 기억함으로써 우리는 과거를 하나님의 치유와 변형시키는 현존에로 이끌어 들일 수 있게 된다. 인간에게 기억의 중요성은 어디에 근거하는가? 그것은 바로 인간의 삶이 과거의 영향을 강력하게 받으면서 형성된다는 사실에서 찾을 수 있다. 우리의 생활사를 구성해 주고 있는 많은 사건들과 관계들 중에서 우리는 누구이며, 어디로부터 왔으며, 어디로 가고 있는가에 대하여 의미를 부여해 주는 것들만을 기억한다. 이렇듯 기억에 기초하여 인식되는 자신에 대한 감각은 우리의 삶에서 보여 주는 헌신의 양식을 결정하는 요인이 된다.

교사가 해야 할 가장 중요한 과제 중에 하나는 학급에서 학습되고 있는 헌신의 영역 뒤에 숨겨져 있는 이야기를 학생들이 인식하도록 하는 것이다.[6] 종종 그것은 의식의 수준에서 활동하지 않는 이야기이다. 나는 인종차별에 대한 한 교육행사 기간에 자신이 아이였을 때 접했던 인종적인 고정관념에 관하여 회상하기 시작하면서 충격으로 얼굴이 창백해진 한 남자를 기억한다. 오랫만에 처음으로 그는 자기 집에서 일하던 하녀가 아직 어린 아이인 자신을 항상 "주인님"이라고 불렀던 사실을 기억하게 되었다. 그는 '검둥이 사냥꾼'이라고 불리운 폭죽을 흔들었던 일을 기억해 내었다. 오직 그 자신의 이야기를 기억하는 과정을 통하여 그는 비로소 성인이 된 지금까지도 어린 시절에 갖고 있던 인종차별적 심상들이 아직도 영향을 미치고 있음을 깨닫게 된 것이다. 비록 그가 자신의 인종차별에 대한 생각을 곧 떨쳐 버리지는 못했다고 하더라도, 그에게 '기억하기'는 아주 의미 있는 첫 발을 내디디게 해주었다.

학습활동

때로는 기억하는 일이 고통스럽고 힘든 일이 될 수 있다. 교사는 학생들이 과거와 강제로 직면하게 할 수는 없다. 그보다 우리의 접근은 초대의 방법이어야 한다. 그리고 교사가 학습활동을 계획할 때 기억해야 할 것은 자기 학생들에게 효과가 있는 활동들을 선택해야 한다는 점이다. 학생들이 기억할 수 있도록 해줄 수 있는 학습활동을 두 가지 종류로 나누어서 생각하면 편리할 것으로 보여지는데 그것은 '초점을 맞추어서 기억하기'와 '명상적으로 기억하기'이다.

첫째 종류에 알맞는 학습활동은 우리의 일상생활에서 영향을 받는 일 이상의 것을 기억하지 않는 범위에서 선택한다. 초점을 맞춘 기억에서 교사는 학생들에게 초점이 맞추어지고 성찰적이고 탐색적인 방식으로 과거를 돌아보라고 요청하게 된다. 반면에 명상적인 기억에서는 과학적이고 합리적인 사회에서는 별로 익숙하지 않은 창조적인 차원으로 학생들을 이끌어 간다. 꿈을 통하여 접근할 수 있는 기억들, 창조적인 표현, 명상의 상태들을 탐구한다.

두 종류에 적용될 수 있는 학습활동들의 실례들은 다음에 제시하였다. 계속 강조한 바와같이 학습활동을 선택하거나 만드는 데 있어서 고려해야 할 중요한 문제는 교사 자신이 맡고 있는 특정한 그룹에 적절한 활동의 유형을 판단해야 한다는 것이다. 어떤 그룹은 명상, 특히 창의적인 형태의 명상에 관대하지 않을 수 있다. 모든 것은 그 그룹이 과거에 어떤 경험을 했는가의 문제와 그들이 교사를 얼마나 신뢰하고 있는가에 달려 있다. 그러나 교사가 학습자들을 과소 평가하지 않아야 한다. 인생에서와 마찬가지로 교수에서도 "모험하지 않으면 얻는 것도 없다."는 옛 격언은 통한다고 보여진다. 어느 정도의 위험을 무릅쓰지 않는다면 학생들이 절실하게 의존해야 할 내적 자원을 타진할 수 있는 기회를 갖지 못하게 된다.

초점을 맞추어서 기억하기

자서전 쓰기(life chapters) : 이 학습활동에서 학습자는 자신의 자서전을 쓰도록 요청받았다고 가정하도록 부탁한다.[7] 출판인은 각 장에 제목을 단 목차를 만들어 달라고 요구하였다. 각자가 그것을 작성하여 칠판이나 뉴스 프린트에 적어 놓고 모두 와서 나눈다.

하나님 상에 대한 연습(image-of-God exercise) : 이것은 학생들이

그들의 삶의 과정에서 그들이 갖고 있던 하나님 상이 어떻게 변화되었는가를 살펴보도록 초대하는 활동이다.[8] 한 장의 종이의 오른쪽에 같은 크기의 네모를 그리도록 한다. 첫째 네모꼴의 옆에 '내 어린 시절의 하나님 상'이라고 적는다. 두 번째에는 '청소년기의 하나님 상'으로, 세 번째는 '성인기의 하나님 상', 네 번째는 '현재의 하나님 상'이라고 적는다. 만일 학생들이 노인들이라면 네모꼴 하나를 더 그린다. 그리고는 학생들에게 인생의 각 시기에 가지고 있었던 하나님 상을 기억하도록 한 후 그것에 대해 몇 자 적어 넣거나 또는 그림으로 표현해 보도록 한다.

기도에 대한 학습(learning to pray) : 이것은 학습자가 이해하고 있는 기도는 어디로부터 온 것인가를 기억하도록 돕기 위해 계획된 학습활동이다. 왼쪽에서 오른쪽의 방향으로 세 개의 제목들로 이루어진 세 개의 난을 만들도록 한다. 즉, 기도 교사들/그들의 기도 방법/내가 배운 것의 순서로 만든다. 처음 난에는 학생들이 지금 가지고 있는 기도의 이해에 기여한 사람들을 열거하게 한다. 부모, 교회학교 교사들, 조부모님, 어떤 목사님, 어떤 청소년부 지도자, 대학 때의 어떤 룸메이트, 기도에 관한 책을 쓴 어떤 저자, 어떤 T.V. 사회자등이 그 범주에 들어갈 것이다. 두 번째 난에는 이들이 어떻게 기도했는가를 기억하도록 한다. 비공식적인 대화형식의 기도였는가? 기도가 아주 감정적이 었는가 혹은 점잖았는가? 저녁식사나 잠자리에서 지정된 기도를 사용했는가? 세 번째 난에서는 이 사람들로부터 기도하는 방법에 대하여 무엇을 배웠는가를 적어 보도록 한다.

명상으로 기억하기

인도된 심상(guided imagery) : 이 학습활동은 학습자를 기억에로 인도하며 매우 의미 심장한 통찰들을 조성해 준다. 첫째 단계는 학생들을 명상의 상태로 이끌어들일 수 있는 긴장을 푸는 연습의 과정을 거치도록 안내한다. 그들의 호흡과 긴장/이완에 주의를 기울이고 한

번에 하나의 근육 집단에만 초점을 맞추는 것이 좋다.

두 번째는 인도된 심상을 사용하는 단계이다. 학생들이 자신의 과거의 어떤 부분과 관련된 이미지들을 형성하도록 상상하는 것을 유도하는 활동이다. 이 활동은 여러 가지 형식을 취할 수 있다. 예컨대 교사는 학생들의 어린 시절의 기거하던 방을 기억하도록 할 수도 있다. 그 방에 있던 여러 가지 부분들을 돌아보도록 부탁한다. 좋아하는 물건들이 있는가? 창문을 통하여 그들은 무엇을 보고 있는가? 그 방에 대해 어떤 '느낌'이 드는가? 그 방이 아늑하게 느껴지는가, 혹은 불안하게 느껴지는가? 행복하게 혹은 불행하게 느껴지는가? 또는 가족들에게 주위를 기울이도록 할 수도 있다. 그 분이 어렸을 때는 어떻게 생겼었는가? 그 분에 대해서 어떤 감정을 갖고 있었는가?

더 높은 수준의 창의력이 관여되는 인도된 심상의 변형은 제한이 없는 상상력 안에서 어떤 장면을 학생들이 창조하도록 도와주는데, 그것은 심상의 창조에 있어서 그들이 좀더 적극적인 참여자가 되도록 해준다. 한 예를 들어 보자. 학생들을 특수한 미술관으로 인도하여 그들이 과거를 들여다볼 수 있는 기회를 준다. 그들이 이름을 달고 방으로 들어가면 세 개의 벽에 있는 커다란 스크린을 보게 된다. 그 스크린에 순서대로 가서 서로 다른 그림들이 모양을 이루어가는 것을 본다. 처음 스크린에는 그들의 아동기를 대표해 주는 그림이 자리하며 두 번째는 청소년기, 세 번째는 성인 초기를 보여 주는 그림이 있다. 각각의 인도된 명상의 끝에 가서는 학습자들이 점차적으로 정상적인 의식의 상태로 돌아오도록 해주어야 한다.

감정을 가지고 시편 읽기(praying the psalms with feelings) : 이 학습활동은 학생들이 교회에서 숨기고 있는 분노나 슬픔, 증오나 즐거움과 같은 감정을 표현하도록 도와주기 위하여 시편을 사용하는 것이다.[9] 이때 모든 학생이 같은 번역본의 시편을 읽어야만 한다. 학생들에게 한 번 읽도록 한 다음에 표현된 서로 다른 감정을 알아보도록 한다. 그리고 나서는 전체가 함께 읽도록 하고 가능한 한 많은 감정들을 표현해 보도록 한다. 반드시 시편에만 의존하여야 한다. 슬픈 부분에서는 슬퍼해야만 하며, 분노했을 경우에는 분노해야만 한다. 학급이 시편을 크게 읽고 나면 학생들이 눈을 감고 침묵의 시간을 갖도록 한다. 침묵 속에서, 시편의 구절들이 그들의 마음속에 들어가도록 노력한다. 그리고 시편의 저자가 그들의 마음에 들어온 것과 같은 시간의 심상이 자리하도록 한다. 그러나 이러한 기억들이 인식되도록 강요하지 않아야 한다. 그것은 자연스럽게 떠올라야만 한다. 그리고 아무것도 떠오르지 않아도 상관없음을 기억하는 일도 중요하다.

꿈의 기록(dream journal) : 이 활동은 몇 주 동안 계속되는 교육 프로그램의 일환으로 사용할 때 가장 좋은 효과를 얻을 수 있다. 학생들을 격려하여 앞으로 한 주일 동안 특수한 방법을 사용하여 그들의 꿈을 기억하도록 한다. 잠자리에 들기 전에 침대 옆에 종이와 연필을 준비해 둔다. 밤 사이에 잠이 깨었을 때나 아침에 일어났을 때 제일 먼저 지난 밤에 꾼 꿈을 반드시 적도록 한다. 학생들에게 다음 시간이 시작되기 전에 그들이 기억한 꿈을 살펴보도록 하고 반에서 현재 공부하고 있는 주제와 가장 관계가 깊은 꿈을 선택하게 한다. 다음 시간에 각자가 그 꿈을 서로 나누도록 한다.

성찰하기

성찰은 학생들로 하여금 그들의 마음에 떠오른 기억으로부터 물러서도록 하여 어떤 모형이나 의미심장한 주제를 구별할 수 있는가를 본다. 학습에서 성찰의 중요성은 다음의 세 가지로 지적할 수 있다.

첫째, 오래 지속될 수 있는 변화를 기대하려면 감정적인 표현이 이해와 연결되어야만 한다. 종종 기억하는 일은 학급에서 나누게 되는 아주 강렬한 감정을 야기시킨다. 어떻게 보면 단순히 지원적인 그룹에서 이러한 감정을 표현하는 것으로 충분하다고 생각할 수 있다. 왜냐하면 그것은 억제된 감정을 해소시켜 줄 수 있기 때문이다. 그러나 연구 결과에 의하면 그것으로 충분하지 않다고 한다.[10] 오랫동안 계속되는 변화는 감정의 표현이 사건들의 양식에 대한 이해나 또는 그러한 감정 뒤에 있는 관계들의 이해와 동반될 때 자리할 가능성이 더욱 높다고 알려져 있다. 성찰은 바로 이러한 일이 일어나는 것을 돕기 위하여 계획되었다.

둘째, 학생들이 그들의 정체성 이야기의 중심에 자리하고 있는 해석의 열쇠를 의식하도록 돕는 데 성찰의 중요성이 있다. 언제나 우리는 전체를 해석하기 위하여 이용하는 과거에서 핵심적인 사건들이나 관계들을 의식하지 못하는 경우가 많다. 그런데 성찰은 사람들이 이러한 열쇠들을 인식하도록 도와주는 학습활동인데, 특히 성찰이 자신 있는 지도자와 지원적인 그룹에서 반복해서 수행될 때 더욱 그러하다.

셋째, 성찰은 한 인간의 과거와 현재를 서로 묶어 주기 때문에 필요한 활동이다. 한 인간의 과거와 현재를 서로 연결시켜 주는 일은 특히 헌신의 교육에서 중요하다. 여기서 강조해야 할 것은 단순히 기억하는 일을 위하여 학생들의 과거를 회상해 내는 일에는 관심이 없다는 점이다. 우리의 궁극적인 목적은 학생들이 갖고 있는 현재의 헌신의 자세를 재정립하는 일을 돕는 데 있다. 뒤로 물러서서 과거에 있었던 중요한 사건들과 관계들을 조망해 봄으로써 결과적으로 학생들이 과거가 현재에 계속해서 살아 있음을 볼 수 있게 해준다.

학습활동

성찰을 위한 학습활동들은 기억하기 부분에서 소개한 활동을 토대로 하고 있다. 그러나 이미 여러 번 언급했듯이 성찰이 반드시 기억하기 다음에 사용될 필요는 없다. 이 책의 부록에서 교수의 구조에 사용될 수 있는 다양한 모형들을 탐구해 보려고 한다. 그러나 지금은 여러 가지 학습활동들이 어떻게 서로 조화를 이루는가를 살펴보는 것으로 충분하다고 보여진다. 이미 기억하기는 서술했으므로 여기서는 그대로 그것에 의지하도록 한다.

인생 이야기의 제목 쓰기(writing the title of your life story) : 기억하기 부분에서 했던 자서전 기록을 토대로 한 이 활동은 학생들이 그들의 인생 이야기의 제목을 만들어 내기 위하여 적어 놓았던 각 장(chapter)의 제목들을 한동안 곰곰히 생각해 보도록 초대하는 것이다.[11] 종종 학생들이 왜 그런 제목을 선택했는가를 간단한 문장으로 기록하게 하는 것이 좋다. 그것은 현재 그들이 관망하고 있는 자신의 삶에 대하여 무엇을 말해 주고 있는가? 그들이 선택한 제목 뒤에 깔려 있는 이야기에서 핵심되는 장들이 있는가?

현재 삶의 장을 성찰하기(this is a time in my life when…) : 이 활동도 역시 자서전 쓰기 활동에 근거한다.[12] 학생들의 생활사에서 현재의 장에 초점을 맞추게 하고 그것에 대해 성찰한 것을 기록하도록 한다. 이때 그들의 성찰을 안내해 주기 위하여 자극적인 질문들을 하는 것이 좋다. 현재의 장은 언제 시작되었는가? 몇 달 전에 혹은 몇 년 전에? 현재의 장을 시작하게 한 결정적인 사건은 무엇인가? 이사, 이혼, 새로운 관계, 또는 부상의 경험인가? 지금 그들의 삶에서 무엇이 그들의 주의와 에너지를 차지하고 있는가? 그들이 맺고 있는 의미 있는 관계는 잘 유지되고 있는가? 현재 그들이 갖고 있는 희망이나 꿈은 무엇인가? 그들의 근심과 두려움은 무엇인가? 지금 그들에게 하나님은 어떤 존재인가 : 가까운가, 멀리 있는가, 친구인가, 낯선 사람인가, 적인가?

하나님 상 성찰(image-of-God reflections) : 이것은 앞에서 설명한 하나님 상에 관한 활동에 기초한다. 그 활동에서 학생들은 아동기, 청소년기, 청년기, 그리고 현재 그들이 갖고 있는 하나님 상을 대표해 주는 구절, 단어들이나 그림들을 그리거나 적어 보라는 부탁을 받았다. 여기에서 말하는 활동은 그것에 좀더 보충하는 것으로서 학생 각자가 가지고 있는 하나님 상의 변화와 영속성에 관하여 생각해 볼 수 있는 질문들과 함께 사용하면 편리할 것이다 : 아동기와 청소년기의 하나님 상들은 서로 어떤 관계를 맺고 있는가? 청소년기의 하나님 상은 아동기의 것에 기초하고 있는가, 거부하는가, 혹은 새로운 어떤 상이 새로 자리하고 있는가? 아동기와 청소년기에 그들이 가지고 있던 하나님 상의 뿌리는 무엇인가? 성인기 동안에 그들의 하나님 이해는 어떻게 바뀌었는가? 그것이 그들의 종이에 기록된 사진/단어들/구절들에 어떻게 표현되었는가? 그들은 자신의 종교적인 삶을 연속으로서 혹은 비연속으로 서술하는가?

인도된 심상의 성찰(guided imagery reflections) : 이것도 역시 인도된 심상 훈련에 그 토대를 두는 활동이다. 성찰은 특별히 아주 강렬한 감정을 동반한 기억을 불러 일으켜 주는 명상적인 기억하기에 사용하는 경우에 중요하다. 학생들이 명상을 하는 동안에 떠올랐던 심상에 대하여 간단하게 적어 보라고 부탁하면서 활동을 시작할 수 있다. 예컨대, 만일 아동기 때의 침실에 그들이 초점을 맞추고 있었다면 그 심상에서 그들은 무엇을 보고, 듣고, 느끼고, 또한 무슨 냄새를 맡고 있는가? 그 다음에는 그 심상들이 말하려고 하는 바를 한두 줄 적어 보도록 한다. 이때 그들의 기억이 오직 상징이나 심상으로만 간접적으로 소통하는 친구로 가정해서 생각하도록 초대한다. 그 친구는 지금 그들에게 무엇을 말하려고 하는가? 교사는 구체적인 심상에 관한 것으로부터 시작하여 점점 더 추상적인 성찰로 움직여 가도록 할 수 있는 성찰적이고, 반성적인 성격을 띤 질문을 해야만 한다. 위의 예에서 말했던 어렸을 때의 침실에서 가장 두드러지게 눈에 띠는 것은 무엇인가? 그 물건과 연결되는 감정은 어떤 종류의 것인가 : 행복인가, 슬픔인가, 불안인가 혹은 재미있는 일인가? 이 물건이 그들의 아동기에 관하여 무엇을 말해 주고 있는가? 그 물건이 그렇게 두드러지게 드러난 것은 그것이 그들의 아동기와 같은 것을 대변해 주기 때문인가 아니면 매우 보기드문 것을 드러내 주는 것이기 때문인가? 이 물건은 어떤 사람을 생각나게 하는가? 그 사람과는 어떤 관계에 있었는가? 마지막으로 교사는 학생들에게 그 심상이 그들의 현재의 삶과 맺고 있는 관계에 관하여 성찰하도록 안내한다. 그것은 현재 학생들의 삶의 방식에 관하여 무엇을 말하고 있는가? 그것은 지금 다루고 있는 헌신의 영역과 어떻게 연결되고 있는가?

대면하기

헌신교육에서 가장 중요한 부분 중에 하나는 헌신에 대하여 설명해 주는 성경이나 기독교 전통의 일부와 학생들이 만나도록 초대하는 일이다. 어떤 현대 신학자는 기독교의 이야기와 우리의 개인 정체성 이야기의 교차는 마치 충돌과 같은 것이라고 묘사한 적이 있다.[13] 두 개의 힘이 서로 다른 방향으로부터 움직이다가 갑자기 서로 맞부딪치게 된다. 이러한 이미지에 따르면 하나님의 말씀은 우리가 어디에 있는 가를 확인해 줄 뿐만 아니라 우리의 개인 정체성 이야기와 충돌하면서 우리가 지금까지 가지고 있었던 다양한 헌신들을 새롭게 방향짓지 않을 수 없게 만들어 준다.

나는 충돌이라는 말 대신에 대면이라는 단어를 사용했지만 충돌에 수반되는 매우 강한 방향 수정의 감각을 유지하고 싶다. 기독교인의 삶에 있어서 서로 반대되는 힘이 언제나 충돌하는 것은 아니다. 때때로 우리는 학생이 이미 가지고 있는 헌신을 토대로 하여 교수하기도 한다.[14] 개인 정체성 이야기가 형성되는 과정은 기독교인의 삶의 연속성에 많은 기여를 해준다. 그러나 우리가 말하고 있는 이 연속성은 하나님의 말씀의 계속적인 방향수정과 깨우침에 개방되어 있어야만 한다.

학습활동

대면의 어원적인 의미는 얼굴과 얼굴을 마주하여 만나는 것이다.

무엇보다도 대면은 만남이다. 그것은 두세 사람이 모여 대화하는 것일 뿐만 아니라 그것은 특별한 종류의 만남이기도 한다 ; 즉, 얼굴과 얼굴을 맞대는 만남이다. 그것은 장거리 전화 회의가 아니며 편지나 메모로 소통하는 것도 또한 아니다. 대면의 차원에 관련된 교수의 핵심은 학생이 성경의 어떤 부분이나 혹은 기독교 전통과 개인적인 대화를 할 수 있도록 조성하는 것이다. 여기에는 우리의 교수의 목적을 드러내 주는 세 개의 본질적인 요인이 있다.

첫째, 학생들이 대면의 방향으로 가도록 해줄 주제를 선택하는 것과 그것을 학생 각자에게 개인적인 의미를 주는 방법으로 제시하는 것이다. 대면은 얼굴과 얼굴을 마주하는 만남이기에 교사가 우선적으로 해야 할 일은 그 만남 혹은 회의에서 다루게 될 주제를 결정하는 일과 그 주제를 어떻게 학생들에게 소개하는가의 문제와 관련이 있다. 둘째, 학생들이 성경에서 들려 주는 소리나 전통과 대화하도록 해주는 일이다. 이것은 진정한 대화를 촉진한다는 의미이다. 셋째로 교사가 해야 할 일은 학생들이 이 대화에 의하여 개인적으로 받은 영향을 알아내는 일이다. 학생들이 그들의 삶과 성경 혹은 기독교 전통 사이에 어떤 종류의 새로운 연결점을 발견하기 시작했는가? 지금 공부하고 있는 영역에서 학생들의 헌신을 다시 생각하게 해줄 이미지들이나 개념들은 어떤 것인가?

성경 사역하기(paraphrasing scripture ; 성경을 읽은 후 자기의 상황에 맞게 자신의 언어로 표현하는 것 : 역자 주) : 이것은 학생들로 하여금 성경구절을 자세히 살피게 하고 그것을 그들 자신의 삶과 관계지어 보도록 초대하는 학습활동이다.[15] 교사는 문자적인 해석과 의역 사이에서 나타나는 차이를 지적하는 것으로부터 시작한다. 문자적 해석은 성경의 본래의 의미를 유지하며, 후자는 성경구절이 갖고 있는 본래의 영향력과 같은 정도로 현대인들에게 감동을 줄 현대적인 단어들이나 개념들을 사용하는 데 보다 자유로운 태도를 유지한다. 학생들에게 어떤 성경구절을 제시하고 그 말씀이 오늘을 살고 있는 그들에게 말해 주고 있는 바를 명확하게 표현해 주는 단어들이나 개념들을 이용하여 의역을 해보도록 한다. 이러한 학습활동에 익숙하지 않은 그룹이라면 다루고 있는 성경구절에서 처음의 두세 절만을 의역한 다음 한두 사람에게 그들이 적어 놓은 것을 같이 나누는 방식으로 시작하는 것이 도움이 될 것이다. 이것은 학생들에게 다른 사람들이 같은 성경구절에 어떻게 접근하고 있는가에 대하여 이해할 수 있는 기회를 준다.

촛불표, 화살표, 별표, 의문표(candle, arrow, star, and question mark) : 여기서는 지정된 성경구절을 읽고 난 후 학생이 어떤 특정한 절을 이해하고 있는 바를 상징들로 자리를 표시하게 한다. 나는 서로 다른 상징들이 사용되어지는 것을 본 적이 있는데 다음과 같은 방법이 특히 유용하다는 사실을 발견하였다. 화살은 중요하다고 생각되는 곳을 표시하며, 촛불이나 불꽃은 학생 자신의 삶이나 오늘의 세계에 관하여 어떤 통찰을 가져다 주는 곳에 그려 놓는다. 그리고 별은 암기해야 할 정도로 중요한 부분에 표시하고, 의문표는 이해할 수 없는 곳이나 또는 중요한 질문을 제기해 주는 곳을 표시하는 데 이용한다. 얼마간의 시간이 지난 후에 학급을 함께 모이게 하고 한 번에 한 가지를 다루는 것으로부터 시작하여 점차로 보다 일반적인 토론으로 향할 수 있는 방법으로 각자가 서로의 자료를 나누게 한다. 성경 의역하기와 상징표시의 학습활동을 할 때 교사는 학생들이 성경에 질문과 개인적인 통찰을 가지고 접근하는 데 자유로워지도록 격려하는 것은 매우 중요하다. 때로 학생들은 그런 경우에 매우 주저하는 경향이 있기 때문이다.

비유하기(being parabled) : 이것은 특히 기억하기와 성찰하기가 포함된 수련회의 일부로 사용하기에 좋다.[16] 이 활동은 비유들을 간단히 토의하면서 시작하게 되는데 그 비유들은 비교적 평범한 상황에 근거한 이야기들로서 듣는 사람들이 갖고 있는 보편적인 기대를 갑자기 뒤엎고 세상을 새로운 방법으로 바라보도록 그들에게 도전을 주는 그런 것들이다. 그리고는 이러한 반전을 설명해 주는 예수의 비유를 몇 가지 고찰한다. 그리고 각자는 공부하고 있는 헌신의 부분에 알맞는 그 자신의 비유를 만들어 보도록 한다. 그것은 예수의 비유에서 찾아볼 수 있는 반전과 같은 내용을 구현해 주는 비교적 짧은 이야기여야 한다. 이 강좌는 모두가 함께 모여 각자가 준비한 비유들을 나누는 시간을 가지는 것으로 끝마무리를 하게 된다. 만일 큰 그룹이라면 서로의 비유를 나누는 수를 제한하도록 한다. 비유적인 이야기를 읽은 후에 그것에 대한 논평을 누구도 하지 않도록 한다. 학생들이 만든 비유는 하나의 선물로서 그대로 받아들이는 것이 좋다.

나누기

헌신의 이 부분은 앞에서 이미 기술했던 차원으로부터 부상되므로 다른 차원들과 이 차원을 지나치게 구분하는 것은 어떻게 보면 인위적일 수 있다. 나눔에서의 핵심은 자기노출의 가능성을 창조하는 것이다. 4장에서 우리는 의사소통에는 비공식적인 잡담, 정보의 교환, 개인적인 통찰과 느낌의 나눔, 그리고 자기 노출의 네 가지 수준을 가지고 있음을 지적한 바 있다. 나눔과 관련된 학습에서 우리는 네 번째의 수준에 도달하려고 노력하게 된다. 그러므로 교사가 해야 할 일은 분위기를 조성하여 자기 노출이 일어날 수 있는 학습활동들을 제공하는 것이다.

노출한다는 것은 벗기거나 드러낸다는 의미이다. 자기 노출은 우리 자신의 부분들의 베일을 벗기고 그 부분들을 다른 사람들에게 드러내는 행위이다. 한 연구에 의하면 자기 노출을 촉진하는 데 있어서 가장 중요한 요인 중에 하나는 다른 사람들도 지금 나누려고 하는 수준과 같은 수준으로 감지하고 있는가의 여부로 알려져 있다.[17] 예를 들어 우리가 친구와 어떤 것을 나누려고 하는데 만일 그 친구가 나와 같은 수준에서 나누지 않는다면 우리는 좌절감을 느낄 가능성이 많을

5. 헌신을 위한 교육 : 삶의 이야기의 재해석   145

것이며 앞으로는 그런 종류의 자기 노출은 하지 않게 될 것이다.
 나눔을 위한 시간을 계획할 때는 상호적인 나눔을 증진시켜 줄 학습 활동들을 사용하도록 노력해야만 한다. 교사는 모두가 나눔의 기회를 갖도록 격려해야만 한다. 이것은 그러한 일이 일어날 수 있는 충분한 시간을 할애하라는 의미인 동시에 전체 그룹을 몇 개의 소그룹으로 나눌 필요가 있다는 의미도 된다. 일반적으로 큰 그룹에서 나눔을 갖는 것보다 두세 사람과 나누는 것이 훨씬 수월하고 덜 위협적이다.
 다른 요인들도 역시 자기 노출의 가능성을 증진시켜 주는데 그것은 비밀을 지키는 것과 공감의 경험이다. 상대방이 비밀을 지켜 주리라는 믿음이 없는 한 자신을 드러낼 사람은 아무도 없을 것이다. 만일 당신이 어떤 친구에게 혹은 소그룹에서 개인적인 문제를 노출했는데 당신에 대한 개인적인 정보들이 다른 사람들에게 노출된 것을 나중에 알게 되었다면 아마도 당신은 아주 화가 나고 깊은 상처를 받을 것이다. 그러므로 그룹이 비밀을 지키도록 강조할 필요가 있다.
 공감은 다른 사람의 관점, 특히 다른 사람들의 감정에 들어갈 수 있는 능력을 말한다. 공감은 자기 노출의 분위기를 창조할 때 조언을 하는 것보다 훨씬 더 강한 영향력을 가진다. 어떤 사람이 특히 갈등이나 고통과 같은 것을 다른 사람들과 나눌 때 우리가 갖게 되는 자연스러운 경향은 도움을 주려는 마음에서 그들에게 조언을 하는 방향으로 기울어지게 마련이다. 조언이 어떤 때는 필요하지만 그것이 자기 노출에 대한 보편적인 반응으로 자리 잡게 되면 자기 노출을 막는 방해 요인이 될 수 있다. 왜냐하면 조언은 실제적인 해결책에 관심이 있는 반면에 자기 노출은 자기 발견과 자기 표현의 순간에 관심을 갖기 때문이다. 조언을 통한 신속한 해결에 도달하는 것은 자신을 드러내고 있는 사람이 지금 막 발견하게 된 느낌이나 통찰들을 말로 표현하기 위하여 노력할 수 있는 기회를 빼앗아 버리는 결과를 가져온다. 그것은 마치 아직 환자가 자신의 병에 대하여 아무것도 모르고 있는데 처방을 하는 것과 같다.
 듣는 사람이 나누고 있는 사람에게 공감하는 것은 어떤 것보다도 중요한 일이다. 나눔의 시간 동안에 공감을 촉진시키기 위하여 몇 가지 간단한 일을 할 수 있다. 첫째, 사람들에게 직접 조언을 하지 않도록 다음과 같이 요청할 수 있다 : "지금은 사람들이 어떻게 해야 하는가를 말할 시기는 아닙니다. 오히려 지금은 경청하고 그들의 관점에 우리 자신을 집어 넣어 보려고 노력해야 할 때입니다." 둘째, 학생들이 공감적으로 들을 수 있는 방법을 제시해 준다 : "특히 지금 나누고 있는 느낌을 주의 깊게 듣도록 하십시오. 무엇이 드러나고 있습니까?" 또는 "다른 사람이 자신에 대하여 말할 때 당신의 느낌과 통찰에 주의를 모아 보십시오. 그것들이 지금 무슨 일이 일어나고 있는가를 말해 주는 단서를 줄 것입니다." 셋째, 청취자들에게 잠정적이고 개방적인 방식으로 그들이 무엇을 듣고 경험했는가를 나눔을 가진 사람에게 말해 주도록 한다. 이렇게 함으로써 나눔을 가진 사람이 말해진 것을 누구의 방해도 받지 않고 수용하거나 거부할 수 있게 된다.

학습활동

나눔의 그룹(sharing group) : 이것은 아마도 나눔을 촉진시키는 데 가장 빈번히 사용하는 학습활동이라고 할 수 있다. 때로는 이러한 집단은 하위 집단이나 또는 버즈 그룹을 가리키기도 한다. 이것은 학급이 너무 커서 의미 있는 자기노출을 기대하기 어려울 때 세 사람에서 여섯 사람 정도로 만들어진 그룹들을 의미한다. 교사는 전체 그룹이 나눔을 위한 소집단으로 나누어질 때 무엇을 해야 할 것인가에 대한 분명한 지시를 주는 일은 무엇보다도 중요하다. 이때 그러한 지시는 말로 할 수 있지만 그에 보충하여 칠판이나 뉴스 프린트에 적어서 각 그룹이 볼 수 있도록 하는 것이 가장 바람직하며, 이때 사용할 수 있는 대략의 시간에 대해서도 알려 주는 것이 좋다. 그리고 각 그룹의 활동을 조성하고 계시원을 지정해 주는 것이 적절하다. 이렇게 함으로써 그룹이 활동을 보다 빨리 시작할 수 있을 것이며 모든 사람이 참여할 수 있는 기회를 보장할 수 있게 될 것이다.

서클 반응(circle response) : 이 활동에서는 모든 사람이 개인적으로 학습활동에 참여한 다음 전체 그룹에서 토의를 시작하는 것이다.[18] 우선 원형으로 앉도록 하고 지도자나 조성하는 사람은 지금 다루고 있는 헌신의 영역에 초점을 맞춘 질문으로 시작하면서 각자가 생각할 수 있는 시간을 주도록 한다. 지도자 혹은 교사는 자기 왼쪽으로부터 시작하여 각 사람에게 질문에 대한 대답을 돌아가면서 하도록 한다. 원형으로 돌아가면서 각자가 대답할 기회를 갖게 된다. 원형에 둘러 앉은 모든 사람이 나눔을 끝낼 때까지 다른 사람들은 일체의 평은 보류한다. 모든 사람이 말하기를 모두 마쳤을 때 교사는 비로소 학생들이 그동안 마음속에 두었던 질문들을 하도록 한다. 이것은 사람들에게 반응을 표현할 기회를 준다는 의미를 갖는다. 그리고 나서 교사는 점진적으로 개방적인 토의로 그룹을 이끌어 간다.

동심원(concentric circle) : 이것은 몇 사람이 그들의 의자를 원형 안으로 옮기면서 하는 활동이다. 그래서 이 활동은 '어항 연습'(fish bowl exercise)이라고 불리기도 한다. 원형 안에 들어간 사람들은 현재 다루고 있는 헌신의 측면에 관한 토론을 한다. 밖에 있는 사람들은 질문이나 비평을 하지 않으면서 조용히 그들의 토의를 경청한다. 때로는 특정한 단어들이나, 이슈들 또는 감정들에 초점을 맞추어 듣도록 요청할 수도 있다. 얼마간의 시간이 지나 대화가 끝나면 밖에 있는 사람들에게 지금까지 청취한 것을 되새겨 보도록 초대한다. 첫번째 나눔이 끝나면 다른 사람들을 서클 안으로 옮겨 앉도록 하여 조금 다른 헌신의 측면을 토론하도록 한다. 이와 유사한 토론의 과정을 계속한다.

결정하기

헌신교육을 함에 있어서 결정하기는 대부분의 사람들이 마음속에 있는 것에 가장 가까운 것으로 해야 한다. 왜냐하면 그것은 인간의 의지와 선택의 요인들에 관여되어 있기 때문이다. 그러나 여기서의 결정하기는 사람들이 기억하기, 대면하기, 성찰하기, 그리고 나누기를 통하여 자신의 개인적 정체성 이야기에 대한 보다 깊은 이해에 도달하도록 해주는 과정의 한 부분으로서 사용되고 있다. 학생들이 지금까지의 교수로 인하여 얻은 통찰에 기초하여 학생들은 이제 그들의 헌신에 대한 새로운 방향 정립을 결정할 수 있는 기회가 주어진 것이다.

헌신교육에서 이것은 매우 중요한 순간이다. 그것은 학생들을 교실이나 기도원으로부터 그들의 일상의 삶에로 옮겨 가는 것을 도와주기 때문이다. 이것은 지금까지 있었던 모든 일의 정점이며 동시에 강화이다. 학생들이 지금까지 배운 것을 통합하도록 요청한다는 의미에서 그것은 정점이다. 그리고 사람들이 변화시키기 어려운 현실에 직면하도록 초대한다는 의미에서 그것은 강화이다. 결정의 순간이 온 것이다! 그들은 어떻게 지금까지와는 다른 삶을 살 것인가? 그들은 어떻게 자신의 헌신의 방향을 바꿀 것인가?

결정의 시간은 대개 다음과 같은 부분을 포함하고 있다. 첫째로, 교사는 학생들이 헌신의 여러 측면에 대해서 학습한 모든 것을 통합할 수 있는 기회를 주어야만 한다. 이것은 학생들의 자기 표현과 연결되는데 이때 그들이 배운 것들을 단어들로, 이미지들로, 사진들로, 기록으로, 혹은 그 외의 표현형식으로 요약해 보도록 한다. 둘째로, 교사는 학생들이 "그래서 어떻다는 말인가?"라는 질문에 직면하도록 한다. 그들이 가진 새로운 통찰에 기초해서 볼 때, 헌신은 어떻게 달라져야 하는가? 셋째로, 교사는 학생들의 삶에서 진정한 변화가 일어나기 위하여 거쳐야 할 확실한 단계들을 구분하도록 해야만 한다. 핵심적인 것은 '구체적'이라는 단어이다. 교사는 그들이 내일 또는 다음 주에 무엇을 할 수 있는가에 주의를 기울이도록 도와야 한다. 이 때 학생들이 구체적이 되도록 격려해야만 한다. 그리고 실행되지 않은 크고 위험한 도약보다는 실제로 실천되어진 작은 걸음이 더 바람직하다. "지옥으로 향하는 길은 좋은 의도들로 포장되어 있다"는 격언은 옳다. 만일 학생들이 어떤 위험한 걸음을 걸으려 한다면 그것을 어떻게 실천할 것인가를 구체적으로 생각해 보도록 격려한다.

학습활동

미래의 삶을 기록하기(writing our life's next chapter) : 기억하기와 성찰하기에 기초한 학습활동이다.[19] 학생들에게 지금의 삶과 5년 후의 삶을 말해 주는 극본을 쓰게 한다. 첫 번째 극본에는 그들의 꿈과 희망들이 성취된 것으로 꾸민다. 두 번째에서는 그들의 근심과 공포가 현실화된 것으로 서술한다. 그리고는 이 두 가지 극본을 나란히 놓고 그 둘을 서로 다르게 만들어 주는 요소들을 찾아보게 한다. 다음과 같은 물음들을 묻도록 한다 : 나의 통제를 벗어난 요소는 어떤 것인가? 내가 손댈 수 있는 요인들은 어떤 것들인가? 그 다음에는 서너 명으로 구성되는 소그룹으로 나누어서 각자의 극본들을 발표하고 무엇이 그들을 다르게 만들어 줄 것인가를 묻는다. 그룹이 서로 나눔을 가진 후에 각자가 확인한 요소들을 알린다. 각자가 나눔을 가질 기회를 가진 후에 그룹은 구성원 각자가 긍정적인 극본을 빠른 시일 내에 성취할 수 있는 방향으로 나아갈 수 있는 한두 개의 구체적인 단계를 식별할 수 있도록 도움을 줄 시간을 가지는 것이 좋다.

성경공부의 개인적 적용(personal application in bible study) : 헌신을 수정하도록 해주는 성경공부는 사람들로 하여금 결정의 순간들을 피할 수 없게 해준다. 학생들은 그들이 해온 성경공부에 기초하여 어떻게 달라진 삶을 살 것인가에 대하여 결정해야 한다. 이것은 공부한 성경자료에 근거하여 다르게 구성될 두 가지의 기본적인 질문과 관계가 있다. 첫째, 이 성경구절이 당신에게 어떻게 살아야 한다고 말해 주고 있는 바를 요약할 수 있는가? 둘째, 당신이 성경에서 배운 것에 기초하여 당신이 다르게 살려는 방법이 한두 가지 있는가? 다음 시간에 오늘 교실에서 일어난 일에 대하여 서로 얘기할 수 있는 기회가 주어질 것이라는 것을 학생들에게 알려 준다.

　개인적인 간증(personal testimony) : 이 활동은 결정의 차원이 갖고 있는 세 가지 부분들을 모두 충족시켜 주지는 않는다. 오히려 그것은 우선적으로 최고조에 달한 통찰을 표현하도록 하는 데 주의가 집중된다. 여기서의 요점은 사람들에게 그들이 배운 의미 있는 것들과 앞으로 올 변화를 전체 그룹 앞에서 나눌 수 있는 기회를 주는 것에 있다. 예컨대, 세계의 기아 문제로 교회가 수련회를 할 때 각 가정은 수정된 생활 양식에 헌신하겠다는 것을 상징하는 작은 현수막을 만들 수 있는 기회가 주어졌다. 수련회를 끝내는 예배를 들이기 위해 모든 가정들이 모였을 때 각 가정은 그들이 만든 현수막을 소개하고 그것은 어떤 헌신을 드러내 주는가를 모두와 함께 나눈다. 이와는 조금 다른 것을 생각해 보자. 기독교 양육에 관한 강좌를 마칠 때 학습자들은 뉴스 프린트에 그들이 얻은 통찰 두세 가지를 열거하도록 한다. 그리고 각자는 학습의 결과로서 앞으로 그들이 바꾸고 싶은 양육방법 하나씩을 제시하고 왜 그것이 중요한가를 말하도록 한다.

요 약

1. **기억하기** :
   - 기억하는 것을 강요하지 말고 초대한다. 특히 고통스러운 일과 관련된 기억일 경우에는 더욱 그러하다.
   - 한두 종류의 학습활동을 사용한다 :
     (1) 초점 맞추어 기억하기
     (2) 명상적으로 기억하기
2. **성찰하기** :
   - 정서의 표현만으로는 충분하지 않다. 정서적 표현과 지적인 이해를 서로 연결시켜 주는 학습활동들을 사용한다.
   - 사람들이 그들의 개인 정체성 이야기의 해석의 열쇠들을 인식

하도록 도와주는 일은 그들의 헌신을 수정하는 데 매우 중요
하다.
 −과거와 현재를 서로 연결시키는 일은 현재 갖고 있는 헌신의
근거가 아주 먼 과거에 연결되어 있음을 보게 해준다는 의미
에서 매우 중요한 일이다.
3. 대면하기 :
 −대면하게 될 성경의 부분이나 기독교 전통을 선택하고, 그것을
어떻게 설명할 것인지를 결정한다.
 −학생들과 성경이나 기독교 전통이 들려 주는 소리 사이에의 진
정한 대화를 조성한다.
 −학생들이 대화 동안에 부상된 개인적인 통찰을 발견하고 통합
시키도록 돕는다.
4. 나누기 :
 −모든 사람에게 나눔을 가질 수 있는 기회를 준다. 학생들이 상
호성을 개발하도록 돕는다.
 −비밀보장을 강하게 강조한다. 그룹에서 서로 나눈 것은 그룹에
남아야 한다.
 −공감적 경청을 격려하고 조언을 삼가하도록 하고 학생들에게
경청의 방법을 알려 준다.
5. 결정하기 :
 −학생들이 마음을 정리하고 그들의 통찰을 표현할 수 있는 기회
를 준다.
 −학생들이 "그래서 어떻다는 것인가?"의 질문과 부딪치도록 초
대하고, 그들의 삶에서 일어나야 할 변화를 구별하도록 돕는
다.
 −그들의 삶에서 일어날 변화의 과정을 실제로 움직여 주는 구체
적인 단계를 계획하도록 돕는다.

반복해서 강조했듯이 계획의 과정에서 가장 어렵고 동시에 중요한

것은 네 가지 차원을 어떻게 보다 넓은 형식으로 서로 맞출 것인가를 결정하는 일이다. 그 차원들은 다양한 방법으로 함께 묶을 수 있다. 그러한 결정은 학습할 시간(주말 전체, 45분), 형식(수련회, 연속 강좌, 정규수업), 그리고 학습자(나이, 좋아하는 학습형태, 인지적 단계)에 의해 크게 영향을 받는다. 부록에서 나는 헌신교육의 차원들을 함께 묶어 주는 다양한 방법들을 보여 주기 위하여 두 가지의 유사한 학습활동의 개요를 제시하였다.

6
신비를 위한 교육 : 교수에서 역설의 역할

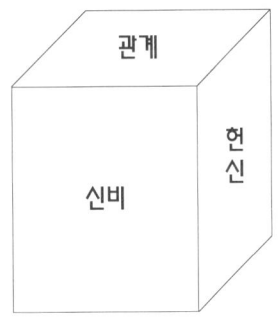

　　신앙 입방체의 신비의 차원에 초점을 맞춤으로써 신앙교육에 관한 우리의 연구는 결론에 다다랐다. 신비는 비밀스러운, 또는 숨겨져 있는 어떤 것을 의미한다. 신학에서 신비는 인간의 지식과 이해를 넘어서는 것에 연결된다. 신비는 신앙에서 중요한 부분을 차지한다. 그것은 인간의 지식으로는 하나님을 온전히 이해할 수 없다는 사실을 천명해 주는 것이다. 하나님은 '타자'로 머무신다. 초대교회가 가지고 있었던 위대한 신조 중에 하나가 지적했듯이 하나님은 '이해할 수 없는' 분이다.[1] 하나님의 방법은 인간의 방법과는 다르다. 우리의 하나님에 대한 이해의 능력은 제한되어 있다. 사도 바울은 자신의 서신에서 다음과 같이 말하였다 : "우리가 이제는 거울로 보는 것 같이 희미하나 그 때에는 얼굴과 얼굴을 대하여 볼 것이요……"(고전 13 : 12). 신앙에서 신비를 인정한다는 것은 이 세상에서 우리는 희미하게 본다는 사실을 받아들인다는 의미이다. 불가해한 하나님을 이해하는 우리의 능력은 제한되어 있다.

신비와 신앙의 한계들

신비를 신앙의 한 차원으로 인정하는 것이 왜 중요한가? 인간의 역사를 통하여 우리는 하나님과 인간 사이의 관계에서 드러나는 한계를 극복해 보려는 수많은 노력들을 보아 왔다. 하나님을 위하여 말해졌거나 혹은 성취했다고 한 일들은 사실은 하나님의 뜻보다는 오히려 인간의 관심들과 필요들을 따랐을 경우가 대부분이다. 하나님의 이름으로 이루어졌다고 주장되어진 일들이 실은 단지 국가, 정당, 교회, 혹은 개인의 흥미나 관심을 충족시켜 주는 것일 수 있다. 주권자이시고 거룩하신 하나님과 죄 있고 자기 기만적인 인류 사이를 구분하는 경계선은 붕괴된다.

신비의 차원의 인정은 우리가 하나님과 맺고 있는 관계의 일부분인 한계를 받아들이는 일을 도와준다. 하나님은 타자로 남아 계신다. 우리는 창조자이신 하나님의 방식을 개인적인 필요나 우리의 문화적인 편견들이나 계층적인 편견과 혼돈하지 말아야 한다. 그렇게 할 때마다 우리는 실제로는 우리가 갖고 있는 이미지로 하나님과 같은 존재를 만드는 결과가 될 뿐이다. 예언자 이사야는 이러한 일에 대하여 우리에게 다음과 같이 경고하고 있다 :

> 그런즉 너희가 하나님을 누구와 같다 하겠으며,
> 무슨 형상에 비기겠느냐?
> ......
> 그는 땅 위 궁창에 앉으시나니
> 땅의 거민들은 메뚜기 같으니라.
>
> (사 40 : 18, 22)

궁극적으로 하나님은 우리가 만드는 하나님과는 다르다. 이러한 사실을 받아들이는 것은 신비가 신앙의 일부분임을 인정한다는 의미이다. 우리가 맺고 있는 하나님과의 관계에서 어떤 제한들은 존중되어야만 한다. 왜냐하면 이러한 제한들 때문에 하나님에 대한 우리의 이해는 유한하고, 인간적이며 언제나 이기적이라는 점을 천명하는 것은 중요한 일이다.

신비교육은 학생들이 그들의 신앙의 부분으로서 한계들을 받아들일 수 있는 상황을 창조하려는 시도이다. 그것은 현재 그들이 하나님을 이해하는 방식이 너무 편협하다는 것을 인식하도록 그들에게 도전한다. 이것은 고통스럽고 위협적인 과정이 될 수 있다. 어느 누구도 우리가 귀하게 간직하고 있던 생각들이 적절하지 않거나 잘못된 것이었음을 인식하는 일을 즐기지는 않을 것이다.

산타 클로스가 존재하지 않는다는 것을 알았을 때 그것이 얼마나 고통스러운 일이었는가를 우리 모두는 기억하고 있다. 마찬가지로 부모님이 단지 인간일 뿐이며 우리가 생각했던 이상적인 인간이 아니었음을 발견했을 때 그 사실이 우리를 얼마나 불안하게 해주었는가를 잘 기억하고 있다. 우리 중 어떤 사람은 교회에서 처음으로 지도자의 책임을 맡았을 때 교회생활의 특성을 드러내 주는 언쟁과 정치적인 책략에 노출되면서 유사한 환멸을 경험했다. 결혼 첫 해에 사람들은 그들을 결혼으로 이끌어 준 낭만적인 사랑을 버리고 서로 다른 두 사람이 함께 살고 또 서로를 위한다는 것은 결코 쉬운 일이 아님을 깨닫기 시작하는 시기를 지나게 된다.

이러한 환멸의 경험들은 고통스러운 것이다. 사람들은 그들에게 중요한 생각들을 쉽사리 포기하지 않는다. 그러나 이 과정은 신비교육의 중심에 자리하고 있다. 그것은 사람들이 지금 가지고 있는 그들의 하나님에 대한 이해의 한계들을 수용할 수 있는 상황을 창조하려는 시도라고 할 수 있다. 나는 많은 신학교 학생들이 성경에 대한 관점들, 목사의 역할, 그리스도의 구원의 역사가 학문적인 성찰로 얻어지는 것이 아니라는 점을 깨닫기 시작하면서 갈등과 회의에 빠지는 시기를 지나는 것을 보아 왔는데, 때로는 고민의 상태가 심한 우울증에 빠질 정도로 심각할 수도 있다. 이들은 현재 그들이 갖고 있는 하나님에 대한 이해의 한계에 직접 직면하게 된 것이다.

이것은 신비교육의 핵심이다. 그것은 학생들이 신앙의 부분인 한계들을 받아들이도록 도와주려는 시도이다. 예수의 가르침을 분석해 봄으로써 이런 유형의 교수에 대한 매우 중요한 단서를 얻을 수 있다.

비유적 교수

예수의 가르침에서 가장 눈에 띠는 특징 중의 하나는 비유의 사용이다. 대체로 우리는 예수의 비유들을 설교에서 유익하게 사용할 수 있는 예로 보는 때가 많다.[2] 예수께서는 인간의 일상적인 삶에서 일어나는 어떤 일을 선택하여 그것을 이용하여 복잡한 신학적인 생각들을 단순화시켜 놓는다. 그러나 좀더 자세히 살펴보면 사실은 그렇지가 않음을 알게 된다. 많은 경우 예수의 제자들은(군중들은 더했을 것이다) 비유의 의미를 제대로 이해하지 못하고 혼동하였다. 제자들은 나중에 좀더 명확한 설명을 요청하였다. 만일 비유들이 단순화된 교수 이야기들이 아니라면 그것은 무엇인가?

비유는 듣는 사람들의 기대를 갑자기 뒤집어 놓아 하나님과의 관계에서 하나님과 세상을 보는 새로운 방법으로 바라볼 수 있도록 해주는 일상의 삶에 근거하여 만들어진 간단한 이야기이다.[3] 단순화된 교수의 예와는 거리가 멀다고 볼 수 있는 비유는 정상적으로는 당연하다고 받아들여지는 것을 낯설게 만든다.[4] 이 일이 가능한 것은 비유는 청중의 기대들에 갑자기 예상하지 않은 반전을 가져다 주기 때문이다.

이러한 반전의 아주 좋은 예가 탕자의 비유이다(눅 15 : 11-32). 그 이야기가 진행되면서 우리는 방종하고 낭비적인 아들이 당연히 벌을 받아야 한다고 기대한다. 상식은 우리에게 아버지들은 유산을 탕진한 아들들이 아닌 책임 있는 아들들에게 상을 주어야 한다고 말한다. 그러나 비유는 바로 이러한 기대를 뒤집어 놓는다. 아버지는 탕자를 환영하고 그를 위해 큰 잔치를 베풀어 주었다. 의무를 다한 아들이 화가 난 것은 충분히 이해할 수 있다.

이 비유는 우리가 정상적으로 사물을 보는 방법에 의미를 주는 모든 것을 뛰어넘는다. 만일 나태하고 낭비적인 사람이 상을 받고 의무를 다하는 사람이 무시된다면 사회나 가정이 어떻게 유지되겠는가? 매일의 삶의 현실들을 참작하는 비유에는 무언가 숨겨진 가르침이 분명히 있을 것이다. 그러나 비유는 바로 그런 일을 하지 않는다. 비유들이 갖고 있는 일차적인 역할은 우리가 사물을 보는 일상적인 방식에 문제를 제기하는 것에 있다. 그것들이 하는 급작스런 기대들의 반전은 세상의 논리를 뒤집고 우리가 하나님을 새롭게 바라보도록 우리를 초대한다. 비유가 그것을 듣는 사람들을 놀라게 하도록 자극하는 능력을 상실할 때 그것은 비유적인 기능을 잃게 된다. 비록 예수의 비유들이라도 그것들이 우리의 하나님에 대한 당연한 가정과 통합될 때 비유적인 교수로서의 기능을 잃게 된다. 신비의 교육은 놀람의 감각을 되찾고 비유의 중심에서 반전하는 것에 초점을 맞추는 것이다. 그것은 우리의 하나님에 대한 이해가 갖고 있는 한계들을 인정하도록 우리를 초대한다. 이러한 일이 어떻게 가능한가를 좀더 자세히 알기 위하여 비유에서 역설의 역할을 알아보아야만 한다.

비유적인 교수에 있어서의 역설

많은 성서 학자들은 역설은 예수의 비유적인 가르침의 핵심에 자리하고 있다고 주장한다.[5] 역설은 상식적인 관점에서 바라볼 때 자기 모순적인 주장이나 논쟁이라고 할 수 있다.[6] 철학에서는 그것은 때때로 건전한 논쟁이 이루어질 수 있고 진리로 확인될 수 있는 두 개의 상반되는 명제들이라고 보다 형식적으로 기술하고 있다.[7] 따라서 역설은 우리가 정상적으로 사물을 보는 논리에는 잘 들어맞지 않는다. 그것은 당연히 받아들인 세상에서 모순들을 창조해 낸다. 그리고 그

모순들은 우리가 현재 갖고 있는 준거의 틀에 맞춘 논리를 고집하는 한 해결될 수 없는 것이다.[8]

  비유적인 교수에서 역설의 역할을 이해하기 위해서는 비유를 듣는 사람들의 가정들에 어떻게 직접적으로 향하고 있는가를 이해하는 것이 중요하다. 청중들 중 몇 사람의 가정을 부정함으로써 그러한 가정들의 전체적인 논리에 의문을 불러일으키게 된다. 청중들은 하나님과의 관계에서 새로운 방식으로 하나님과 그들 자신을 이해할 수 있는 새로운 준거틀의 인식에로 초대된다.

  우리는 이미 탕자의 비유에서 이와 같은 일들을 보았다. 다양한 수준에서 그 비유는 청중들의 가정들을 부인한다. 우리가 평소에 가지고 있는 그러한 가정들을 몇 가지 살펴보자 : 착실한 아들들은 상을 받고 나태한 아들들은 처벌을 받는다 ; 책임 있는 아버지들은 자녀들에게 책임 있는 행동을 가르칠 때 징계를 사용해야 한다. 그러나 이러한 가정들을 하나님이나 종교적인 삶에 적용할 때 그것들은 문제가 된다. 적어도 예수께서는 자신의 가르침에서 그렇게 암시하고 있다. 예수의 비유는 이러한 가정의 논리를 부정한다. 이러한 모순은 하나님의 사랑이 단지 일상적인 삶에서 익숙한 상-벌의 사고에 따르는 것이 아니라 모든 방종에도 불구하고 보여진다는 새로운 준거의 틀로 옮겨 감으로써 극복되어진다.

  역설의 중요성을 잘 드러내 주는 잘 알려진 또 다른 비유는 선한 사마리아 사람이다(눅 10 : 29-37). 다시 강조하지만 비유가 어떻게 진행되며 어떻게 청중들의 가정들을 뒤집어 놓는가를 이해하는 것이 중요하다. 선한 사마리아의 이야기에서 청중들은 매를 맞고 심하게 다친 사람에게 누가 좋은 일을 하고-제사장과 레위인-누가 악한 일을 할 것인가를 예상한다. 청중들이 생각하기에 악한 일을 하리라고 예상했던 사마리아 사람은 선의 원천으로 드러났다. 확실히 사마리아인은 그러한 상황에서 기대할 수 있는 합리적인 기대를 훨씬 능가하는 행동을 보여 주었다. 즉, 그 사마리아 사람은 부상당한 사람의 상처를 싸매 주고 자신의 여행길을 잠시 중단하면서까지 그 사람을 여관으로 데리고 가 여관비를 물어 주고 경비가 더 들면 그것도 자기가 물어 주겠다고 약속을 하였다.

오늘 우리가 가지고 있는 관점으로는 이 비유가 예수께서 활동하시던 그 당시의 유태인들에게 얼마나 충격적으로 받아들여졌는가를 파악하기는 쉬운 일이 아닐 것이다. 선한 사마리아 사람은 부정의 의미였을 수 있었다. 역사적으로 유태인과 사마리아인은 오랫동안 적대 관계에 있었다. 사마리아인들은 이방 문화와 종교적 신앙이 혼합된 우상숭배를 하는 종족으로 인식되어 왔다. 그러나 바로 이러한 가정이 비유의 방향을 틀어 놓는다 : 경멸하는 이웃인 사마리아인이 진정한 의미에서의 이웃사랑의 예로서 사용되고 있는 것이다. 교수는 청중의 기본적인 가정에서 역설을 창조해 낸다 : 사마리아인들은 비도덕적이고 비종교적이다 ; 유태인들, 특히 종교적인 유태인들은 하나님의 뜻을 구현한다. 예수의 비유는 이 가정을 반전시키며 결과적으로 그것이 의지하고 있는 전체의 논리에 질문을 던진다. 예수께서는 청중들이 이웃사랑이란 종교적이고 사회적인 인습에 구애받지 않는다는 새로운 관점을 갖도록 그들을 이끌어 간다.

역설의 사용은 신비를 위한 교육의 중심에 자리하고 있다. 이러한 종류의 교수에서는 학생들이 갖고 있는 세계에 대한 당연한 관념들이 도전을 받게 하기 위하여 역설을 사용한다. 역설의 역할에 이러한 이해에 기초하여 두 가지 유형의 교수를 서술할 수 있을 것이다. 물론 그 이상을 생각할 수 있겠으나 여기서는 두 가지만을 다루기로 한다.[9] 그 외의 유형들은 이 책의 뒷 부분에 있는 제안된 도서목록에 수록되어 있다. 그러나 나는 여기 소개하는 두 가지 유형이 특히 유용하다는 사실을 발견하였다.

그 첫째 유형을 재구성(reframing)이라고 부른다. 이 접근방법은 학생들이 하나님을 이해하기 위하여 현재 그들이 사용하는 준거의 틀을 역설적인 방식으로 다루어서 그것에 도전한다. 학생들은 이 역설은 그들이 지금 갖고 있는 관점을 새롭게 바꾸지 않는 한 해결되지 않을 것이라는 사실을 볼 수 있도록 격려된다. 그리고 이 새로운 틀에 대한 인식이 새로운 틀로 발전시키고 그로 인하여 그들이 하나님에 대한 지식은 유한하고 제한되어 있다는 것을 이해하도록 돕는다. 두 번째 유형의 교수는 반대 교수(teaching contraries)로 부른다. 이것은 학생들에게 어떤 주제에 대한 두 개의 반대되는 관점을 소개한 다음 각 관점의 변칙성들(설명될 수 없는 일이나 물건들)에 직면하도록 한다.

위의 두 유형이 갖고 있는 차이는 앞으로 좀더 분명해질 것이다. 현재로는 유추의 관점에서 비교될 수 있을 것이다. 넓은 앞마당을 가지고 있는 크고 굴곡진 별장을 상상해 보자. 서로 다른 창문들이 앞마당으로 향해 있어서 매우 다양한 방법으로 밖을 내다볼 수 있다. 하나의 창문으로는 아름다운 조각상이 보이고, 또 한 문으로는 정원이 보인다. 또 다른 문으로는 밖으로 통하는 마당과 연결된 아취 밑의 통로가 잘 보인다. 각 창문들은 각각 다른 관점을 가지고 세상을 바라본다. 재구성은 학생들을 한 창문에서 다른 창문으로 옮겨 가도록 도와주며 새로운 조망이 가져다 주는 관점을 귀중히 보도록 안내하면서 다른 조망들을 인식하게 한다. 반대 교육은 학생들이 모든 창문은 그 나름대로의 제한을 갖고 있음을 깨닫도록 하고 그러기 때문에 앞마당에 있는 것들을 분명히 이해하기 위해서는 가능한 한 많은 창문을 통하여 보는 길밖에 없다는 사실을 이해하게 해준다.

재구성

재구성은 인간의 모든 앎은 기본적인 준거의 틀에 근거하여 일어난다는 사실에 근거한다. 식물에 관한 과학적인 연구를 하거나 성경공부를 통하여 하나님에 대한 이해를 추구하거나에 관계없이 우리는 언제나 우리가 무엇을 보는가에 영향을 주는 기본적인 관점을 사용한다. 이 원리에 대한 가장 잘 알려진 실례는 철학자 루드비히 비트겐스타인에 의해 제시된 것이다.[10] 아래의 그림을 볼 때, * 당신은 무엇을 보는가?

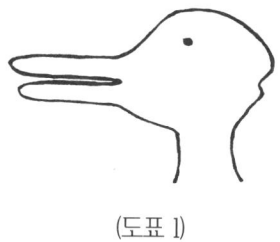

(도표 1)

내가 학생들이나 교회 그룹들에게 이러한 질문을 했을 때 대부분의 사람들은 오리를 보거나 혹은 오리 너구리를 보는 것이었다. 그 다음에 내가 토끼를 찾아보라고 요청하였는데 잠깐 동안의 침묵이 흐른 후 대부분의 사람들은 토끼를 비교적 쉽게 볼 수 있었다. 갑자기 그림의 다른 부분들이 다른 의미들을 드러낸 것이다. 오리의 부리는 귀가 되었고 오리 머리의 뒤쪽에 있는 작은 움푹 패인 곳은 입이 되었다. 이러한 실례가 보여 주는 것은 우리가 무엇을 이해할 때 그 이해의 기초로서 사용하는 준거의 틀의 중요성이다. 우리는 우리가 본 것을 준거의 틀이 제공해 주는 양식이나 보다 큰 전체의 관점에서 세부적인 것을 조직한다. 오리를 보면 그 사진을 한 가지 방법에 의거해서 세목을 조직한다. 마찬가지로 토끼를 볼 때는 아주 다르게 조직한다.

때로는 우리가 가지고 있는 준거의 틀을 바꾸기 전에는 어떤 것에 접근할 때 우리가 사용하는 방식을 변화시키는 것은 거의 불가능하다. 이러한 예는 잘 알려진 또 다른 연습문제인 '아홉 개의 점 문제'에서 잘 반영되고 있다.[11]

(도표 2)

이 연습에서 성취해야 할 과제는 다음과 같다. 즉, 연필을 떼지 않고 아홉 개의 점들을 네 개의 직선으로 연결하는 것이다. 만일 당신이 이 문제를 본 적이 없다면 우선 잠깐 뜸을 들인 후에 문제를 풀도록 하는 것이 좋을 것이다. 문제 푸는 것을 끝냈으면 도표 3을 보고 이 문제를 어떻게 해결했는가를 보도록 한다. 처음 이 문제에 직면하면 대부분의 사람들은 점들을 하나의 상자로 보기 때문에 그 상자 안에서 선을 그으려고 애를 쓰게 된다. 문제에 대한 이러한 접근방법은 지시에서 주어지지 않은 가정에 근거하는 것이다. 실제로 이 문제를 해결할 수 있는 유일한 방법은 이 가정을 버리고 점들로 된 상자로만 제한하지 않는 새로운 준거의 틀을 받아들이는 것이다.

창의력의 과정을 연구해 온 일단의 학자들은 창조적 과정의 핵심에는 하나의 준거의 틀에서 또 다른 준거의 틀에로의 갑작스런 도약이 있다는 결론에 도달하였다.[12] 지금까지 항목을 보아 오던 관점이 갑자기 완전히 새로운 빛을 받게 된다. 그것은 마치 만화경을 돌렸을 때 그 끝에 있는 색유리 조각들이 갑자기 새로운 모양을 만드는 것과 같다고 하겠다.

재구성은 학습자들이 하나의 준거의 틀에서 또 다른 준거의 틀로 방향을 바꾸는 일을 도와주는 일에 초점을 맞추는 것이라고 할 수 있다. 그것은 역설을 사용함으로써 학생들이 갖고 있는 현재의 이해의 틀이 제공하는 기본적인 가정에 도전한다. 여기서의 요점은 현재의 이해의 틀 안에서 모순점을 만들어 냄으로써 새로운 틀로 인도해 주는 데 있다.

도표 2의 문제를 푸는 한 가지 방법을 아래의 도표에 표시해 보았다.

6. 신비를 위한 교육 : 교수에서 역설의 역할 163

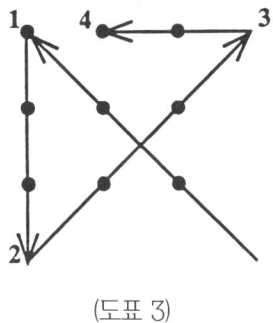

(도표 3)

이러한 과정은 매우 심하게 말을 더듬는 사람에 관한 이야기의 예에서 매우 잘 설명되고 있다.[13] 예상하지 못한 상황에서 그 이야기의 주인공인 이 남자는 외판사원의 직업을 택하지 않을 수 없게 되었다. 그가 깊이 근심한 것은 더 말할 필요가 없을 것이다. 우리 모두가 그러하듯이 그도 외판원은 소비자가 그가 판매하는 물건이 필요하거나 않거나에 관계없이 그의 말에 설득되어 그 물건들을 사게 만드는 언변이 좋은 사람으로 생각하였다. 이 사람의 불안의 정도가 점점 심해져서 상담을 받기에 이르렀다.

그의 상담자가 문제에 접근한 방법은 교육적인 것이었다. 이 치료자는 그의 내담자가 현재 갖고 있는 가장 중요한 가정 중에 하나를 반박하는 역설을 소개하였는데 그것은 다름이 아니고 말을 더듬는 것이 부담이 아니고 오히려 유리하다는 주장이었다. 왜냐하면 사람들은 자동적으로 말하는 데 어려움이 있는 사람의 말을 더 주의깊게 듣는 경향이 있기 때문이라는 것이었다. 반대로 마치 연발총과 같이 유창하게 말을 하면서 자기들이 필요하지도 않은 물건을 사도록 설득하려는 언변이 좋은 외판원들에게 사람들은 흥미를 느끼지 못한다는 점을 지적하였다. 이 상담자는 그 내담자에게 그가 느끼는 불안의 정도가 감소되어 좀더 분명하게 말을 할 수 있게 되어도 계속해서 심하게 말을 더듬는 수준을 유지하라고까지 말해 주었다.

이 상담자가 제시한 해결책은 비논리적이고 이상한 것으로서 간단히 말하면 그 외판원이나 우리 모두가 문제를 해결하기 위하여 사용하는 가정의 관점에서 보면 역설적인 것이라고 할 수 있다. 우선 상담자는 내담자의 약점을 잠재적 자원으로 생각하게 함으로써 내담자의 준거의 틀이 제공하는 기본적인 가정을 바꾸었다. 이것은 그 내담자로 하여금 자신이 처한 상황을 완전히 다른 방식으로 보게 해주었는데 그것이 바로 재구성이다. 오리가 토끼로 바뀌었고 선들은 점들에 의해 만들어진 네모를 넘어서까지 연장되었다.

교수에서 이런 일이 일어나게 하려면 어떻게 해야 하는가? 그것의 핵심은 현재 학생이 갖고 있는 준거의 틀 안에서 역설을 만들어 내는 것인데 그것은 오직 새로운 준거의 틀로 바꿈으로써만 해결될 수 있는 것이다. 이러한 과정을 재구성이라고 부르는 이유가 바로 여기에 있다. 역설은 학생이 지금 사용하고 있는 관점 안에서는 극복될 수 없는 모순을 만들어 내는 힘을 지니고 있다. 때때로 이것은 좌절과 불만을 가져다 줄 수 있다. 어떤 때는 그것이 안도감을 가져오기도 하는데 특히 지금의 관점이 걱정의 원인이 되는 경우에 더욱 그러하다. 어떤 경우에도 현재의 관점에 틈들을 만들어서 학생으로 하여금 어떤 새로운 것을 찾도록 동기를 유발시켜 주는 것이다.

그러나 하나의 이해의 틀에서 또 다른 틀로 옮겨 가는 일을 돕는 것은 여기서 설명한 대로 단지 재구성의 한 부분에 불과하다. 이것은 신비에 대한 교육은 사람들이 하고 있는 하나님의 이해에는 한계가 있음을 인식하려는 시도이기 때문이다. 새로운 틀로 바꾼다고 반드시 이러한 영향을 가져오는 것은 아니다. 때때로 사람들은 새로운 관점을 마치 절대적인 진리처럼 붙드는 경우가 있다. 하나의 예를 들어보자. 근본주의의 배경을 가진 어떤 학생이 갑자기 해방신학에서 진리를 보게 되고 그 신학적인 관점에 열렬하고 무비판적인 옹호자가 되었다. 또는 그와 유사한 또 다른 예를 생각해 볼 수도 있다. 진보적인 배경에서 성장한 한 대학생이 대학에서 복음적인 기독교 집단에 참여하면서 회심을 하게 되었는데 그는 자신이 새롭게 소속된 집단 이외의 모든 관점들을 거부하였다. 그 여학생은 자신의 부모까지도 구원받지 못한 사람들로 취급하였다.
　새로운 준거의 틀로 변화되었다고 해서 그것이 자동적으로 신앙의 신비를 인정하도록 해주는 것은 아니다. 그것은 사람들을 그 어느 때보다 더 좁고 완고하게 버려 둘 수 있다. 이것이 교수의 한 형식으로서의 재구성이 단지 인간이 갖고 있는 하나님 이해에 대한 하나의 방식에서 또 다른 방식으로 옮겨 가도록 돕는 일을 능가한다는 이유가 될 것이다. 그것은 인간이 하고 있는 모든 하나님의 이해는 제한이 있다는 사실을 인정하는 것을 돕는 시도이다. 그러나 그것은 이 일은 사람들이 하나 이상의 관점으로 하나님을 보는 기회를 갖지 않는 한 매우 어려운 일이라는 사실을 인정한다.
　삶의 어떤 영역에서도 사람들이 알고 있는 단 하나의 관점이 갖고 있는 한계들을 인정하는 것은 어려운 일이다. 물고기 탱크를 발명한 것은 물고기가 아니라는 평범한 격언에는 진실이 내포되어 있다. 탱크의 벽들에 갇혀 있는 그 고기는 탱크 밖에 설 수 있는 길이 없기에 그것에 기초한 관점을 얻게 된다. 마찬가지로 사람들이 어떤 특정한 영역에 대하여 단 하나의 관점만을 갖고 있다면 그들은 그것에 갇히게 된다. 만일 진보적인 민주당(미국의 정당 : 역자 주) 가정에서 성장하여 다른 정치적인 관점에 접해 본 적이 없는 사람이라면 그가 성장하는 과정에서 익숙해 있던 관점 이외의 이슈나 관점을 본다는 것은 문자 그대로 불가능할 것이다. 신앙에 있어서도 이와 만찬가지이다. 평생 동안 하나님과 교회를 단 하나의 입장에 기초하여 이해하여 온 사람이 있다면 이 사람은 그가 갖고 있는 입장에서 벗어나기는 거의 불가능할 것이다.
　바로 이 때가 재구성이 신비의 교육에서 가장 중요한 공헌을 하는 시점이라고 할 수 있다. 그것은 한 개인이 현재 가지고 있는 신학적인 틀을 떠나 새로운 것을 받아들이도록 도움을 준다. 이것은 자신이 지금까지 갖고 있던 관점에 기초하여 바라보던 입장을 볼 수 있게 해주며 동시에 그것은 자신이 방금 받아들인 관점을 포함하여 이 세상에 존재하는 어떤 관점도 모두 한계를 지니고 있다는 점을 인식하도록 해준다.[14] 그것은 이해의 틀의 본질에 대한 성찰에서 얻은 것으로서 한 개인이 갖고 있는 틀의 변화와 연결되면서 가능해지는데 그 변화는 인간의 모든 지식은 제한들을 내포하고 있으며 특히 하나님에 대한 지식은 더욱 그러하다는 사실을 깨닫도록 이끌어 준다. 이것에 대해서는 네 번째 단계에서 좀더 자세히 설명하기로 한다.

이 영역에서의 교수를 계획하기 위해서는 네 가지 부분으로 나누어 생각하는 것이 좋을 것이다 :
1. 학습자가 갖고 있는 현재의 준거의 틀의 기본적인 가정들을 확인한다.
2. 현재의 준거의 틀에 의한 기본적인 가정들을 뒤집을 수 있는 비유적인 소통을 사용한다.
3. 학생들이 소개받은 역설이 의미를 주는 준거의 틀을 발견할 수 있도록 돕는다.
4. 학생들이 새로운 틀을 하나의 틀로서 반영하도록 초대하고 이 관점이 갖고 있는 제한점과 그 외의 모든 관점들이 갖고 있는 제한점들을 인식할 수 있도록 돕는다.

기본적 가정들의 확인

학생들이 소유하고 있는 기본적인 가정들을 확인하기 위해서는 다음의 세 가지 일을 해야만 한다. 첫째로, 경청해야 한다. 재구성은 교수에서 매우 높은 수준의 개인적인 접근이어서 학습자에 대한 진정한 이해가 요구된다. 우리가 가르치는 학생들이 한 질문이나 평가에 기초한 피상적인 인상을 형성하기보다는 그들이 하는 말을 자세히 듣고 그들의 말에서 그들의 하나님 이해에 대하여 무엇을 드러내고 있는가를 알아 내도록 노력해야만 한다.

교수하는 동안, 특히 토의하는 동안 교사는 한 번에 한 사람에게 주의를 집중시키는 것이 좋다. 이때 교사는 그 학생의 언어를 조심스럽게 들어야 한다. 교사는 학생들의 말을 들을 때 특히 그 학생이 현재 소유하고 있는 이해의 틀을 구성해 주고 있는 종교적인 이미지들, 이야기들과 생각들에 주의를 기울이도록 해야 한다. 여기서 교사가 추구하는 목적은 그 학생이 이해하고 있는 하나님에 대한 생각을 알아보는 데 있다. 그러므로 우리는 그 학생이 한 말을 우리의 언어로 해석하지 말고 그의 언어에 충실하도록 노력해야만 한다. 이 학생과 교실 밖에서 만났을 때도 그와 교실에서 있었던 통찰이나 평가에 대하여 대화하도록 한다. 간단히 말하면 교사는 학생을 보다 깊이 이해하기 위하여 그들의 말을 경청해야만 한다.

둘째 과제는 학생이 사용하는 이해의 틀이 제공하는 가정들을 구체적인 용어로 확인하는 것이다. 이것을 가장 잘 설명할 수 있는 길은 아마도 하나의 예를 제시하는 것이다. 여기에 제시하는 예에서 상황들은 비밀유지를 위하여 모두 바꾸었다. 존 파우워스는 케리그마 연구자료를 사용하는 교회의 성경공부 그룹에 참여하였다. 그는 매우 오랜 역사를 가진 근본주의자들이 모이는 교회 출신이었는데 그것은 그가 어렸을 때부터 시작된 것이었다. 그의 부모는 특정한 성경적인 도덕 기준에 순종하지 않는 사람은 누구나 하나님께 영원히 저주를 받는다고 가르쳤다. 존은 "진정한 기독교인은 술도 마시지 않고 담배도 안 피우고 춤도 추지 않는다고 생각해 왔습니다. 나는 아직도 하나님은 언제나 내 어깨 너머로 나를 살피면서 이것은 해선 안 되고 저것은 해야만 한다고 말씀하시는 듯한 느낌을 받고 있습니다. 나는 내가 완전하지 못하면 매를 맞을 것 같은 느낌을 갖곤 합니다. 때때로 이런 일 때문에 나는 교회를 아주 그만 두고 싶을 때가 있습니다." 라고 말하였다.

존은 한 성경공부 시간에 이런 말을 하였다. 그의 말을 경청한 교사는 존이 이해하고 있는 하나님은 노기 등등하고 심판하는 분이었음을 알게 되었다. 그 교사는 이 가정을 구체적으로 설명하려고 노력했는데 이때 그는 존의 언어와 이미지를 그대로 사용하였다. 그 예로서 "우리가 하나님이 매를 때릴 것이라고 생각할 때……" 그리고 "만일 하나님이 우리 어깨 너머로 내려다본다고 생각한다면……"과 같은 표현을 들 수 있을 것이다.

셋째로, 학생들이 지금 사용하고 있는 이해의 틀에 대해 갖고 있는 불만들을 식별하도록 노력해야만 한다. 교사는 스스로 필요를 만들어 내기보다는 이미 학생들에게 느껴진 필요에 기초하여 그들의 하나님 이해를 재구성하는 일을 돕는 것이 훨씬 더 수월하게 성공할 수 있는 길이 될 것이다. 일반적으로 사람을 억지로 바꾸는 일은 성공하기 어려우며 더 나아가 그렇게 함으로써 오히려 조작에로 퇴보하게 될 뿐이다.

재구성은 위험한 일이다. 우리 중 누구도 다른 사람의 신앙을 해체할 권리는 없다. 어쩌면 하나의 마귀를 없애면서 오히려 일곱 개가 더 자리잡게 할 수 있을지도 모른다. 절대적인 것은 아니지만 일반적인 법칙으로서 말한다면 학생들이 이미 자신의 현재의 관점에 대해 가지고 있는 불만에 근거하는 것이 가장 좋다고 할 수 있다. 이것은 한 사람이 갖고 있는 성경에 대한 이해가 만족할 수 없는 어린 시절의 잔존물이라고 생각하거나 또는 어떤 여성이 자신의 개인적인 헌신의 삶이 마땅히 그래야 할 만큼 충분하지 않다는 생각 때문에 이따금씩 느끼게 되는 죄책감이 주는 고통과 같이 매우 모호한 것일 수 있다. 교사가 바로 이러한 불만들을 확인하는 일은 매우 중요하다. 그리고 그 일은 교사가 자신의 학생들을 깊이 알기 위하여 시간을 들임으로써만 가능해진다.

비유적 소통의 사용

이 단계는 재구성의 핵심을 나타낸다. 여기서 교사의 과제는 학생이 지금 갖고 있는 준거의 틀이 제공하는 기본적인 가정에 도전하는 역설을 소개하는 것이다. 앞에서 이미 지적한 대로 가능하다면 학생이 이미 의문을 갖기 시작한 가정을 가지고 시작하는 것이 좋다. 앞에서 들었던 존 파우워스의 경우 그가 자신의 과거에서 받아들인 매우 도덕적이고 심판적인 하나님 이해에 대하여 이미 갈등을 느끼고 있었다는 사실이 분명해졌었다. 다른 경우에는 불만이 고조되거나 명확하지 않을 수도 있다. 교사는 이러한 불만을 토대로 하여 전체로서의 틀에 도전할 수 있을 정도로 그것을 강화시켜 주는 일을 해야 한다.

이러한 일은 매우 여러 가지 방식으로 일어날 수 있다. 나는 학생들이 가지고 있는 가정들에 도전하는 데 사용할 수 있는 네 가지의 기술을 확인하려고 노력하였다. 그 기술은 반전(reversal) 기술, 강화 기술, 혼동 기술 그리고 개명의 기술이다. 물론 이들이 재구성에 사용되어질 유일한 기술들은 아니다. 오히려 이 네 가지 기술은 확실한 목록이라기보다는 이 접근이 어떻게 이루어지는가에 대한 그림을 제공해 준다고 생각한다.

반전 기술(the reversal technique). 이 기술은 많은 예수의 비유에서 발견되는 것과 같은 종류의 반전을 반영해 준다. 거기에는 세 가지의 기본적인 단계가 있다 : (1) 학생들이 어떤 주제에 대하여 갖고 있는 가정들을 나누도록 초대한다 ; (2) 극적인 방식으로 학생들이 현재 갖고 있는 가정들의 어떤 측면들을 표현해 주는 관점을 매우 급진적이고 새로운 방법으로 소개한다 ; (3) 그리고 방금 소개받은 관점과 이미 갖고 있던 것을 서로 비교하고 대조해 보도록 한다. 이 기술은 두 번째 단계에서 저항할 수 없는 상상적인 방법으로 처음에 서로 나눈 가정들을 제기한다면 매우 큰 효과를 가지게 될 것이다. 그것은 놀람의 충격을 유도해 낼 것이다.

위의 세 가지 단계가 서로 함께 일하는 것을 가장 잘 설명할 수 있는 길은 아마도 예를 드는 것이다. 교회의 고등부 그룹을 지도하는 지도자들을 위한 강습회를 인도하라는 부탁을 받았을 때 부탁을 받은 그 강사는 반전의 기술을 사용하면서 강습회를 시작하였다. 그는 열두 명의 참석자들을 작은 그룹으로 나누고 먼저 가장 바람직한 청소년 그룹은 어떤 것이어야 하는가에 관한 가정들을 알아보기로 하였다. 그리고 나서 그 교사는 가장 바람직한 청소년 그룹의 특징들을 전체 그룹으로 하여금 칠판에 기록하도록 한 후 그 기록된 특징들을 중요한 제목에 따라 몇 개로 분류하도록 요청하였다. 그 제목들은 열의 있는 지도력, 강한 공동체 의식, 성경의 권위에 대한 분명한 긍정, 그리고 선교에의 적극적인 참여로 나타났다. 여기까지가 첫 단계이다.

그 다음에 그 교사는 '파도'라는 비디오를 보여 주었다. 대단히 강력하고 극적인 방법으로 그 비디오는 어떤 고등학교의 한 학급이 어떻게 제 2차세계대전에 앞서서 나타났던 히틀러의 청소년 운동을 특징지어 주는 것과 유사하게 점진적으로 한 지도자에게 집단적 충성심과 맹목적인 순종을 발전시키는가를 보여 주고 있었다. 그 과정은 역사 시간에 한 학생이 왜 독일 사람들이 히틀러를 추종했으며 육백만의 유대인이 학살당할 때 수동적으로 지켜보기만 했는가라는 질문에 대한 반응으로 시작되었다. 그 질문에 대답하기 위하여 교사는 교실에서 실험을 하기로 하였다. 학생들은 이제 '파도'라고 불렸고 새로운 멤버들을 입회시키었다. 집단으로서의 그들의 삶은 훈련을 통한 힘과 공동체를 통한 힘 및 행동을 통한 힘이라는 세 가지 원칙에 의하여 지배받게 되었다. 그 집단과 교사가 실험에 깊이 관여하게 되면서 파도는 그 고등학교를 공포에 떨게 하였다. 그 비디오는 극적인 장면에서 교사가 학생들로 하여금 히틀러의 청소년 운동과 파도의 유사성을 보게 하면서 절정에 달하였다. 이러한 비디오의 관람은 반전 기술의 두 번째 단계가 된다.

비디오를 본 후에 강습회의 지도자는 그 그룹을 세 번째 단계로 인도하였다. 즉, 참여자들은 조금 전에 본 비디오의 빛에 비추어서 칠판에 기록해 놓은 목록을 검토하게 하였다. 그 지도자의 요청에 따라 그 주제들을 검토해 본 참여자들은 바람직한 청소년 집단과 파도를 지배한 세 가지 원리들 사이의 유사성에 충격을 받았다. 그들은 청소년 그룹들에서 성인 지도자와 공동체의 역할에 관한 자신들의 가정들에 관하여 의문을 제기하기 시작하였다. 그들은 자신들의 청소년 그룹들의 특성을 설명할 때 파도에서 묘사된 그룹이 보여 준 집단적 동조와 같은 것을 막을 수 있는 방법을 찾기 시작하였다.
  이러한 반전 기술의 핵심은 두 번째 단계에서 학생들이 사용하고 있는 가정들에 도전할 수 있는 극적인 어떤 것을 찾는 것에 있다. 물론 처음에 참여자들이 서로 나누었던 가정들이 이 단계에서 실제로 표현된 것이라는 점은 중요하다.

  강화 기술(the intensification technigue) : 사람들은 심각하게 받아들이면 그것이 무엇을 의미하는지를 별로 생각하지 않은 채 다른 사람들로부터 받아들인 하나님이나 기독교적인 삶에 대한 가정들을 유지하는 경우가 많다. 강화 기술은 하나의 가정에 너무나 격렬하게 집중하기 때문에 이 경우 학습자는 그것에 굴복하지 않을 수 없게 된다.
  이 기술을 잘 설명해 줄 하나의 예를 이 장(chapter)의 앞 부분에서 서술된 한 상황(존 파우워스의 이야기)에 대한 교사의 반응에서 찾아볼 수 있을 것 같다. 존 파우워스는 아동기 때부터 가지고 있었던 분노하시고 심판하시는 하나님 상을 극복하려고 매우 애를 쓰고 있었다. 교사는 존에게 현재 공부하고 있는 케리그마 자료의 첫 번째 테마인 "하나님은 자신의 백성을 구원하신다"에서 마귀의 옹호자 역할을 맡을 용의가 있는지 물었다. 매주 성경의 다른 부분을 공부하는 동안 존은 교재에서 서술되고 있는 하나님의 행위 중에서 자비롭거나 구속적인 것과는 관계가 없는 모든 사례들을 지적하는 역할을 맡게 된 것이다. 그는 특히 분노와 심판의 하나님을 찾도록 되어 있었다. 그는 이러한 것들이 성경의 진정한 메시지를 대표해 주는 것임을 그가 할 수 있는 힘을 다하여 입증해야만 하였다.
  하나님을 두렵고 심판적인 분으로 생각하고 있는 사람에게 이러한 가정을 확인해 주는 증거를 성경에서 찾아보도록 격려하는 것은 비논리적으로 보여진다. 그러나 존에게 이러한 역할을 하도록 부탁한 교사가 여기서 기대하는 것은 존이 정말 성경에서 하나님을 그가 생각하는 그러한 존재로 묘사하고 있는가의 여부를 심각하게 보기 시작하는 것에 있다. 존이 하나님에 대하여 이런 방향으로 계속해서 주장함으로써 그가 이러한 한 측면으로만 보는 관점에 혐오감을 갖게 되고 결과적으로 성경이 가르쳐 주는 중심적인 메시지인 은혜에 더욱 그 자신을 열어 놓을 수 있게 되기를 교사는 바랬던 것이다.

분명히 이 접근은 역설적인 것이다. 교사는 존에게 그가 바꾸기를 바라는 바로 그것을 변호하도록 요청한 것이다. 강화의 과정을 통하여 기대하는 것은 한 개인이 갖고 있던 가정이 그 근거를 상실하는 것이다. 존에게서 바로 그런 일이 일어났다. 네 번째 시간이 되었을 때 존은 하나님의 심판을 변호하는 것에 지쳤으며 이제는 다른 사람에게 그 역할을 기쁘게 넘겨 줄 용의가 있음을 학급에서 선언하면서, "나는 더 이상 그런 하나님을 믿지 않습니다."라고 덧붙였다.

교사가 강화의 초점으로 삼았던 가정에 존은 이미 어느 정도의 불만을 표현했다는 사실을 지적하는 것은 중요한 일이다. 교사는 진정한 신앙인이 갖고 있는 완전하고 철저한 헌신에 기초한 신념에 대하여 논쟁하자고 요구한 것이 아니다. 이런 경우에 강화의 기술은 그 효과에 의문이 따를 수 있다. 존의 경우 그것은 어떤 사람이 먹고 싶어하지 않는 음식들을 꾸준히 먹도록 요청하는 것과 같다고 하겠다. 네 번째나 다섯 번쯤 먹게 되면 그는 바꿀 준비가 되는 것이다.

혼동의 기술(the confusion technigue) : 이 기술은 그룹이나 개인이 그들이 받아들이지 않으려는 가정의 관점에서 자신들의 가정들을 분석하도록 하는 데 특히 도움이 된다. 비록 이 기술의 사용이 성공하려면 몇 가지 조건이 따르지만 이 접근은 비교적 간단하다. 교사는 그룹이 갖고 있는 가정 중에 하나가 도전을 받을 수 있는 매우 단순하고 분명한 관점을 제시하는 것으로부터 시작하여, 그것을 점차적으로 조금씩 조금씩 더 복잡하게 만들어 간다. 그렇게 하여 그 제시는 마침내 그룹의 어느 누구도 이해할 수 없을 정도로 추상적이고 복잡한 수준에 도달하게 된다. 여기서 교사는 의도적으로 학급을 혼동시키려고 노력하고 있는 것이다.

그렇다면 혼동을 만들어 내는 목적은 무엇인가? 이 기술의 사용 목적은 학급이 제시된 관점에 대한 저항을 일시적으로 잊도록 하고 좌절감 때문에 그것을 이해하려고 더 애를 쓰게 되고 그것이 내포하고 있는 문제를 표현하게 하는 데 있다. 그 대가는 학생들이 그들이 경험하는 혼동에 대한 반응을 드러낼 때 나타난다. 지금쯤 완전히 좌절하고 어안이 벙벙해 있는 학급을 향해 교사는 다음과 같은 말을 한다. "알고 보니 제가 여러분이 이 주제를 이해하도록 하는 데 실패한 것 같군요. 그럼 몇 그룹으로 나누어서 제가 지금까지 한 말을 보다 분명하게 설명할 수 있도록 함께 노력할 수 있는지 보도록 하세요." 학생들은 종종 너무나 심하게 좌절하고 혼동되기 때문에 매우 열심히 그 주제를 명료화시키려고 노력하게 된다. 일시적으로 그들은 그것이 자신들이 싫어하던 관점을 대표하는 것임을 잊을 정도가 된다.

만일 교사가 학생들의 좌절감의 수준을 높이고 싶으면 각 그룹을 돌면서 보다 심하게 혼란스러운 설명을 제시한다. 아마도 다음과 같은 종류의 말들이 그 좋은 예가 될 것이다. "이 말을 하는 걸 잊었어요……"라고 한 다음 좀더 이해하기 어려운 정보를 제시한 후 질문이 나오기 전에 다음 그룹으로 옮겨 간다. 일정한 시간이 지난 후 교사는 학생들을 전체로 불러 모은 후 그들이 배운 것을 서로 나누도록 한다.

이 기술이 항상 성공하는 것은 아니다. 학급에 지속적이고 깊이 생각하는 사람이 몇 있으면 도움이 될 것이다. 그런 사람들에게는 혼동은 있을 수 없는 일이다. 그들은 교실에서 경험하는 혼동에 의해 창조된 도전에 응답할 것이며 따라서 교실에서 말하려고 했던 것을 명료화시키기 위하여 열심히 노력할 것이다. 그리고 발제의 첫 부분에서 주제에 관한 충분한 정보를 제공해 주는 것은 학생들이 교사가 어떤 일을 하려고 하는가에 대하여 약간의 아이디어를 갖도록 한다는 의미에서 매우 중요한 의미를 가진다. 교사는 처음에는 분명하게 시작하다가 점차적으로 혼동으로 옮겨 간다는 사실을 기억해야 한다.

나는 어떤 신학 교수가 기독교의 독특성에 대하여 매우 진보적인 어떤 교회에서 부탁을 받아서 행한 강연에서 혼동의 기술을 사용하는 것을 본 적이 있다. 그는 "예수 : 하나님에게로 가는 단 하나의 길인가 혹은 다양한 길인가?"라는 주제로 된 5주간 연속되는 강의 중에 하나를 맡았는데 매주 다른 강사가 오기로 되어 있었다. 이 교수는 십자가상의 죽음으로 절정을 이룬 예수의 구원의 독특성에 초점을 맞추기로 작정하였는데 그는 이러한 입장이 그 교회에서 환영받지 못할 것임을 알고 있었다. 그는 비교적 간단하고 간략한 설명과 함께 예수 그리스도의 죽음으로 실현된 구속의 역사의 중요성에 초점을 맞추어 구원론을 설명하면서 성경에서 이 교리의 기초가 되는 부분을 지적해 주었다. 그는 점진적으로 더 복잡하게 주제를 이끌어 갔는데 다음과 같은 말로 자신의 설명을 끝내었다. "분명히 죽음의 위협은 고유한 인간 실존의 일부분으로서 그 자체로는 이 문제를 해결할 수 없습니다. 이것은 해결할 수 없는 존재론적인 딜레마를 대표해 주는 것입니다. 이 딜레마는 인간이 지니고 있는 조건이 주는 긴장들의 밖에 있는 어떤 것에 의해서만 극복되어질 것입니다. 이것이 바로 예수의 구속의 역사의 목적이자 이유가 되며 그것이 세계의 다른 종교들에 비하여 독특한 점이라고 하겠습니다. 더 어려운 문제는 예수의 역사가 독특하게 구속적인가의 여부가 아니고 오히려 하나님이 죄를 창조하셨는가의 문제입니다. 존재론을 심각하게 받아들인다는 관점에서 볼 때 신학은 이러한 질문을 던지지 않을 수 없게 됩니다."

신학이나 철학적인 훈련을 받은 사람들이라면 아마도 이러한 주장을 이해할 수 있겠지만 평범한 평신도들로서는 이해하기 어려운 내용일 것이다. 청중들은 그 교수가 20분 간의 강의를 끝냈을 때 눈에 띄게 불안해 하고 낭패하고 있었다. 그는 혼동을 야기한 자신의 언어에 대해 사과하는 것으로 결론을 맺었는데 그 문제는 자기의 직업이 자져다 주는 많은 '위험들' 중에 하나라고 그는 덧붙였다. 그리고 나서 그는 학급에게 서너 그룹으로 나누도록 요청하고 그가 지금까지 하려고 한 말의 의미를 좀더 명확하게 정리할 수 있는가를 알아보라고 부탁하였다. "여러분은 저보다 훨씬 더 잘하실 것입니다"라는 말을 덧

붙이는 것도 잊지 않았다. 그 그룹은 급속히 깊은 대화에 빠져들었다.

교수가 전체 그룹을 불러 모아 그들이 무엇을 어떻게 정리했는가를 물었을 때 서너 사람이 십자가 상의 예수의 구속역사의 독특성에 대하여 매우 정확한 설명을 제시하였다. 교수는 그들이 제시한 설명에 기초하여 이러한 관점이 내포하고 있는 위험이 무엇인가를 살펴보는 방향으로 토론을 확대하였으나 참여자들이 제시한 언어에 충실하려는 노력을 계속하였다.

개명 기술(renaming technique) : 지난 10여 년 동안 현실에 이름을 붙이고 형태를 갖추어 주는 단어들의 힘이 계속 점증되어 왔다. 이것에 대한 가장 극적인 예는 예배와 성경의 번역에서 그리고 우리의 일상적인 삶에서의 포괄적인 언어(inclusive language ; 성에 대한 차별이 없는 언어 : 역자 주)의 사용에 대한 노력이라고 할 수 있겠다. 개명의 기술은 이름을 붙이는 경험에서 단어들의 힘을 인식하는 것에 기초하고 있다. 그 본래의 목적은 아주 간단하다. 즉, 사람들이 살고 있는 삶의 현실을 개명하기 위한 새로운 단어들을 제공해 주는 것이다.

대부분의 경우 개명의 기술은 세 개의 단계를 내포한다. 첫 단계에서 교사는 학생들에게 지금 학습하고 있는 주제에 대한 이해를 다른 사람들과 서로 나누도록 초대한다. 이 단계의 목적은 학생들이 사용하고 있는 핵심적인 단어들이나 구절들을 부상시켜서 그들이 이해하고 있는 주제에 이름을 붙이려는 데 있다. 두 번째 단계는 학생들로 하여금 자신들이 사용하고 있는 단어들을 의식하도록 도와주는 데 있다. 이것은 앞 장(chapter)에서 설명한 성찰의 차원과 많은 부분에서 유사하지만 여기서는 다만 학생들이 사용하고 있는 단어들을 성찰하는 것에 초점을 맞추는 것이 다를 뿐이다. 세 번째는 학생들이 자신들의 경험에 새로운 이름을 부칠 수 있는 새로운 개념들을 소개하고 결과적으로 새로운 준거의 틀을 구성하는 단계이다.

나는 어떤 협의회에서 여성발달의 영역에서 잘 알려진 연구자이며 저술가가 이 기술을 완벽하게 사용하는 것을 본 적이 있다. 그 강사는 강의를 하도록 초청되었으나 처음부터 강의를 하지 않고 청중들에게 서너 그룹으로 나누어서 다음의 질문들을 가지고 토의를 하도록 초대하였다. "당신의 삶에서 가장 잃고 싶지 않은 것 하나를 얘기해 보십시오." 어느 만큼의 시간이 지난 후 그는 다섯 명의 여성에게 그들의 답을 발표하도록 하고 다음에는 다섯 명의 남성에게 그렇게 하도록 요청하였다. 그 발표에서 드러난 남성과 여성의 차이는 놀라운 것이었다. 여성들은 한결같이 관계에 관련된 것을 말하고 있었으며 남성들은 모두 직업과 관련된 문제에 관심을 기울이고 있음이 나타났던 것이다.

그리고 나서 강사는 여성들에게 자신들의 반응과 남성들의 반응 사이에 드러난 차이를 어떻게 생각하는가를 물었다. 다섯 명 중에 네 명은 자신들의 반응에 대하여 뒤섞인 느낌을 표현하면서 자신들의 삶에서 친구들, 가족들, 또는 동료들에 대한 것보다 더 중요한 것에 관심을 가져야 되지 않을까라는 생각을 하였다. 바로 이때 그 강사는 강의를 시작하였다. 강사는 자신의 여성의 발달에 관한 연구 결과의 관점에서 그 여성 참여자들에게 그들의 경험에 새로운 이름을 붙여주는 것을 그 강의의 핵심으로 삼았다. 관계에 대한 지속적인 중요성이 여성 발달의 중심되는 차원으로 서술되고 있는데, 이것은 대부분의 심리학 이론에서는 인정하지 않은 것이다. 강의가 시작되기 전에 자신들의 생각을 서로 나눈 여성들이 보여 주었던 반응인 관계와 관련된 이슈에 몰두했던 자신들에게 마음이 편하지 않았던 느낌은 여성의 발달을 남성의 발달과 같이 중요하게 취급하지 않았다는 사실을 암시하는 것이라고 볼 수 있으며 이것은 결국 많은 여성들로 하여금 자존감의 위기로 끌어가는 결과를 가져다 주었다. 이에 더하여 그 강사는 인간의 발달과 성장에 대하여 완전히 새로운 방식으로 생각하도록 계속 설명하였다.

이 기술을 활용하는 데는 매우 다양한 방법들이 있다. 수정된 강의를 통하여 새로운 이름을 붙이는 대신에 다른 매체들인 책, 기사 (articles), 혹은 비디오 테이프를 이용할 수도 있다. 핵심은 첫째 단계에서 나누었던 경험에 새로운 이름을 붙일 수 있는 새로운 개념들을 제공해 줄 수 있는 것을 발견하는 것이다. 이러한 입력은 처음의 나눔에서 가능한 한 곡해할 수 있는 기회를 제공하는 것이 가장 큰 효과를 얻을 수 있다. 예컨대 위에서 서술된 상황에서 관계의 중요성에 관한 여성들의 혼합된 감정들은 강사의 연구와 이론의 관점에 비추었을 때 갑자기 새로운 이해를 가져다 주었다. 낡은 이름들은 새로운 이름들에 의해 대체되었다.

학습자의 새로운 준거의 틀 발견 돕기

두 번째 단계에서 묘사된 각각의 기술들 중에 역설은 학습자가 현재 가지고 있는 준거의 틀에 소개되어 그것이 갖고 있는 특정한 가정들이 도전받게 하였다. 셋째 단계는 학생들이 이 역설을 통하여 의미를 가져다 주는 새로운 준거의 틀을 발견하는 데 도움을 주는 일에 관심을 집중하는 단계이다. 다시 말하면 학습자가 그의 하나님 이해 또는 기독교인의 삶의 어떤 부분에 대한 이해를 '재구성'하도록 초대하는 것이다. 오리/토끼 그림과 아홉 개 점의 연습에서 지적된 원칙들을 회상해 보면 세목들은 보다 큰 전체의 관계에서 조직되어진다는 점을 기억할 것이다. 어떤 사람의 준거의 틀을 보다 큰 전체와 맞춘 가정들의 복합적인 세트로서 생각해 보자. 이러한 가정들 중에 하나가 더 이상 의미가 없어질 때 관점의 변화가 일어날 수 있는 준비가 종종 나타나게 된다. 그러한 변화의 동기는 한 사람이 그가 갖고 있는 현재의 이해의 틀에 대한 불만의 요점들에 초점을 맞출 때 더욱 커질 것이다. 셋째 단계에서 교사가 해야 할 일은 이러한 불만과 변화에 기초하여 학생들이 새로운 틀을 구성할 수 있도록 돕는 것이다. 이 일을 하는 데는 매우 다양한 방법들이 있기 때문에 여기서 나는 앞에서 제시했던 것과 같이 예를 들어 설명하기로 하겠다.

반전 기술을 설명할 때 나는 청소년 그룹의 지도자가 '파도'라는 비디오를 보여 주었던 강습회를 묘사했었다. 이 비디오는 청소년들이 필요로 하는 성인 지도자와 공동체의 종류에 대하여 그들이 갖고 있던 가정들을 다시 생각할 수 있도록 그들에게 도전하였다. 그러나 청소년에 대한 새로운 틀을 구성하는 것은 한 단계 더 나아간다. 그것은 다른 가정들을 가지고 청소년들을 보는 것을 배우는 것과 관계가 있다.

자연스럽게 그 강습회 강사는 참석자들에게 청소년기의 발달에 관한 소개와 오늘 미국 문화에서의 그들의 위치를 제시할 수 있었다. 그 곳에 참석한 청소년 지도자들은 청소년들에게 있어서 또래 집단이 갖고 있는 무의미한 힘과 청소년 문화가 종종 부정적인 집단 신념들과 가치들에의 순응을 강화시켜 주는 방식에 관해서 배울 수 있을 것이다. 그들이 새롭게 획득한 이해에 근거하여 그 지도자들은 청소년들이 그러한 집단주의에 저항하는 것을 돕고 어떻게 또래들에게 과감하게 반대하며 개인적인 차이의 중요성을 귀중히 여기는 것을 그들에게 가르치는 일이 얼마나 중요한 일인가를 배우게 될 것이다.

앞의 강화 기술을 설명할 때 소개했던 존 파우워스는 자신이 갖고 있던 심판적이고 도덕적인 하나님에 대한 이해를 극복하기 위하여 그것에 도전하게 되었는데 그 일은 자신이 속해 있던 성경공부 그룹에서 그러한 관점에 대하여 끊임없이 논쟁함으로써 가능했던 것이다. 이 경우에 케리그마 교육과정(kerygma curriculum) 자체가 새로운 이해를 가능하게 해주는 자료를 제공해 주었다. 강화 기술을 사용할 때의 학습 주제는 "하나님은 그의 백성을 구원하신다"였다. 이 주제는 존으로 하여금 하나님의 심판을 다루고 있는 성경의 부분을 보다 근본적인 하나님의 구속역사의 체계 안으로 포함시킬 수 있게 해주었다. 하나님의 노하심이나 심판에 관한 사건들은 하나님의 백성을 향한 훈육의 시도로 혹은 그들이 저지르는 자기 파괴적인 행태 때문에 그들을 멸망시키려 하시기보다는 오히려 구원하시려는 선하신 목적이 있음을 볼 수 있었다. 존의 낡은 틀은 새로운 것으로 보충되었다.

6. 신비를 위한 교육 : 교수에서 역설의 역할 179

혼동의 기술을 소개할 때 나는 자신의 강의에서 예수가 십자가 위에서 보여 주신 구원의 역사가 가지고 있는 독특한 의미에 대하여 조금씩 조금씩 점진적으로 더욱 복잡하게 만들었던 한 교수의 예를 들었다. 그는 청중들을 의도적으로 혼동시켰고 그들이 지금까지 고려하려 하지 않았던 이 신학적인 주제가 내포하고 있는 문제가 무엇인가를 청중들 스스로가 분명히 하도록 유도하였다. 그룹이 서로의 의견들을 나눈 후에 그 교수가 보여 준 반응들은 그 곳에 참여한 사람들이 새로운 이해의 틀을 형성하는 데 도움을 주었다. 그는 구속론의 의미와 그것의 성서적 근거, 그것이 왜 수세기에 걸쳐서 기독교 전통의 핵심이 되어 왔으며 그리고 이 교리의 보편적 증거(그리스도가 모든 이를 위해 죽으셨다는 사실)를 분명하고도 간단하게 진술하였다. 간단히 말하자면 그는 세 번째 단계를 통하여 재구성의 과정을 진행시켰다.

개명의 기술 부분에서는 어떤 여성 강사가 자신의 청중에게 여성의 발달에 있어서 관계의 중요성을 새롭게 볼 수 있는 방법을 제시하는 예를 들었음을 상기할 수 있을 것이다. 이 예에서 그 강사는 개명 과정의 한 부분으로서 세 번째 단계로 옮겨 갔는데 그렇게 함으로써 그는 인간 발달 과정을 바라보는 보편적인 방법에 대한 하나의 대안으로서 완성된 여성 발달 이론을 제시하였다. 그러나 세 번째 단계가 항상 이렇게 성취되는 것은 아니다. 매우 종종 개명 과정의 처음에는 더 추가되는 단계에로 확대되고 심화되어야만 한다. 다음 단계에서는 참석자들은 그들의 경험을 서술할 수 있는 새로운 어휘를 획득하기 시작하지만 그들은 아직 이 어휘가 주는 함축적인 의미와 그것이 그들이 갖고 있던 낡은 틀의 변화를 어떻게 대표해 주고 있는가를 이해하기 위하여 더 노력할 필요가 있다.

위에 열거한 각각의 경우들에서 재구성의 세 번째 단계가 보여 준 특별한 기여는 분명히 드러났다. 이러한 교수방법을 재구성이라고 부른다. 그 목적은 학습자가 하나의 준거의 틀에서 또 다른 준거의 틀로 옮겨 가는 것을 돕는 것이다. 새로운 통찰을 얻는 것만으로 충분하지 않다. 이러한 통찰들이 학습자들이 이미 지니고 있는 것과는 다른, 보다 완성된 관점들로 발전시켜야만 한다.

성찰에의 초대

네 번째인 성찰의 단계는 신비를 위한 교육의 핵심을 대표하는 것이기 때문에 매우 중요하다. 지금까지 앞에서 설명한 세 가지의 단계들에서는 학생들이 한 이해의 틀에서 다른 이해의 틀로 옮겨 가는 것을 돕는 것에 중심적인 강조점이 있었다. 그것은 하나님과 기독교인의 삶에 관하여 단 하나의 견해를 갖고 있는 학습자들에게 요구되는 그러한 문제에 대한 다양한 관점들을 제공해 준다는 의미에서 중요하다. 네 번째 단계는 이러한 틀의 변화를 그 틀 자체에 대한 성찰의 기회로서 사용하려는 시도이다. 그 목표는 학습자들이 새로운 방식으로 하나님과 기독교인의 삶을 보기보다는 그것을 행동화할 수 있는 상황을 창조하는 것이다. 그것은 학생들이 하나님을 보는 모든 관점은 어떤 특정한 준거의 틀에 예속을 받으면서 생긴다는 사실을 인식하도록 돕는 것이라고 하겠다.

좀더 분명히 이해하기 위하여 하나의 비유를 생각해 보기로 하자. 사진을 찍을 때 좋은 사진사들은 사진을 찍으려는 주제뿐만 아니라 그 사진을 어떻게 찍을 것인가에 대해서도 생각한다. 사진의 주제를 어떤 틀로 찍는가에 대한 기술이 비전문가와 전문적인 사진사를 구별해 주는 기준이 된다. 예컨대 결혼 피로연에서 직업적인 사진사는 같은 주제, 예를 들어 신부를 여러 번 찍을 것이다. 그러나 그는 이 주제를 여러 가지 다른 방법, 즉 신부를 다른 배경이나 광선을 바탕으로 한 상황들을 보여 주는 다양한 방법으로 찍을 것이다. 때로는 다른 렌즈들을 사용하여 극적으로 다른 사진들을 만들어 낼 수도 있다. 간단히 말해서 전문적인 사진사는 사진의 주제에 대한 관심뿐만 아니라 그 주제가 어떻게 사진으로 찍혀지는가에 대해서도 고려를 한다.

넷째 단계는 학습자들이 하나님에 대한 모든 이해에 관여되어 있는 틀의 활동에 관하여 좀더 깊이 인식하도록 돕는 노력과 관계되어 있다. 그것은 학습자들에게 이해의 틀의 활동에 대한 인식을 확대시킬 수 있도록 새로운 틀로 변화시키기 위한 기회로서 사용하려는 것이다. 어떻게 그것이 가능한가?

많은 부분이 이전의 단계에서 되어졌던 교수에 달렸다고 보여진다. 사실 이 마지막 단계는 이미 일어났던 것으로부터 아주 자연스럽게 싹이 튼다고 볼 수 있다. 예를 들어 개명 기술을 말하면서 우리는 그 여자 강사의 여성의 발달에 관한 강의가 어떻게 청중들에게 여성과 남성의 발달 사이의 차이에 대하여 완전히 새로운 관점을 가져다 주었는가를 보았다. 그 강의에서 중요한 부분은 새로운 여성의 발달 이론들과 남성의 경험에 비추어서 성립된 이론들을 비교하고 대조한 것이었다. 그 강사가 자신의 것을 포함한 모든 과학적 연구에 있어서 길잡이 모델들의 역할과 자신의 연구에서 보다 오래된 모델들과 새롭게 부상되는 새로운 모델들이 서로 대화를 유지할 필요가 있음을 지적함으로써 그 강의를 종결하는 것은 그리 어려운 일은 아니었을 것이다.

이러한 예는 네 번째 단계에서 종종 유용하게 사용될 수 있는 기술인데 그것은 바로 비교와 대조이다. 새로운 틀의 부상은 그것을 이전의 틀과 비교하고 이전의 것과 새로운 것과 대조한 결과로서 오는 것이다. 그 강사는 반드시 받아들여져야 할 절대적인 진리인 이념의 한 종류로서 자신의 이론을 옹호하는 대신에 자신의 이론을 포함하여 모든 이론이 갖고 있는 한계에 초점을 맞추면서 다른 이론들을 비교하고 대조하는 방법을 사용하였다. 학생들은 지금 일어나고 있는 재구성의 과정을 인식하도록 초대될 수 있다.

네 번째 단계에서 사용할 수 있는 두 번째 기술은 학생들이 역사적인 맥락에서 그들의 새로운 이해의 틀을 이해하도록 돕는 것과 관련이 있다. 종종 이것은 새로운 준거의 틀이 특별한 상황과 필요에 대한 반응으로 나타나게 된다는 점을 학생들로 하여금 볼 수 있게 해준다. 그것이 사물을 구성하는 방식은 이러한 역사적인 맥락에 의하여 구체화된다. 예를 들어 혼돈의 기술을 설명할 때 보았듯이 그 교수는 별로 열심이 없는 그룹에게 십자가 상의 예수에게 특별한 의미를 두는 교수에 주의를 집중시켰다. 그렇게 새로운 틀을 소개하면서 그는 성경과 중세 신학자인 안셀름의 저술에서 고전적인 서술에서 받아들인 기독교 전통에 근거한 신학적 관점을 제시하였던 것이다. 또한 그리스도의 죽음에 대한 그러한 관점이 역사를 통하여 기독교 신학에서 이해한 유일한 것이 아님이 지적되어야만 한다.

위에서 언급한 두 개의 기술과 그 외의 것들도 학생들이 그렇게 구상하는 과정을 성찰하도록 돕는 것에 그 목적이 있다. 그것은 학생들이 받아들인 새로운 이해의 틀뿐만 아니라 모든 이해의 틀이 갖고 있는 한계들을 인식하도록 돕는다.

요 약

재구성에 관한 토의에 결론을 내리는 방법으로서 요약을 제시하기로 한다.

1. 학생들이 현재 갖고 있는 준거의 틀의 기본적인 가정들을 확인한다.
    - 그들이 사용하는 하나님과 기독교인의 삶에 관한 언어에 주의를 기울인다.
    - 학생들이 사용하고 있는 언어의 뒤에 있는 가정들을 구체적인 용어들로 확인한다.
    - 학생이 지금 갖고 있는 준거의 틀에 대한 불만의 요점들을 식별한다.
2. 학생들의 현재의 준거의 틀의 기본적인 가정들을 뒤집을 수 있도록 비유적인 소통을 사용한다.
    - 학생들의 가정들 중 하나에 모순되는 역설을 소개한다.
    - 이때 사용가능한 기술들은 다음과 같다.
        반전의 기술

강화의 기술
　　　혼동의 기술
　　　개명의 기술
3. 학생들이 소개된 역설에서 의미 있는 새로운 준거의 틀을 발견하도록 돕는다.
　　─학생들이 경험했던 처음의 통찰을 뛰어넘도록 돕는다.
　　─현재의 준거의 틀에 불만을 갖도록 유도한다.
4. 학생들이 새롭게 획득한 틀을 하나의 틀로서 성찰해 보도록 초대하고 이 관점과 그 외의 모든 관점이 내포하고 있는 한계들을 인식할 수 있도록 돕는다.
　　─이전의 단계에서 자연스럽게 만들어져 나온 기술들을 사용한다.
　　─이때 사용가능한 두 개의 기술은 이전의 틀과 새로운 틀을 비교하고 대조하는 기술과 새로운 틀을 역사적인 맥락 안에 위치시키는 것이다.

반대 교수

재구성은 하나님과 기독교인의 삶에 대하여 서로 다른 이해에 노출되지 않은 사람들을 교수할 때 특히 유용한 방법이다. 그것은 학생들이 새로운 준거의 틀로 변화되어질 수 있는 기회를 제공하여 그들이 이전에 갖고 있던 하나님에 대한 이해에 대한 한 관점을 공급하게 한다. 그렇게 함으로써 학생들은 그들이 갖고 있던 이전의 틀과 새로운 틀뿐만 아니라 모든 이해의 틀은 한계들을 내포하고 있음을 인식할 수 있는 맥락이 창조되어진다. 물론 이것은 신비를 위한 교수의 우선적인 목적이다. 매우 다양한 방식으로 이 목적은 앞으로 설명하려고 하는 반대 교수라는 두 번째 교수방법으로 보다 직접적으로 성취될 수 있다.

이 교수방법은 동시에 두 개의 서로 다른 관점들을 교수(그러므로

'반대')한 후 각 관점의 부분들인 예외적인 것들을 소개하는 것에서 그 이름(반대 교수)을 얻게 되었다. 그것은 재구성과는 다른 수준에서의 역설을 사용한다. 여기서 역설은 주어진 틀이 가지고 있는 가정들에 의문을 제기하기보다는 오히려 모든 틀이 가지고 있는 적절성에 의문을 불러일으키기 위하여 사용되어진다. 학생들은 역설적으로 사고하도록 요청받게 된다. 그들은 자신들이 가지고 있는 하나님의 이해에 있어서 서로 다르고 때로는 동시에 긴장을 불러일으킬 수 있는 모순이 되는 하나님 이해까지도 가질 수 있는 역설적인 자세를 취하도록 격려를 받게 된다.

그러나 이 입장이 오늘 우리 사회에서 흔히 볼 수 있는 상대주의의 입장이 아님을 지적하는 것은 매우 중요하다. 상대주의는 하나의 입장이 중요하면 또 다른 입장도 그에 못지 않게 중요하다고 주장한다. 보편적으로 종교에서 상대주의는 모든 신앙들과 신학들을 긍정하며 그것들은 평등하게 가치가 있다는 형식을 취한다. 내가 여기서 사용하고 있는 역설적인 이해는 그와는 아주 다르다. 그것은 예수 그리스도는 결정적이며 어떤 것과도 비길 수 없는 하나님의 계시라는 믿음에 기초하고 있다. 그것은 또한 그리스도에 의해 계시된 하나님에 대한 서술은 다른 것들보다 더 좋다는 믿음에 기초한다. 그러나 그러한 서술들 중의 어떤 것도 절대적이고 완전한 것임을 부인한다. 그러한 설명들은 인간적인 이해의 방식을 유지하고 있으며 따라서 하나님의 신비를 둘러싸고 있는 한계를 넘어설 수는 없다.

반대 교수에서 찾아볼 수 있듯이 역설적인 이해는 하나님에 대한 어떤 한 관점도 절대적인 것은 없다는 것을 주장한다. 이러한 교수방법은 의도적으로 두 개의 서로 다른 관점을 나란히 놓고 그 두 가지의 관점이 모두 중요하다고 주장한다. 그리고 나서 학생들을 각각의 관점이 갖고 있는 예외적인 것에 노출시킨다. 이렇게 함으로써 학생들은 그 두 가지의 관점 중에 어떤 하나의 관점의 가치를 감소시키지 않으면서 그 둘 사이에 긴장을 유지하도록 해준다. 여기서 우리는 인간 이성의 한계를 인정하며 하나님의 신비를 확인하게 됨을 보게 된다.
　반대 교수에서 거치게 되는 기본적인 단계들은 아래와 같이 요약될 수 있다.

1. 학습되고 있는 주제에 관한 두 개의 동등한 관점들을 확인한다.
2. 학생들에게 그 두 개의 관점들을 가르침으로써 그것들이 갖고 있는 유사점과 차이점을 이해하도록 한다.
3. 각 관점에서 예외적인 것을 지적한다.
4. 학생들이 각 관점의 장점과 단점을 인정하도록 초대한다.
5. 하나님을 둘러싸고 있는 신비와 하나님에 관한 모든 관점들이 내포하고 있는 한계를 인정하는 일의 중요함을 명확하게 표현한다.

　위에 제시한 각 단계에 대해 예를 들어 좀더 자세히 설명하도록 해보자. 우리가 소속되어 있는 교회에서 영적인 삶: '신앙적인 삶의 성장'이라는 제목으로 연속강좌를 열 것을 요청받았다고 상상해 보자. 최근에 와서 다양한 교단들이 성도들의 개인적인 영성을 지원하는 일에 관심을 보여왔다. 우리가 요청받은 강좌는 이러한 주제에 관하여 교회가 제시한 몇 가지 중에 하나이다. 우리는 특별히 교회로 하여금 우리가 속한 교단적 전통에서는 기독교인의 삶에 있어서 성장이 무엇인지에 대하여 보다 분명한 이해를 갖도록 돕도록 요청받았다고 볼 수 있다. 보다 구체적이 되기 위하여 우리의 교단을 장로교회로 생각해 보기로 하자. 반대 교수방법을 사용했을 때 이러한 강좌에 어떻게 접근하게 되는지를 살펴보기로 한다.

두 가지 관점의 확인

　먼저 해야 할 일은 우리가 교수하려고 하는 주제에 관하여 배우는 일이다. 우리가 이 주제에 대하여 이미 얼마간 알고 있기 때문에 강좌 부탁을 받은 것이라고 상상해 보자. 만일 그렇지 않다면 지식을 갖고 있는 사람들에게 자문을 구하고 관련 서적들을 읽어야만 할 것이다. 그리고 마음에 단 하나의 목적을 가지고 이러한 자원들에 접근해야만 하는데 그것은 공히 가치가 있는 주제에 관하여 두 개의 서로 다른 관점들을 확인하는 것이다.

　제시되고 있는 실례에 의하여 보면 우리는 근본적인 결정을 내려야 할 필요가 있다. 즉, 그 두 가지의 관점이 우리 교단의 전통 안에서의 서로 다른 입장들을 대표하는 것으로 할 것인지, 아니면 우리 교단의 영적 삶에 대한 이해와 다른 교단의 것을 비교할 것인가를 결정해야만 한다. 우리가 들고 있는 실례를 발전시키기 위하여 우리가 우리 교단 안에 있는 서로 다른 관점들을 제시하는 것으로 결정했다고 상상해 보자. 이 주제에 관련된 몇 권의 책들을 읽고 몇 사람들과 얘기를 나눈 후에 우리는 우리 학급이 경험에 의미가 있을 것 같은 두 가지의 서로 대조되는 관점들을 확인한다.

　우리는 장로교회가 미국 역사의 한 시점에서 장로회의 새 학파와 이전 학파 사이에 결정적인 분열을 경험했음을 발견하였다. 새 학파, 특히 신앙부흥 운동에 영향을 받은 그룹은 개인의 종교 경험, 그 중에서도 회심의 경험을 강하게 강조하는 입장을 견지하고 있었다. 그러나 이전 학파는 기독교인의 삶을 계약공동체 안에서 점진적으로 펼쳐지는 과정으로 보았다.[15]

　만일 우리가 그것에 관하여 생각하는 것을 그만 둔다면 교회에서의 모든 주제들은 적어도 두 가지의 서로 다른 관점으로 접근할 수 있을 것으로 보여진다. 그것은 종종 우리가 다루는 주제를 그러한 관점들을 확인할 수 있을 정도로 충분히 알고 있어야 한다. 반대 교수에 있어서 이것은 아마도 우리가 취하여야 할 첫 걸음이자 동시에 가장 중요한 단계가 될 것이다.

두 관점의 교수

두 관점을 확인한 다음에 해야 할 일은 그것을 제시하는 방법을 결정하는 것이다. 지정된 독서를 다룰 때 앞 장들에서 소개한 다양한 교수방법들인 강의, 토의 등의 교수법을 사용할 수 있다. 중요한 점은 각각의 입장을 공평하게 제시하는 것이다. 교사로서 우리는 중립적인 입장을 유지해야만 한다. 시간이 경과한 후에 우리의 입장을 드러낼 수 있겠지만 처음에는 그런 자세가 바람직하지 않다. 우리가 해야 할 일은 각각의 입장을 가능한 한 자세하게 제시하는 것이다. 만일 우리가 우리 자신의 입장을 드러낸다면 어떤 학생들은 거의 언제나 교사에게 잘 보이기 위하여 그 입장에 동의하거나 혹은 그 반대로 교사의 권위에 간접적으로 도전하기 위하여 그 입장에 반대할 것이다. 교사가 중립을 유지하면 학생들이 각각의 관점에 몰두하기가 쉬워진다.

교사가 해야 할 일은 학생들이 두 개의 관점에 집중하는 일을 돕는 것이다. 만일 학생들 자신들이 아직 제대로 하나의 관점을 이해하려고 노력도 하지 않은 채 그것을 비판하기 시작한다면 교사는 부드럽게 그러나 단호하게 그 비판을 잠시 덮어 두고 그 관점에 호감을 가지고 집중해 보도록 노력하라고 격려해 주어야 한다. 더 나아가 이 학생들이 학급에서 그 일을 더 잘하고 있는 다른 학생들에 대해 경청하도록 요구할 수도 있다.

교사는 전체 학급이 각각의 관점이 기여하고 있는 공헌을 볼 수 있도록 해야 한다. 지금까지 우리가 사용하고 있는 예로 다시 돌아가서 이 부분을 생각해 보기로 하자. 우리는 앞으로 두 주 동안을 이 단계를 다루는 것으로 결정하고 그것을 진행할 두 가지의 형식을 선택했다고 상상해 보자. 처음 강좌에서 우리는 새로운 학파와 이전 학파 논쟁을 그것의 본래의 역사적인 상황에서 다루기 위하여 강의 형식을 사용하기로 한다. 그 강의의 마지막에 우리는 명료화와 관련된 질문을 우선적인 목적으로 하는 토의시간을 가진다. 두 번째 주간에 우리는 적은 분량의 지정된 독서에 대한 초점을 맞춘 토의방식을 사용한다. 그 토의를 본래의 역사적인 상황에서 본 새로운 학파와 이전 학파 논쟁을 고려하는 것으로부터 시작하여 오늘에 이르기까지 그 논쟁이 계속 존재하고 있다는 방향으로 이끌어 가도록 한다. 이때 교사는 학급이 영적인 삶에 대한 양쪽의 견해를 명확하게 설명할 수 있도록 애써야만 한다. 이 시점에서는 비평적인 분석과 논쟁을 하지 않도록 한다.

예외의 지적

일단 학급 전체가 각각의 관점을 이해한 후에 우리가 해야 할 일은 예외적인 것들을 소개하는 것이다. 예외(anomaly)는 어떤 특정한 준거의 틀 안에서 적절하게 설명이 되지 않는 어떤 것을 말한다.[16] 그것은 과학자들이 말하는 '다른 자료'(discrepant data)를 의미한다. 이러한 자료들은 연구계획에서 사용한 이론들로는 설명되지 않는 연구결과들이다. 자료의 어떤 부분들은 연구자의 기대에 전혀 따르지 않는다. 모든 이론은 그것이 얼마나 확고한 토대를 갖고 있는가에 관계없이 설명할 수 없는 예외들을 갖고 있다.

이 단계에서 우리의 과제는 학급이 분석하고 있는 두 개의 관점이 내포하고 있는 예외들을 분명하게 해주는 것이다. 아직은 학생들이 각 관점의 장점과 단점을 분석하기보다는 오히려 각 관점의 한계들에 직면하도록 한다. 우리의 장기적인 목적은 학생들이 현재 다루고 있는 두 개의 관점들이 내포하고 있는 한계들뿐만 아니라 존재하는 모든 관점들의 한계를 볼 수 있도록 하는 데 있음을 잊지 말아야 한다.

우리가 사용하고 있는 실례를 계속 진행하기로 하자. 새 학파의 관점, 특히 그것이 갖고 있는 신앙 부흥의 형식은 구원에 대한 개인주의적인 견해와 회심의 순간에 대한 지나친 몰두 때문에 반복하여 어려움을 받아 왔다. 여기서 적절히 다루어지지 못한 이슈는 교회의 공헌과 회심 이전과 이후에 신앙의 삶을 형성해 주는 방법과 관련된 것으로 보여진다. 이에 비하여 이전 학파의 입장은 교회 일치를 위한 바람에 있어서 권위주의와 사회적 순응에 대하여 저항하는 데 매우 큰 어려움을 경험해 왔다. 여기서 제대로 다루어지지 않은 이슈는 개인적인 차이에 관련된 문제와 교회 공동체 안에서의 다원주의라고 할 수 있을 것 같다. 이것은 일치 또는 조화(unity)를 획일성(uniformity)과 혼동하는 경향을 드러내는 것이다.

세 번째 단계의 교수에서는 이러한 이슈들을 명백히 하기 위하여 혼합 토의방법을 사용하기로 하였다. 간략한 강의를 통하여 그들의 특성을 역사적으로 살펴보면서 예외들을 설명하는 것으로 시작한다. 그리고 나서 강의의 토의부분을 다음과 같은 말을 함으로써 시작하도록 한다 : "자, 두 입장은 이 이슈들에 대하여 왜 그토록 어려움을 겪어 왔는가를 알아보도록 합시다. 새로운 학파의 입장을 먼저 살펴본 후 이전 학파를 살펴보는 것이 좋겠습니다." 점차적으로 교사는 현재 존재하고 있는 그 두 입장에 내포되어 있는 이러한 예들을 학생들이 서로 나누도록 한다. 토의를 하는 동안 영적인 삶에 대한 새로운 학파의 입장을 '위기 양식'(crisis pattern)으로, 그리고 이전 학파의 입장을 '공동체내에서의 성장 양식'(growth in community pattern)으로 부르기 시작하였다.

학생에 의한 각 관점의 평가

학생들이 두 입장에 집중하도록 초대하고, 예외들을 소개한 다음에 우리가 해야 할 일은 이러한 관점들을 평가하는 것이다. 이상적인 것은 학생들이 두 입장에 대한 장점들과 단점들에 대해 감지하고 있는 것이다. 그런데 두 입장을 동시에 교수하는 이유는 학생들이 지금 학습하고 있는 주제와 관련하여 오직 하나의 관점만을 취하지 않도록 하기 위한 것에 있다. 만일 그들이 하나의 입장만을 좋아한다고 할지라도 그들이 그것이 내포하고 있는 한계들을 인식할 수 있어야만 한다. 우리가 바라는 것은 학생들이 그들이 선택하지 않은 관점이 그들이 좋아하는 관점보다 어떤 일을 처리하는 데 있어서는 더 효과적임을 이해할 수 있게 되는 것이다.

바꾸어 말하면 우리가 바라는 것은 역설적인 사고를 조성하는 데 있다. 역설은 서로가 모순되어 보이는 합리적인 두 주장이 긴장을 유지하는 것임을 기억하기 바란다. 넓은 의미에서 우리가 학생들에게 바라는 것은 바로 이것이다. 학생들이 두 입장이 가지고 있는 장점들과 단점들을 볼 수 있게 하여 그 입장들에 내포되어 있는 한계들에 직면하면서도 그 입장들의 공헌점들을 확인하도록 돕는 것이 우리가 원하는 일이다.

우리의 예를 계속 진행하기로 하자. 강좌의 네 번째 강의 동안에 넷째 단계와 다섯째 단계를 진행시키기로 하였다. 대체로 3~5단계는 아주 자연스럽게 흘러가며 동시에 다룰 수 있다. 이 경우에 우리는 대부분의 시간을 전체 학급이 두 입장이 견지하고 있는 장점들과 단점들 사이에 서로 타협을 이루도록 돕는 일에 보내기로 결정한다. 이것은 교회 안에서도 각 입장과 유사한 것이 존재할 것이기 때문에 매우 중요하다. 학생들이 자신들이 소속된 교단이 갖고 있는 영적인 삶에 대한 이해에 역설적인 사고를 획득하도록 도움으로써 우리는 교회에서의 상호적인 이해를 강화시킬 수 있을 것이다.

연속강좌의 이 시점에서 우리는 다루어지고 있는 중요한 아이디어들을 간단히 개관하고 학생들이 앞에서 우리가 새 학파를 '위기 양식'으로 이전 학파를 '공동체 안에서의 성장'으로 정리해 놓았던 사실을 상기하도록 해준다. 그리고 나서 우리는 학급에게 두 입장의 장점들과 단점들을 열거하여 종이에 기록하도록 한다. 학급을 몇 개의 작은 그룹으로 나누어서 각 입장에 대한 그들의 평가를 요약하는 간단한 문구를 작성하게 한다. 이 요약들은 긍정적이고 부정적인 특성들을 모두 포함하는 것이다. 다시 학급을 전체로 불러모으고 그들이 기록한 것을 몇 사람이 서로 나누어 보도록 한다. 이러한 것들이 모두 끝났을 때 마지막 단계로 옮겨 간다.

하나님을 둘러싼 신비의 인정

반대 교수를 하는 동안 어떤 시점에서 우리는 학급에게 우리가 주제에 접근하고 있는 방식에 신학적인 근거가 있다는 점을 분명히 해야만 한다. 그 목적은 학생들이 가지고 있는 기독교인의 삶에 대한 두 입장과 관련하여 보여 줄 수 있는 비평적 인식을 신앙의 일부분인 신비에 대한 신학적인 확인과 연결시키려는 데 있다. 이것은 학생들이 교실에서 배운 것을 다른 영역에도 응용할 수 있는 일을 도와준다는 본질적인 이유 때문에 매우 중요하다. 가장 훌륭한 교육은 언제나 학생들이 오직 그들이 학습한 특수한 영역에서 뿐만 아니라 그밖의 분야에서도 유용한 기술이나 아이디어들을 학습하는 것을 돕는 것이라고 보여진다. 다시 말하면 학습한 것이 다른 배경과 주제에도 일반화될 수 있는 그런 교육이어야 한다.

사람들이 일반화시킬 수 있도록 교육하는 일이 교회에서는 특히 중요하다. 왜냐하면 교회교육이 지향하는 목적은 사람들이 교실에서 배운 것을 교실 밖으로 가지고 나가 그들의 삶에 지속적으로 적용하는 것이기 때문이다. 반대 교수에 있어서 우리의 목적은 학습자가 하나님을 둘러싸고 있는 신비를 이해하며 동시에 하나님에 관한 모든 관점들이 내포하고 있는 한계들을 인식하는 것을 돕는 데 있다. 어떤 하나의 주제와 관련하여 어느 시점에서 이 문제에 대한 것을 학습하게 되면 우리가 교수하는 학습자들은 물론 이것은 우리가 희망하는 것이지만, 이 신학적인 개념을 다른 이슈에도 연결시킬 수 있게 될 것이다.

그러므로 반대 교수과정의 어느 시점에서 우리가 다루는 주제를 가르치는 방법과 그것을 뒷받침해 주고 있는 신학적 개념을 직접 연결시켜 보는 것은 중요하다. 우리가 지금까지 사용해 온 예에서 우리는 이것을 다음과 같은 방법으로 실행하기로 하였다. 작은 그룹으로 나누어 위기와 성장 양식에 대하여 각 그룹들이 작성한 간단한 요약을 서로 나눈 후에 우리는 학급에게 다음과 같은 질문을 던진다. "왜 여러분들은 우리 교회에서 두 입장의 타당성을 확인하는 것이 중요하다고 생각하십니까?" 몇 사람의 반응을 들은 후 로마서 12장의 일부분을 읽는다. "내게 주신 은혜로 말미암아 너희 중 각 사람에게 말하노니 마땅히 생각할 그 이상의 생각을 품지 말고 오직 하나님께서 각 사람에게 나눠 주신 믿음의 분량대로 지혜롭게 생각하라. 우리가 한 몸에 많은 지체를 가졌으나 모든 지체가 같은 직분을 가진 것이 아니니 이와 같이 우리 많은 사람이 그리스도 안에서 한 몸이 되어 서로 지체가 되었느니라"(롬 12 : 3-5). 성경말씀을 읽고 난 후 다시 다음과 같은 질문을 한다. "왜 바울은 로마의 기독교인들과 오늘의 우리들에게 '마땅히 생각할 그 이상의 생각을 품지 말라'는 부탁을 했다고 생각하십니까?"

몇 사람의 반응을 들은 후에 "지금까지 우리가 기독교인의 삶에 대하여 배운 것에 근거하여 볼 때 교회에서 직면하게 되는 서로 다른 다양한 관점들을 확인하는 것에 대하여 바울은 우리에게 무엇을 말해 주고 있습니까?"라고 질문한다. 우리는 학생들이 하나님에 관한 모든 관점이 내포하고 있는 한계들을 인식하도록 해주는 신비로서의 하나님에 대한 신학적인 관념에 대한 학생들의 반응에 연결하면서 결론을 맺는다. 그리고 교사는 마땅히 생각할 그 이상의 생각을 품지 말고 기독교 공동체에서의 다양성에 의지하는 것이 신앙의 일부분인 신비를 인정하는 길임을 지적해 준다.

신비의 개념을 많은 지체를 가진 한 몸으로서 설명하는 바울의 생각을 직접적으로 연결함으로써 우리는 학생들이 지금 학습하고 있는 주제를 넘어서서 계속되는 교회의 삶에로 그들의 관심을 확대하도록 격려하게 된다. 서로 반대되는 입장에 대한 그 학급의 학습 경험은 이제 미래에 만나게 될 다양한 상황들과 주제들을 이해하는 데 사용될 수 있는 보편적인 신학적인 개념들의 근거가 되었다.

요 약

반대 교수에 관여되어 있는 다양한 단계들은 다음과 같이 요약될 수 있다.

1. 현재 학습하고 있는 주제에 관한 두 개의 동등하고 타당성 있는 관점들을 확인한다.
   - 다른 사람과의 대화나 독서를 통하여 교수한 주제에 관한 몇 개의 서로 다른 관점들을 확인한다.
   - 그 중에서 주제를 서로 다르게 다루고 있으며 서로가 긴장 관계에 있는 두 개의 관점을 선택한다.
2. 학생들에게 두 관점을 교수하고 그들이 유사점과 차이점을 이해했는지를 확인한다.
   - 두 관점을 가르칠 교수방법(강의, 토의, 기타)을 결정한다.
   - 그 관점들이 처음 제시될 때 교사는 중립을 지킨다.
   - 학생들이 두 관점을 잘 이해하고 옳게 인식했는지를 알아보려고 노력한다.
3. 두 관점이 내포하고 있는 예외들을 지적한다.
   - 학생들이 각 입장이 가지고 있는 설명하기 힘든 중요한 이슈들을 확인할 수 있도록 의도적으로 돕는다.
   - 학생이 선호하지 않는 관점뿐만이 아니고 두 관점이 내포하고 있는 예외들을 그들이 이해하고 옳게 인식했는가를 분명히 한다.
4. 학생들이 두 관점의 장점과 단점을 인식하도록 한다.
   - 각 입장의 비평적 평가에 주의를 기울인다.
   - 학생들이 각 입장의 긍정적 측면과 부정적 측면을 스스로 설명하도록 한다.
   - 학생들이 각 입장에 공평한 자세를 가지도록 다시 한 번 요청한다.

―그들이 역설적으로 사고하도록 격려한다.
5. 하나님을 둘러싸고 있는 신비와 하나님에 관한 모든 관점이 가지고 있는 한계들을 인식하는 일의 중요성을 명료화한다.
   ―학급이 거쳐 온 역설적인 경험을 하나님 존재에 대한 신비와 하나님에 대한 모든 인간적인 이해의 한계들에 대한 신학적인 확인과 연결시킨다.
   ―이러한 신학적인 통찰을 학생들이 기독교인으로서 앞으로 만나게 될지도 모르는 다른 상황에 적용시킬 수 있도록 격려한다.

7
신앙교수의 실제

본장은 두 가지의 목적을 가지고 있다. 그 첫째는 본서를 자신의 교수를 의도적으로 발전시키려고 사용하는 사람들을 위해 계획되었다. 둘째 목적은 계속하여 교회학교 교사들을 교육할 책임을 맞고 있는 교회 지도자들을 위한 것이다. 따라서 본장의 첫 부분은 교수 기술을 증진시키는 데 도움을 줄 몇 가지의 원리들을 소개하게 될 것이다. 그 다음 부분에서는 본서의 기본되는 몇 가지 생각들을 정리해 보고, 그것들이 강습회에서 어떻게 소개될 수 있는지를 생각해 보기로 하였다.

교수 기술의 증진 : 장기적 계획

본서는 우리들 대부분은 반복해서 노력하면 좋은 교사가 될 수 있음을 지적하면서 시작하였다. 교사로서 우리는 새로운 방법들을 시도해야만 한다. 우리는 실수를 해야만 하고 그리고는 또다시 노력해야만 한다. 만일 어떤 방법이 처음에 효과가 없다고 해서 그것에 다시 도전하는 것을 두려워하지 말아야 한다. 우리의 삶에서 짧은 시간에 쉽게 배울 수 있는 것은 거의 없다. 우리는 멀리 볼 수 있는 눈을 가져야만 한다. 만일 우리가 성실하게 노력하고 어느 정도의 위험들을 감수할 마음이 있다면 우리의 교수는 향상될 것이다. 장기적인 안목을 가지는 것은 또 다른 이유 때문에 중요하다. 그것은 우리가 교실에서 한 번에 너무 많은 새로운 생각들을 사용하는 것으로부터 우리를 지켜 준다. 이상적으로 생각하면 교회들은 교사들이 다른 교사들과 새로운 교수방법들을 시험할 수 있는 주기적인 실험 교실을 가져야만 한다. 그러나 대체로 우리는 이러한 호사를 누릴 수 없는 형편에 있다. 오히려 새로운 생각들을 우리 자신의 학급에서 시험해야 할 상황에 있다. 그럼에도 불구하고 이러한 일을 너무 자주 하게 되면 학생들이 좌절하게 될 것이다. 장기적인 안목을 견지할 때 교사가 새로운 기술을 이 부분에서 사용하고 새로운 방법을 저 부분에서 사용할 수 있게 해준다. 교사인 우리가 추구해야 할 것은 시간이 지나면서 교수 목록이 증가하는 것이다.

연륜을 쌓으면서 우리의 교수를 향상시키려고 할 때 우리는 아래에 제시되는 충고들을 마음에 새겨 둘 필요가 있다.

장점 살리기

이 원칙은 매우 중요하다. 몇 개의 새로운 교수방법들을 교실에서 연속적으로 시험하는 것은 좋은 방법이 아니지만 이것이 매교수 때마다 우리의 교수를 향상시키기 위하여 노력할 수 없다는 의미는 아니다. 우리는 우리 자신의 장점을 키울 수 있다. 우리 모두는 우리가 더 잘할 수 있는 교수의 영역이 있다. 어떤 사람들은 부지런히 미리 준비하고 매시간 새로운 자료를 읽는 반면에 급하게 생각하여 시작하고 그들의 질문에 대한 학생들의 반응에 따르는 것에 탁월한 사람들도 있다.

우리는 우리 자신에게 솔직하도록 노력해야 한다. 우리의 장점들은 무엇인가? 우리가 잘하는 것은 무엇인가? 교수에서 우리는 무엇을 가장 하고 싶은가? 우리가 교수할 때마다 이러한 장점들에 의지해야만 한다. 만일 토의 진행을 좋아하고 그것을 비교적 잘하는 교사라면 그의 교수에서 이 부분의 향상에 주의를 기울이는 것이 바람직할 것이다. 이 경우에 그 교사는 본서의 좋은 토의 진행에 대하여 다루었던 부분을 다시 읽고 다루게 될 한 영역을 선택한다. 예컨대 다양한 종류의 질문을 만들 수 있을 것이다. 이 영역에 몇 주를 계속하여 초점을 맞추고 학생들이 그러한 다양한 질문들에 어떻게 반응하는가에 주의를 기울인다. 어떤 종류의 질문에 반응하는 것에 시간을 많이 들였는가? 어떤 질문이 좋은 토의를 가져다 주었는가? 이때 가끔 질문들을 다른 순서로 놓는 실험을 할 수도 있는데 한 주는 도발적이고 평가적인 질문을 하고 그 다음 주에는 사실적인 질문들을 한다. 일단 질문하는 것에 자신이 생기면 토의 진행의 다른 영역으로 옮겨갈 수 있다. 아마도 우리는 한 번도 개방적인 토의를 시도하지 않았을 수도 있다. 이 때도 본서에서 이런 종류의 토의를 다룬 부분을 다시 읽고 그 방법을 몇 번 사용하여 그 아이디어들을 시험해 볼 수도 있다.

우리의 장점을 키우는 것은 아마도 우리의 교수를 향상시키는 데 있어서 가장 안전한 길이라고 할 수 있을 것이다. 그것은 우리가 점진적으로 어떤 영역에서의 우리의 전문적 기술을 개발시킬 수 있도록 해준다. 장기적으로 볼 때 이것은 우리가 별로 자신이 없는 영역들을 교수하는 데도 자신감을 가져다 줄 것이다.

의지할 만한 교수방법 계발

이것은 위에서 서술한 원리의 직접적인 부산물이다. 우리는 의지할 만한 교수방법들을 계발한다는 관점에서 생각해야 한다. 이것들은 우리의 장점들을 응용하고 사용한 경험이 있는 그런 방법들이다. 본서에서 소개했던 교수의 모든 영역에서 우리의 교수를 증진시키려고 노력하기보다는 오히려 한두 가지의 방법들에 초점을 맞추고 어떻게 자신감과 능력을 가지고 그 방법들을 사용할 수 있는가를 배우도록 노력해야만 할 것이다. 일단 우리가 의지할 만한 방법을 계발시켰으면 그 이후부터는 조금씩 우리의 교수 목록을 확대시켜 나아갈 수 있다.

사전 준비

교수에 있어서 계획은 언제나 중요하지만 우리의 교수를 체계적으로 향상시키려고 할 때 그것은 더욱 중요하다. 우리가 매학기에 사용하려고 하는 교수방법들을 계획하는 것은 더욱 중요하다. 다음 학기에 다루게 될 주제들을 살펴볼 수 있을 것이다. 그 주제들에 가장 알맞는 교수방법들은 어떤 것인가? 이런 방식으로 계획하는 것은 일정 기간 동안 우리가 하려고 하는 신앙교육을 개관할 수 있는 기회를 제공해 준다. 우리는 신앙 입방체에서 하나 이상의 차원을 설명하고 있는가? 우리는 항상 신앙의 관계적 차원에만 주의를 기울이고 있는가? 우리는 학생들의 신념이 더욱 심화될 수 있는 새로운 정보를 제공했는가? 만일 우리가 몇 개의 의지할 만한 교수방법을 계발하려고 한다면 하나 이상의 신앙 차원을 설명하는 일은 쉽지 않을 것이다. 그럼에도 불구하고 우리의 교수에서 신앙을 지원하고 도전하는 우선적인 방법을 인식한다는 일은 중요하다. 왜냐하면 그것은 시간이 지나면서 우리의 교수의 초점을 확대시켜 줄 것이기 때문이다.

세부적인 교안 작성

바람직한 것은 매번의 강의에 세부적인 교안을 작성해야만 한다. 특히 우리가 새로운 교수방법을 사용할 때 교안을 작성하는 일은 필수적인 것이다. 그것은 우리가 사용하려고 하는 학습활동에 대해 생각하고 각 활동에 소요되는 시간을 전망할 수 있도록 도와준다. 시간이 끝난 후 교수가 어떻게 진행되었는가를 평가하는 데 교안을 이용할 수 있다. 우리는 기본적인 목적을 성취했는가? 어떤 활동들은 우리가 예상했던 것보다 시간이 더 소요되었는가?

계획서를 만드는 일은 어려운 일이 아니다. 어떤 교사들은 계획서의 위쪽에 몇 개의 기본적인 범주들을 열거하는 것이 도움을 준다는 것을 발견하였다. 예컨대 '주제'와 같은 범주는 강의가 다루는 일반적인 주제를 가리킬 수 있다. 이와 마찬가지로 '교수방법'은 강의법, 초점을 둔 토의, 재구성과 같이 앞으로 사용할 교수방법을 의미해 줄 것이며, '강좌 목적'란은 교사가 학생들이 학습하기를 희망하는 특별한 정보나 통찰과 연결될 수 있다. 이러한 일반적인 범주들 아래에다 많은 교사들은 그들이 사용할 학습활동들, 각 활동에 소요되는 시간, 그리고 각 활동에 필요한 자료의 종류들을 기록하는 것이 매우 도움이 됨을 발견하였다. 이것은 교수를 안내해 주는 구체적인 활동 계획의 기능을 해준다.

새로운 아이디어 찾기

이 책의 전체를 통하여 나는 여기에 소개된 교수방법들은 단지 사용 가능한 방법 중의 일부분에 지나지 않음을 반복하여 지적해 왔다. 우리가 교수를 향상시키는 데 있어서 중요한 부분은 새로운 방법들과 생각들에 우리를 노출시켜 줄 수 있는 교수에 관한 책들을 지속적으로 읽는 일이다(이 책의 뒷 부분에 주석이 달린 추천도서목록이 포함되어 있음을 참고하기 바란다).

교수에 관하여 독서를 하는 것 못지 않게 중요한 것이 직접 좋은 교수를 경험해 보는 일이다. 교사들에게 이 일은 그리 수월한 일은 아니다. 왜냐하면 자신이 가르치면서 다른 교실을 참관하는 것은 어렵기 때문이다. 그러나 그 일이 가능하다면 적어도 기회 있을 때마다 다른 교실에 참여하는 방법을 찾아보는 것은 필요하다. 때로 교회들은 주중이나 주일 저녁에 교회학교를 운영하는 곳도 있다. 만일 우리가 일하고 있는 교회가 그렇게 하지 않는다면 그런 운영을 하는 곳을 찾아보도록 한다. 교수를 위해 만들어진 비디오를 빌리는 것을 생각할 수도 있다. 가까운 곳에 있는 지역의 전문대학이나 대학교에서 강의를 듣는 일도 하나의 선택이 될 수 있을 것이다.

　이러한 참여는 인간으로서 그리고 교사로서 계속 성장하는 데 중요할 뿐만 아니라 다른 사람들의 교수를 참관하면서 새로운 생각들을 얻어낼 수 있다. 좋은 강사가 하는 좋은 강의를 듣는 것만큼 적절하게 강의법을 배울 수 있는 더 좋은 길은 없다. 교수방법에 있어서도 마찬가지다. 때로는 무엇을 가르치는가에 귀 기울이는 일보다 그것을 어떻게 가르치는가에 주의를 기울이는 것이 가장 바람직한 일일 때가 있다. 교사는 무엇을 옳게 하고 있는가? 어떤 것을 향상시켜야만 하는가? 다른 사람들에 대한 이러한 평가의 능력을 발전시키는 일이 우리 자신의 교수에 보다 나은 평가자가 되도록 해주는 지름길이 된다.

의견 교환

　다른 사람들의 교수를 봄으로써 우리는 매우 많은 것을 배울 수 있지만 우리가 문제에 직면했을 때 다른 교사들의 의견을 개진해 보는 것은 그에 못지 않게 중요하다. 어떤 교회들은 경험 있는 몇 교사들을 '문제 처리자'로서 지명한다. 이 교사들은 어떤 교사가 교실에서 말이 많은 학생이나 혹은 교육과정이 사용하기에 힘이 든 경우에 직면했을 때 그 교실에 가서 상황을 보도록 부름을 받는다. 이상적으로 생각할 때 그런 경우에 기독교교육의 전문가인 기독교교육 담당자나 목사를 불러야 하지만 유감스럽게도 모든 교회가 그렇게 할 수 있는 상황에 있는 것은 아니다. 만일 교사가 문제에 직면했을 때 교회의 지도자 중에 한 분에게 도움을 청할 수 있는 상황이 안 된다면 경험 있는 일반 학교의 교사를 찾아볼 수도 있을 것이다. 경험 있는 교사와 어려움에 관하여 대화한다는 것은 놀라울 정도로 도움을 얻게 된다는 사실을 기억해야만 한다.

교사훈련

본장의 나머지 부분은 교사들이 이 책이 담고 있는 많은 아이디어들을 배우고 실천하는 것을 돕는 데 사용되도록 교회의 지도자들에 의해 서술되었다. 어떤 그룹에게나 수정 없이 캔에서 끄집어 내어 그대로 사용할 수 있는 '미리 준비된' 교안은 없다. 아무리 좋은 교안도 다양한 집단의 교사들에게 알맞도록 개조되어야 한다. 자신의 교회에서 교사를 훈련하는 일에 관련되어 있는 사람들은 이 책에서 제시하고 있는 것을 넘어서야만 한다. 각 교안은 이 자료를 우리 자신에게 맞는 방법으로 사용하는 데 도움이 될 수 있는 도움말이 뒤따라야 한다.

이러한 모든 계획의 기본적인 전제로 교수방법을 소개하는 가장 좋은 길은 우리 각자의 교수에서 모형을 찾는 것이다. 넓게 보면 이것은 그 강좌들은 행위·성찰이라고 불리는 교수방법에 근거하고 있음을 의미한다. 어떤 특정한 교수방법은 직접 강습회에 참여한 사람들에 의하여 경험된 후 그들이 한 경험을 반성해 보는 방법도 있다.

신앙의 네 차원 : 강의법 조형을 위한 강좌

이 강좌는 두 개의 목적을 가진다. (1) 강의법을 사용하여 이 책에서 확인된 신앙의 네 가지 차원을 학습자들에게 소개하는 일이다. (2) 학습자들이 그들이 들은 강의의 각 부분을 기억하는 것이다.

강의를 위한 준비는 제 3장에 서술된 단계를 따르도록 한다. 책 읽기로 시작하여 그 책의 처음 세 장에 표시를 한다. 읽은 것을 토대로 하여 아이디어의 개요를 만든다. 시간이 좀 지난 후에 이렇게 만들어진 개요의 사본을 학급에 배부해 주어야 하므로 글씨를 정자로 잘 쓰도록 한다. 이 개요에 기초하여 발제개요를 만들게 되는데 강의는 분명한 조직원리를 따라 구성하는 것을 잊지 말도록 한다. 후에 학생들에게 그것에 관해 질문해야 하므로 이 원칙들을 학생들에게 미리 언급하지 않도록 한다. 동시에 제 3장에서 지적했던 강의의 서로 다른 부분들을 포함하는 일도 잊지 말아야 한다. 참고로 다시 한 번 소개한다면 그것은 "서론, 본론, 요약 및 과도기적 진술, 그리고 결론"으로 나누어진다. 실례가 매우 중요하므로 강의에 몇 개의 좋은 실례들을 포함시키도록 한다.

다음에 앞에 제시한 주제에 대한 자세한 강의개요의 실례를 소개하기로 하겠다.

I. 서론 : 신앙의 여러 측면
  A. 교회교육의 목적은 무엇인가?
    이것이 오늘 아침 우리가 탐구할 기본적인 질문이다.
  B. 어떤 고등학교의 축구 코치가 자신의 축구팀을 훈련시키게 되었을 때 우선 그가 해야 할 일은 축구의 기본기를 가르치는 일일 것이다. 어떤 사람이 YMCA의 사회교육 프로그램에서 누비기(quilting)에 대한 교수를 한다면 그가 제일 먼저 해야 할 것은 학생들이 누비기를 할 수 있도록 가르치는 일일 것이다. 교회에서 우리가 하고 있는 교수의 목적은 무엇인가?
  C. 우리가 오늘 다루게 될 책에서 저자는 이 질문에 대하여 다음과 같은 대답을 해주고 있다. "교수의 기본적인 목적은 신앙이 일깨워지고 지원받고 도전받을 수 있는 장을 만들어 주는 것에 있다."
  D. 여기서 핵심되는 단어는 '신앙'이다.
  E. 신앙이라는 단어는 당신에게 어떤 의미를 주고 있는가? 곧 생각나는 대로 대답하도록 요청한다(칠판이나 뉴스 프린트에 기록한다).
  F. 저자는 다음과 같이 신앙을 정의하고 있다. "신앙은 예수 그리스도를 통하여 자신의 사랑과 신실하심을 보여 주신 하나님 안에서의 신뢰의 관계이다"(이미 칠판에 신앙에 대한

논평이 기록되어 있는 옆에 이 정의를 적어 놓는다). 이 정의와 우리가 적어 놓은 견해들과는 어떻게 비교되는가?
G. 저자가 신앙을 위와 같이 정의할 때 그는 신학자인 리차드 니버의 생각을 응용하였다. 니버는 신앙은 여러 개의 면을 가진 입방체라고 말하였다(뉴스 프린트에 입방체를 그리거나 또는 이미 그려놓은 그림을 가리키도록 한다).
  1. 입방체와 같이 신앙은 여러 측면을 가지고 있다.
  2. 입방체와 같이 우리는 한 번에 신앙의 몇 측면밖에는 볼 수 없기 때문에 다른 면은 가려져 있다.
  3. 우리가 다루고 있는 책에서는 신앙 입방체를 신념, 관계, 헌신, 그리고 신비의 네 차원으로 보고 있다(이 네 차원을 그려 놓은 그림에 적어 넣는다). 물론 이밖에 다른 차원도 있겠으나 여기서 소개한 네 개의 측면은 시작하기에 좋은 개수이다.
H. 신앙 입방체의 각 차원은 그것에 알맞는 교수방법을 사용하여 설명하거나 교수하는 것이 바람직하다.
  1. 오늘 우리는 신앙의 네 가지 차원을 살펴보기로 한다 : 신념으로서의 신앙, 관계로서의 신앙, 헌신으로서의 신앙, 그리고 신비로서의 신앙.
  2. 시간이 지난 후에 우리는 각 차원을 설명해 주는 서로 다른 교수방법을 조사하기로 한다.
I. 교회에서 우리가 하는 교수의 목적은 무엇인가? 신앙을 일깨우고, 지원하고, 신앙이 도전받도록 하는 데 있다. 지금부터 우리가 하고 있는 교수의 핵심이라고 할 수 있는 신앙의 네 차원을 간단하게 설명하기로 하겠다.

보통 나는 강의개요에 모든 사항을 일일이 기록하지는 않는다. 여기서는 내가 소개하는 강의의 실례에서 소개한 나의 생각을 좀더 쉽게 따라오게 하기 위하여 비교적 자세하게 작성하였다. 우리의 목적은 강의에 참여한 사람들이 강의의 각 부분을 충분히 알아볼 수 있을 정도로 자세한 개요를 만드는 것이다. 이것이 끝나면 다음 강좌로 넘어간다.

　강의를 일단 마치면 짧은 휴식시간을 갖도록 한다. 휴식시간 이후에 아이디어 개요와 발제개요를 나누어 준다. 어떻게 아이디어 개요를 만들었는가를 간단히 설명해 주고 때로는 준비과정에서 읽은 책에 어떻게 표식을 했는가도 보여 줄 수 있다. 그리고는 학생들에게 발제개요를 보도록 요청하고 아이디어 개요와 발제개요의 차이를 지적해 준다. 읽은 자료의 아이디어들을 단순히 요약 이상의 것을 하는 것이 중요하다는 점을 강조한다.

　칠판에 다음과 같은 중요한 개념들을 기록한다. 그것은 조직원리, 서론, 본론, 요약 및 과도기적 진술, 결론, 그리고 실례들이다. 각 개념에 대한 간단한 설명이 끝나면 몇 개의 작은 그룹으로 나누어서 이 개념들을 확인하도록 한다. 만일 학생들이 제 3장을 아직 다 읽지 않았을 경우 그들이 소그룹으로 나누어지기 전에 각 개념이 뜻하는 바를 설명해 주도록 한다. 일정한 시간이 지나면 각 그룹을 다시 전체로 불러모으고 강의의 각 부분을 알아보도록 요청한다. 그 곳에 모인 교사들이 가장 두려워하는 강의의 측면들에 대하여 간략하게 토의한 다음 결론을 내린다.

도움말

　1. 이 책의 처음 세 장을 읽은 그룹을 상대로 강습회를 한다면 강의 대신에 강의 발제개요를 배부하는 것도 고려할 수 있다. 강의의 각 부분을 개관한 후 학생들에게 강의개요를 평가하도록 하고 그 강의개요에서 결여된 것이나 좀더 보충되어야 할 부분이 있으면 지적하도록 격려한다.

　2. 그룹에게 탁월한 강의를 담은 비디오 테이프를 보여 준다. 가끔 테이프를 멈추고 참여자들에게 강의의 서로 다른 부분들을 분석해 보

도록 한다.

3. 참여자들이 실례들을 찾을 수 있는 방법을 학습하는 것을 돕기 위하여 시간을 좀더 들이도록 한다. 그들에게 아주 모호한 주제를 주고 몇 그룹으로 나누어서 그 주제를 설명해 줄 수 있는 실례들을 찾아보도록 한다. 강의개요나 설교 복사본을 그들에게 주어 검토하도록 한 후 실례들을 찾아보도록 한다. 그것들을 비평적으로 평가하도록 요구한다. 그것들은 주안점과 소통되고 있는가 아니면 오히려 혼란시키고 있는가?

토의 진행 : 좋은 질문법에 관한 학습강좌

좋은 질문을 할 수 있는 방법을 배우는 일은 교사가 계발해야 할 아주 중요한 기술이라고 할 수 있다. 이번 강좌에서는 토의 진행의 다양한 면에 관하여 말할 때 초점을 맞춘 토의법을 사용한다. 이것은 그룹이 개요를 보고 네 가지의 기본적인 질문들을 확인하려고 하는 여기서의 토의의 개요에 대하여 생각하는 시간을 가진 후에 하게 된다.

물론 먼저 질문개요를 만들어야만 한다. 참여자들이 이미 이 책의 제 4장을 읽었다고 가정하기로 하자. 다음에 소개하는 것은 초점을 맞춘 토의를 진행할 때 필요한 질문개요와 같은 종류의 일부분이다.

Ⅰ. 당신은 교수에서 토의법의 사용을 좋아하는가?
   A. 토의 진행이 잘될 때 어떤 일이 일어나는가?
   B. 토의 진행이 잘되지 않을 때는 어떤 일이 일어나는가?
   C. 교수에서 당신이 이 방법을 사용했을 때 가장 당신을 두렵게 하는 것은 무엇인가?
Ⅱ. 우리가 읽은 책에서 토의법에는 세 가지 종류가 있다고 하는데 그것은 어떤 것인가?(초점을 맞춘 토의, 개방적 토의, 혼합적 토의)
   A. 초점을 맞춘 토의와 개방적 토의의 차이는 무엇인가?

B. 초점을 맞춘 토의법이 더 편안하다고 생각하는 사람은 누구인가? 그리고 그 이유는 무엇인가?
C. 개방적인 토의가 더 편안하다고 생각하는 사람은 누구이며 그 이유는 무엇인가?
D. 우리가 읽은 책의 저자는 교회에서 행해지고 있는 대부분의 토의는 혼합적 토의라고 주장하고 있다. 당신은 그가 왜 그러한 주장을 한다고 생각하는가?

나는 이 강좌를 위한 개요를 가능한 한 자세하게 작성하려고 한다. 괄호 안에 질문들에 대한 대답들을 포함하는 것과 대답하기 어려운 것으로 보이는 질문들 아래 고무적이고 탐색적인 질문들을 기록하는 일을 고려한다.

일단 토의가 끝나면 휴식시간을 가진다. 휴식시간을 가진 뒤에 다시 모이면 우리가 읽은 책에서 소개한 네 가지의 기본적인 질문을 칠판에 기록하고 간단히 살펴본다. 개별적으로 각자는 개요에 있는 네 개의 기본적인 질문 중의 하나를 선택하여 그것을 자기 것으로 표시한다. 그렇게 한 다음 참여자들은 작은 그룹에서 자신들의 대답들을 서로 비교해 본다. 전체 그룹을 다시 불러모은 후 그들이 찾은 대답들을 서로 나눈다. 학생들이 처음에 질문받았을 때 서로 다른 질문들에 대한 그 그룹의 반응에 대하여 성찰하도록 요청한다. 그것들은 어려운 질문들이었는가? 그것들은 학생들에게 적극적인 사고를 하도록 해주었는가? 그 질문들은 서로에게 토대가 되었는가? 한 가지 종류의 질문이 지나치게 많고 또 다른 질문은 지나치게 적은 것은 아닌가?

초점을 맞춘 토의법에 대하여 간단히 돌아보고 결론을 내리도록 한다. 토의가 얼마나 질문개요에 충실했는가? 그룹이 개요를 매우 충실하게 따른 것에 대해 놀랐는가? 참여자들은 자료를 이해하기 위하여 그들이 상당히 깊이 있게 다루려고 했던 이슈들을 제대로 다루지 못한 것은 아닌가?

도움말

1. 그룹에게 질문들이 기록된 종이를 나누어 주고 그들이 네 개의 기본적인 질문들을 찾아보게 하거나 혹은 참여자들이 그들의 교육과정의 질문 부분을 살펴보고 기본적인 질문들을 찾아보게 한다.

2. 네 가지 종류의 질문들을 토의한 후 어떤 성경구절을 주고 각자에게 5분 정도의 시간이 소요될 수 있는 질문들을 작성하도록 하고 적어도 한 종류에 하나 정도의 실례를 들게 한다.

그룹이 함께 모이도록 하여 참여자들 중에 한 사람에게 그가 만든 질문을 사용하여 성경구절에 대한 토의를 진행해 보도록 한다. 5분 후에 그것을 중지시키고 어떤 일이 있었는가를 알아본다. 같은 일을 다른 사람에게 계속하게 한다.

3. 작은 그룹들에서는 질문이 주어졌을 때 일어난 거북한 상황들에 반응할 수 있는 가능한 방법들을 생각해 보도록 한다. 계속되는 침묵을 어떻게 처리하겠는가? 당신은 그룹에게 어떤 말을 하겠는가? 그룹이 궤도를 벗어났을 때 당신은 어떻게 다시 그룹이 원래의 방향으로 돌아가도록 하겠는가? 만일 어떤 한 사람이 토의를 계속 점령하고 있다면 어떻게 하겠는가?

만일 토의가 지나치게 격렬해지면 당신은 어떻게 하겠는가? 어떻게 그것을 진정시키겠는가? 전체 그룹으로 다시 모여서 소그룹에서 의논한 해결책들을 서로 나누어 본다.

4. 토의 진행에 도움이 되는 다양한 기술들의 사용에 대하여 토의한다. 그 기술들은 방향 전환, 긍정적 반응, 탐색, 고무 그리고 옳은 교수이다. 그룹에게 어떤 성경구절을 제시하고 각 사람(혹은 한 쌍)에게 5분 정도 소요될 수 있는 질문들을 작성하게 한다. 전체 그룹으로 모여서 그중 한 사람에게 제시되었던 성경구절을 가지고 앞에서 언급했던 기술 중 어떤 것을 사용하여 토의를 진행시켜 보게 한다. 5분 후에 중지시키고 그룹에게 어떤 기술을 사용했는가를 생각해 보게 한다. 때로는 한 쌍이 질문들을 작성하게 하고 토의를 진행시키도록 하

는 것이 좋을 수도 있는데 그 이유는 두 사람 중에 하나는 한 질문에 따르는 특별한 토의의 기술을 추적할 수 있기 때문이다.

삶의 이야기와 신앙의 헌신들 : 개방적 토의법을 사용한 강좌

여기서 우리는 두 가지의 목적을 가진다. 첫째는 학생들이 개인 정체성 이야기와 신앙의 헌신 사이의 관계를 더 잘 이해하도록 돕는 것이다. 둘째는 교수에서 개방적인 토의법 사용을 조형하는 것이다.

사람들은 종종 초점을 맞춘 토의가 상세한 개요를 필요로 한다는 이유 때문에 개방적인 토의는 그것보다 계획이나 진행에서 훨씬 쉽다고 생각한다. 그러나 이것은 사실과 다르다는 점이 강조되어져만 할 것이다. 오히려 개방적 토의의 진행은 어느 것보다 더 치밀한 준비가 요구된다. 지도자는 학급을 다양한 방향으로 이리저리 옮겨 갈 수 있을 정도로 주제를 알고 있어야만 한다. 그뿐만 아니라 지도자는 또한 그룹이 토의를 제대로 이끌어 가지 못할 경우에 좋은 토의를 유도할 수 있는 준비가 되어 있어야만 한다.

개방적 토의를 위한 준비의 중요성을 강조하기 위하여 우리가 이 강좌의 준비에서 거친 단계들을 학생들과 나눌 수 있는 것은 중요한 일이다. 개방적인 토의를 설명한 부분에서 지적한 다섯 단계의 개요들을 따른다. 이 책의 제 5장을 다시 읽고 그 장에 대한 노트를 하거나 혹은 표시를 한다. 이 아이디어들에 관하여 생각하는 동안 떠오르는 생각들이나 질문들을 노트 해둔다. 그리고 나서 이 자료와 우리 자신의 삶의 관계에 관심을 집중한다. 이때 다음과 같은 질문들을 할 수 있다.

* 당신이 살아온 삶에 대한 해석이 당신의 삶의 과정에 변화를 가져다 주었는가? 무엇이 이러한 방향 선회를 가져왔는가?

* 저자가 말하는 '해석의 열쇠들'(interpretive keys)은 무엇을 의미하는가? 당신은 당신의 초기의 삶에서 사용했던 해석의 열쇠들을

알아볼 수 있는가?

　* 저자는 신앙의 헌신들은 사람들이 그들의 삶을 해석하는 데 사용하는 뒤에 숨은 이야기의 부산물이 아니듯이 개인의 의지의 문제가 아님을 주장하고 있다. 이 주장이 당신 자신의 경험에 비추어 볼 때 사실이라고 생각하는가? 어느 시점에서 인간의 선택이 작용할 수 있는가?

　일단 우리 자신의 삶에 관계 지어서 이러한 이슈들에 관하여 생각해 본 다음에 강좌에 참석할 한두 사람의 삶에 비추어서 그것들을 성찰해 보도록 한다. 이 사람들은 그들 자신의 삶에서 극적인 방향 선회의 시점을 지적할 수 있는가? 그렇지 않다면 그들은 어떤 변화의 방향으로 가려고 했었는가? 이 사람들은 해석의 열쇠를 어떻게 이해하고 있는가? 만일 그들이 평소에 책을 많이 읽는 사람들이라면 이 개념을 어떤 소설에서 찾아보도록 요청할 수도 있다. 만일 그 개념이 어렵다면 어떻게 그 개념을 학생들에게 설명할 수 있는가? 나의 경우 떠오르는 감상들을 적어 놓을 것이다. 토의가 끝난 후 개방적 토의 진행에 관련된 준비를 보여 주기 위하여 종이로 만든 작은 길(paper trail)을 만들어 전체 그룹과 나누어 보는 것이 좋다.

　비슷한 이유 때문에 강좌가 진행되는 동안 토의에 좋은 생각들을 종이에 정확하게 기록한다. 이것은 아이디어 개요가 아니고 그룹에게 흥미를 줄 수 있는 생각들을 열거해 놓은 것임을 기억하기 바란다. 이 종이에 우선 어떻게 토의를 시작할 것인가를 기록해야 한다. 기록할 때 그룹이 이런 종류의 토의에서 초기 단계의 설계의 중요성을 드러내 주기 위하여 글자를 하나씩 쓰도록 한다.

　다음 단계는 토의를 진행하는 것이다. 토의가 진정한 의미에서 개방적이 되도록 애써야만 한다. 통제하려고 노력하지 않아야 한다. 촉진자로서의 역할을 하면서 그룹이 진행되는 것을 따라가되 필요할 경우에는 아이디어들을 주입한다. 토의가 끝난 후 잠시 휴식시간을 가진 뒤 학생들에게 토의에 대한 개인적인 반성을 할 수 있는 시간을 잠깐 갖는다. 지금 막 개방적 토의의 경험을 했음을 그들에게 말하고 이 책에서 해 놓은 설명을 간단하게 요약해 준다. 그리고 학생들에게 다음의 세 가지 질문에 대하여 침묵으로 응답하도록 당부한다. (1) 토의 중 당신이 가장 몰입되었던 때는 언제였는가? 가장 그렇지 않았던 때는 언제였는가? (2) 만일 이미지로 우리의 토의를 서술한다면 그것은 무엇인가? 롤러 코스터(청룡열차와 같은 놀이 기구 : 역자 주), 미끄럼틀, 혹은 원으로 돌기 중 하나를 선택해 보자. (3) 이런 종류의 토의에서 필요로 하는 지도자는 어떤 사람이어야 하는가?

각자가 이 질문들에 대하여 생각할 수 있는 시간을 준 뒤에 그룹이 함께 모여 그들의 생각을 서로 나누어 보도록 한다. 세 번째 질문에 대하여 토의할 때 지도자로서 당신이 이러한 특수한 토의를 진행한 소감을 말하는 것이 좋다. 그리고는 그 강좌를 준비하기 위하여 거쳤던 몇 개의 단계들에 관해서도 학생들에게 소개하는 것이 좋을 것이다. 준비과정에서 만들었던 개요들을 그들에게 보여 준다. 저자는 개방적 토의는 지도자뿐만 아니라 전체 그룹에게도 그 성패가 달려 있음을 말함으로써 결론을 맺도록 한다. 그들은 하나의 그룹으로서 어떠했는가? 앞으로 좀더 잘하기 위하여 그들은 무엇을 해야 하는가?

도움말

1. 이 책의 제 4장에 소개된 토의 종류에 관하여 간단하게 토의해 본다. 작은 그룹으로 나누어서 각 그룹은 소개된 토의 종류 중 하나씩을 선택하도록 한다. 각 그룹은 그들에게 배당된 토의 방법으로 주어진 주제를 다룰 수 있는 계획을 세워야 할 책임을 진다. 잘 알려진 성경구절에 관심을 기울이도록 부탁할 것을 고려해 본다. 그룹이 전체로 모이도록 하여 그들의 개요나 기록한 아이디어들을 서로 나누도록 한다.

2. 개방적 토의를 이끄는 지도자가 그룹에 의존하는 것을 배울 수 있는 연습을 하도록 한다. 이때 방향 바꾸기, 탐색, 고무, 그리고 침

묵 등의 기술을 사용한다. 그룹에게 5분 동안에 다룰 주제나 성경구절을 결정하도록 당부한 다음 그 주제를 가지고 토의를 이끌어 갈 지원자를 찾는다. 그 지원자에게 그룹이 가지고 있는 생각들을 사용할 것과 다른 사람들이 토의에 참여하는 일에 주의를 기울이도록 격려한다. 이 토의에 대하여 간단하게 되돌아본 후 다른 주제를 가지고 반복한다.

헌신적 교수 : 헌신을 위한 교수에 관한 강좌

여기서 우리가 목표로 하는 것은 참여자들이 그들 자신의 교수에 대한 헌신의 관점에서 각자가 헌신을 위한 교수의 다섯 가지 차원들을 경험하게 하는 것이다. 그 차원들은 기억하기, 성찰하기, 만나기, 나누기, 그리고 결정하기이다.

학생들에게 각자가 다음과 같은 일을 하도록 요청하면서 시작한다. 즉, 그들의 삶에서 진정으로 중요한 의미를 가졌던 교사 두세 분을 회상하도록 한다. 한 분 한 분에 대하여 간단한 문장으로 적어 본다. 무엇이 그분들을 특별하게 만들어 주었는가? 그분들이 당신에게 어떤 영향을 주었는가? 그리고는 전체를 작은 그룹으로 나누어서 학생들 각자가 가지고 있는 것을 서로 나눈다. 두세 분 중에 한 분에게만 초점을 맞추도록 학생들에게 주의를 환기시킨다. 소그룹에서 서로의 생각을 나누는 일이 진행될 때 전체에게 잠깐 중단하도록 하고 모든 학생이 자신의 생각을 말할 기회를 가진 뒤 다음과 같은 질문에 대해 생각해 보도록 부탁한다. 당신의 그룹의 경험에 비추어 볼 때 무엇이 좋은 교사를 만들어 준다고 보는가? 소그룹들이 이 문제에 대하여 논의할 기회를 가진 후 서로 나누기 위하여 함께 모이도록 한다. 그룹이 확인한 좋은 교사의 일반적인 특징들을 칠판에 기록한다. 그룹에게 좋은 교사에 대하여 간단히 요약한 단평을 작성하도록 초대한다. "정말 좋은 교사는……"으로 단평을 시작한다.

그 일을 끝낸 뒤에 잠깐 쉬고 다시 모였을 때 전체에게 몇 개의 성경구절들을 제시하는데 이 성경구절들은 모두 예수께서 자신의 교육 교역과 관련된 어떤 일을 하신 장면을 보여 주는 것이어야만 한다. 전체에게 성경말씀의 각 구절을 읽어 주고 어떤 말씀이 그들의 교수에 가장 큰 도전을 드러내 주는가를 묻는다. 각각 다른 시점에서 각 구절을 대표하는 표식을 해야만 하는데 그들이 선택한 구절의 표식으로 가도록 한다. 이때 학생들은 다른 사람들도 자신이 선택한 성경말씀을 선택했음을 발견하게 될 것이며 왜 그 구절을 선택했는가를 논의한다.

두 사람씩 짝을 짓도록 하여 그들이 선택한 말씀이 그들에게 말해 주는 가장 중요한 점을 간단하게 서로 나누어 보게 한다. 이것들을 칠판에 기록하도록 하는데 이때 서로 다른 짝들이 선택한 말씀 밑에 구분하여 기록하도록 해야 한다. 서로 나누는 일을 모두 끝내면 그룹으로 하여금 칠판에 기록된 것들을 보면서 예수의 교육 교역이 오늘의 교회에 제기하는 도전에 대하여 성찰해 보게 요청한다. 그리고는 강좌의 초기에 그들이 만들어 놓은 좋은 교사의 정의를 살펴보게 하여 그들의 성찰에 비추어서 그 정의에 더 보충할 것이 없는가를 생각해 볼 기회를 갖게 한다.

학생들이 앞으로 자신이 노력하고 싶은 교수의 한 영역을 확인하도록 각자가 노력하게 하면서 결론을 맺는다. 그리고 이때 학생들은 구체적이고 명확해야 한다. 전체 그룹을 함께 불러모으고 간단한 예배를 드리도록 하는데 예배를 드릴 때 강좌의 초기에 사용했던 성경말씀을 한번 더 읽고 앞으로 할 일을 간단히 서로 애기한 다음 기도로 끝낸다.

도움말

1. 헌신을 위한 교수의 서로 다른 측면들을 살펴보고 강좌의 어느 시점에서 그것들을 다룰 것인가를 표시할 수 있는 시간을 가진다. 어떤 측면을 언제 다룰 것인가를 표시한 다른 활동들을 열거한 간단한

강좌의 개요를 준비한다.

2. 헌신을 위한 교수방법에 사용할 주제를 그룹에게 배당한다. 소그룹으로 나누어서 헌신을 위한 교수에서 적어도 한 번은 사용할 다섯 측면에 대한 교안을 만들도록 그들에게 요청한다. 그들이 이 과제를 끝낸 다음 소그룹들을 다시 전체로 불러모으고 그들이 만든 교안을 서로 비교해 본다.

3. 각각의 차원들에 사용될 수 있는 기술들의 견본을 제시한다. 예컨대 빠른 시간에 잇달아서 소그룹으로 나누어 어떤 문제를 동심원 기술을 사용하여 토의하도록 한 후 간단한 패널 토의의 시간을 갖게 한다. 이러한 기술들이나 그 외에 서로 나누는 일에 도움이 될 수 있는 그와 유사한 것들을 서술해 주는 책들을 지적해 준다. 그룹에게 그 외에 사용된 기타의 기술들을 생각해 보도록 한다.

성경에서의 헌신 : 헌신교수의 다섯 측면에 대한 강좌

여기서 우리가 목표로 하는 것은 학생들이 헌신교수의 다섯 가지 측면인 기억하기, 성찰하기, 대면하기, 나누기, 그리고 결정하기를 이해하는 데 도움을 주는 것이다. 이 책의 제 5장에 있는 이 측면들을 각각 개관해 보는 것으로 시작한다. 그리고는 전체 학급을 소그룹으로 나눈다. 각 그룹은 성경에 등장하는 어떤 인물의 삶과 목회에서 헌신교수의 다섯 측면들을 찾아보게 한다. 사용할 수 있는 바람직한 인물들로는 모세, 룻, 바울, 야고보, 베드로, 드보라, 그리고 다윗이다. 각각의 인물에 종이를 준비하고 소그룹들이 개관해야 할 중요한 성경구절들을 열거해 놓는다. 각 그룹에게 아래의 질문들에 대하여 토의하도록 한다.

* 당신이 지금 다루고 있는 이 성경의 인물의 삶에서 헌신의 각 측면들을 확인할 수 있는가? 다섯 개의 측면들이 있는 곳을 지시해 주는 특정한 성경구절들을 찾아보게 한다.

* 그 인물은 그 측면들의 중요성에 관하여 우리에게 무엇을 가르쳐 주고 있는가? 이 사람의 삶에서 그 모든 측면들이 한결같이 중요했는가, 아니면 한 측면이 다른 측면보다 더 중요한가? 어떤 측면이 이 사람에게 가장 어려워 보이는가?

* 저자는 한 인간의 삶의 이야기가 변하면서 헌신도 방향 선회를 한다고 주장하고 있다. 당신이 지금 공부하고 있는 인물의 경우에 저자의 주장이 옳다고 생각하는가? 당신의 삶의 경우에는 어떤가?

소그룹으로 함께 일할 기회를 가진 후에 다시 전체가 모여 그들이 갖고 있는 의견들을 교환해 본다. 그룹의 크기에 따라 다양한 방법으로 이 일을 할 수 있다. 비록 그것이 큰 그룹으로 모여 서로의 생각들을 나누는 일이 어느 정도 어려워진다고 해도 개인적으로 나는 모든 사람이 관여할 수 있도록 하기 위하여 작은 그룹을 많이 만드는 것을 선호한다. 만일 작은 그룹이 많이 있다면 그 인물에 대하여 공부할 때 떠오르는 한두 가지의 통찰만을 각 그룹이 나누도록 해 본다. 만일 작은 그룹이 얼마 되지 않는다면(여섯 그룹 이하일 경우), 각 그룹으로 하여금 그들이 찾은 헌신이 내포하고 있는 다양한 차원들을 나타내 주는 성경구절들을 설명하도록 한다. 이러한 나눔을 토대로 하여 전체 그룹이 두 개의 기본적인 질문에 대한 토의를 해야만 한다. 우리의 헌신들은 우리 삶의 이야기들에 근거하는 것인가? 우리가 우리 삶의 이야기를 재해석할 때 우리의 헌신들은 변화되는 것인가?

도움말

1. 작은 그룹들을 한데 모아서 이 성경공부를 따르도록 하고 그들이 헌신교수의 몇 가지 차원들에 초점을 맞추는 학습을 계획하게 한다. 그들이 만날 수 있는 문제들을 확인하도록 한다.

2. 교사 각자들을 불러 모아 다음 학기 동안 그들이 가르치게 될 자료를 살펴보고 헌신교수를 하게 될 시기를 확인한다. 색인카드들의

윗 부분에 다섯 차원들을 적어 놓고 각 차원에 알맞은 학습활동들을 기록해 둔 후 그것들을 실제 교수의 순서에 따라 정리해 둔다.

3. 제 5장을 자세하게 공부한 경험 있는 교사를 초청하여 헌신을 위한 교수에 대한 그들의 경험담을 듣도록 한다. 이 교사에게 교회의 삶에서 헌신을 위한 교수가 왜 중요한가를 그룹에게 말하도록 할 것과 이러한 접근에 학생들을 어떻게 참여시킬 것인가에 대한 실제적인 조언을 제시하도록 격려한다.

개방성의 촉진 : 반대 기술을 사용한 강좌

신비를 위한 교수를 다룬 장에서 서술한 다양한 기술들을 본뜨는 것이 교사들이 자신의 교수에서 실천할 수 있도록 교사들을 부추길 수 있는 의심할 여지가 없는 가장 좋은 방법이다. 이 강좌는 교수에서 학생들의 역할에 관한 그들 자신의 가정들을 교사들이 분석할 수 있도록 도움을 줄 수 있는 반대 기술을 사용한다.

교사들이 교수를 위한 준비에서 가장 중요한 일들을 참여자들로 하여금 알아보도록 함으로써 강좌를 시작한다. 이 일은 처음에는 참여자들이 혼자서 하거나 혹은 두 사람이 하도록 해야만 한다. 그리고는 전체 그룹과 자신들의 통찰을 서로 나누어 보고 그것들을 칠판이나 뉴스 프린트에 적어 놓는다. 그리고는 참여자들에게 그들이 서로 나눈 통찰을 주된 범주에 기초하여 그룹별로 나눌 것을 학생들에게 요청한다. 이러한 통찰들은 교사들이 어떤 일을 하기 위하여 또는 학생들을 위하여 어떻게 준비하는가에 대하여 주의를 집중하게 한다.

그 다음 단계는 교사들이 완전히 새로운 방법으로 그들의 준비를 생각해 보도록 하는 것이다. 그것은 마리아 해리스(Maria Harris)가 자신의 비디오 '교수와 종교적 상상력'과 같은 제목의 책(추천도서목록에서 찾을 수 있다)에서 기술한 활동에 기초한다. 해리스는 학생들이 한 덩어리의 진흙을 가지고 작업하는 교수에서의 예술성을 인식하도록 초대한다. 어떤 시점에서는 그는 참여자들의 눈을 가리고 그들 자신의 질서에 따르기보다는 진흙의 형태를 찾아보게 할 수도 있다. 이 강좌의 목적의 중요한 요점은 해리스가 교사들이 이미 가지고 있는 관념을 옆에 돌려 놓고 점진적으로 부상되는 형태를 생각하도록 하고 그것을 따르고 그것이 그 자체를 드러내 보이도록 하는 데 있다. 교사의 준비에서의 핵심적인 부분은 교사가 어떤 일을 할 것인지 혹은 학생들을 위하여 무엇을 할 것인지에 대하여 그들이 이미 가지고 있는 관념들을 돌려 놓고 동정적이고 신앙심이 깊은 학생들에게서 드러난 강좌의 형태를 받아들이는 일이다.

이 단계는 몇 가지의 방법으로 다루어질 수 있다. 학생들에게 약간의 진흙을 주고 해리스의 책에서 기술하고 있는 단계들을 따라서 나아가도록 한다. 선택할 수 있다면 해리스가 진흙을 가지고 진행했던 강좌를 기록한 비디오의 일부를 그룹에게 보여 줄 수도 있다. 해리스는 극적이고 매력 있는 연설자이기에 이런 종류의 발표는 반대 기술을 사용할 때 필요한 힘을 가져다 줄 수 있을 수 있다.

셋째 단계는 그룹이 처음 칠판에 기록했던 교사의 준비에 관한 가정을 되돌아보는 일과 관계가 있다. 그룹에게 진흙에서 '형태를 찾는 일'과 외적으로 눈에 띠는 질서 사이의 중요한 차이를 탐색해 보도록 한다. 이것이 교사 준비에 대한 그들의 이해에 어떤 변화를 가져오는가?

학생에 대한 해리스의 이해와 그룹이 가지고 있었던 이해를 서로 비교하고 대조해 보는 것으로 결론을 맺는다. 학생들을 보는 각각의 관점에서 어떤 사실이 증명되었는가? 교사로서 사람들이 어떻게 학습하고 성장하는가에 대한 서로 다른 이해에 자신들을 개방하는 일이 왜 중요한가?

도움말

1. 개인들에게 그리고 전체 그룹에게 학급에서의 교사의 역할에 관한 그들의 가정들을 발표해 보도록 한다. 참여자들의 가정들에 도전

을 줄 파커 팔머(Parker Palmer)의 「기독교 인식론」(추천도서목록 참고)의 발췌를 배부한다.

2. 그룹의 기대를 반전시켜 줄 문학작품의 발췌를 사용한다. 훌륭한 생각들을 「문학 작품을 통한 성인기의 주제들」(추천도서목록 참고)에서 찾을 수 있을 것이다. 예컨대 그 책에는 존 오스본(John Osborne)의 "하버드의 공부벌레들"(The Paper Chase)의 발췌문이 하버드 법과대학의 개강일에 학생들이 어떻게 압도당하고 있는가를 기술하기 위하여 사용되고 있다. 그것은 그 교수에 대한 학생들의 관점들 사이를 앞 뒤로 옮겨 다니고 있다. 그러한 자료는 아주 좋은 반전을 제공해 줄 수 있다.

3. 교사에 대한 기대들을 극적으로 전도시켜 줄 수 있는 비디오를 사용한다. 예를 들어서 "리타 길들이기"(Educating Rita)와 "죽은 시인의 사회"(Dead Poets Society)는 많은 가능성들을 가져다 줄 것이다.

마지막 검토

다시 한 번 지적하고 싶은 것은 이러한 교안들은 교사훈련 강습회에 참여하고 있는 특정한 그룹에게 번안되어야만 한다는 점이다. 우리가 이러한 교안들을 번안하거나 혹은 새로운 교안을 만들거나에 관계없이 다른 사람을 교수하는 핵심적인 방법 중에 하나는 우리가 배우고 싶은 교수방법을 본뜨는 것이다. 그것이 바로 앞에서 요약한 계획들이 가지고 있는 기본적인 전제이며 강습회 계획에서 기억해야 할 좋은 아이디어이다.

부 록
헌신교수를 위한 두 가지 모형

개인 영성에 관한 6주간의 교회학교 강좌

(각 강좌는 대략 50분 정도 소요된다.)

첫째 주

만나기. 기도하는 예수님에 대한 성경구절들을 귀납적으로 공부한다. 앙리 뉴웬(Henri Nouwen)의 '접촉'(Reaching Out)에서 찾아볼 수 있는 영성의 세 가지 운동이 다음과 같이 서술되고 있다. 즉, 외로움에서 고독으로, 적대감에서 환대로 그리고 환상에서 기도에로의 운동이다.[1]

둘째 주

기억하기. 각자는 종이에다 어린 아이와 청소년으로서 경험했던 기도를 회상해 보도록 요청받는다.

나누기. 학급은 나눔의 그룹으로 나누어서 그들이 기억하는 바를 다른 사람들에게 말하게 한다.

성찰하기. 전체 그룹이 함께 다시 모여 뉴엔의 세 가지 운동을 뉴스 프린트에 기록한다. 그리고 그룹에게 묻는다. 영성의 이 세 가지 운동에서 당신의 과거의 삶에 가장 영향을 준 것은 어떤 것인가? 또한 가장 적게 미친 것은 어떤 것인가?

셋째 주

만나기. 그룹은 기독교 전통으로부터 받아들인 기도에 대한 세 가지의 기본적인 접근들을 소개받는다.

나누기/성찰하기. 나눔의 그룹들에서 참여자들은 그 세 가지 접근 중에서 가장 끌리는 것은 어떤 것이며 그 이유는 무엇인가에 대하여 토의해 본다.

결정하기. 전체 그룹이 다시 모이면 지도자는 참여자들에게 다가오는 주간에 기도에 대한 접근 중에 하나를 선택하여 실제로 기도해 할 것을 약속시킨다. 각자는 어떤 방법을 선택했으며 그 선택의 이유가 무엇인가를 진술할 기회를 가진다.

넷째 주

나누기. 지난 주를 어떻게 보냈는가를 서로 토의하기 위하여 몇 개의 작은 그룹으로 나눈다. 기도를 할 수 있었는가? 무엇이 지장을 주었는가? 만일 기도를 했다면 그것은 어떠했는가? 전체가 다시 모인 뒤에 지도자는 지난 주 동안 기도에 대한 긍정적인 경험을 설명하도록 세 사람 정도에게 부탁한다. 그리고는 학생들에게 기도하는 데 지장을 준 요인들을 열거하도록 한다.

만나기. 연습지에 기록한 뉴엔의 "The Genesee Diary"에서 뽑은 구절들을 나누어 주고 큰 소리로 읽도록 한다.[2] 이 구절들은 뉴엔이 트라피스트 수도원을 방문하는 동안 그가 경험했던 여러 가지 갈등을 서술하고 있다. 기도란 개인이 특정한 장소와 시간에 하는 어떤 일로서만 정의되는 것이 아니고 개인의 전체 삶에 침투한 하나님의 뜻을 수용하는 태도로서도 이해되고 있다.

성찰하기. 학생들에게 그들이 어렸을 때나 청소년기에 생각하던 기도와 뉴엔이 이해하고 있는 기도 사이의 차이에 대하여 생각해 보도록 요청한다. 그들은 오는 주일에 기도에 대한 일반적인 태도와 특정한 시간과 장소에서 하는 어떤 일로서의 기도 사이의 관계에 관하여 성찰하도록 한다. 그들은 또한 오는 주일 동안 계속하여 기도하게 한다.

다섯째 주

성찰하기. 각 사람에게 세 개의 난으로 구분하여 외로움, 적대감, 환상을 각 난의 머리에 둔 종이를 나누어 준다. 그룹은 뉴엔이 이 단어들에서 무엇을 의미하고 있는가를 다시 한 번 확인하도록 한다. 각자에게 각 영역에서 그들이 갈등하고 있는 이슈들을 가리키고 있는 바를 각 난에 단어로 혹은 문장으로 기록할 시간을 준다.

　나누기/성찰하기. 나눔의 그룹들에서 각자는 기도할 때 가장 마음에 두고 싶은 영역을 서로 말해 본다. 공감적인 경청을 함으로써 나눔의 그룹들은 그 사람이 그 영역에서 갈등하고 있는 이슈들에 대하여 생각한 바를 그에게 말해 주도록 한다. 그리고는 학급은 해산한다.

여섯째 주

　만나기. 적극적인 기도의 삶을 지탱하는 데 있어서의 구조와 공동체의 중요성을 조사해 본다. 시간과 장소의 조화, 책임, 그리고 그룹의 지원과 같은 것에 대하여 기독교적인 전통으로부터 실제적인 지혜를 제시한다. 앞으로의 독서를 위하여 다양한 책들과 자료들도 또한 제시해 준다.

　결정하기. 각자에게 정규적인 시간과 장소를 포함하여 그 자신의 기도시간을 위한 계획을 세울 수 있는 기회를 준다. 기도에 방해가 될 수 있는 일들을 예상해 보도록 학생들을 격려한다. 지정된 시간에 각 사람은 자기 마음에 드는 사람을 찾아서 그 계획과 잠재적인 문제들을 그와 함께 의논한다. 지도자는 앞으로 서로를 위하여 기도해 줄 수 있는 두 사람을 초대한다. 강좌의 마지막 부분은 미래에 기도 지원 그룹 형성의 가능성들에 초점을 맞추도록 한다. 여러 가지 모델들을 서술하고 종이를 돌려서 학생들이 자신들의 관심을 지적할 수 있도록 하는 것도 좋다. 지도자는 공통의 관심사를 가지고 사람들에게 알리는 책임을 수용한다.

성인 교인을 위한 주말 영성훈련

금요일 저녁

　적절한 게임을 함으로써 모인 사람들을 서너 개의 그룹으로 만든다. 주말 동안 처음에 소속되었던 그룹에서 계속 지내도록 계획되어 있다.

　기억하기. 참여자들에게 종이에 어렸을 때와 청소년기의 기도의 경험들에 관하여 회상해 보도록 부탁한다.

　나누기. 회상한 것을 다른 사람들과 서로 나누어 본다.

　성찰. 각 그룹은 그들이 서로 나눈 과거의 경험들에 기초하여 그들이 생각하는 기도의 정의를 내려 보도록 하고 그것을 전체 그룹에게 발표한다.

　휴식.

　만나기. 기도하시는 예수님에 관한 성경구절들을 귀납적으로 공부한다. 앙리 뉴엔의 책에서 소개되었던 영성의 세 가지 운동인 외로움에서 고독으로, 적대감에서 환대로, 그리고 환상에서 기도를 설명한다.

토요일 아침

성찰하기. 그룹이 모이면 뉴엔의 세 가지 운동을 뉴스 프린트에 기록한다. 그리고 그룹에게 다음과 같은 질문을 한다. 이 운동 중에서 당신의 과거의 삶에서 가장 호소력을 가졌다고 생각되는 것은 어떤 것이며 그 반대되는 것은 어떤 것인가?

만나기. 기독교 전통에서 가져온 기도에 대한 세 가지 기본적인 방법을 그룹에게 소개한다.

나누기/성찰하기. 나눔의 그룹에서 각 사람은 그 세 가지 방법 중에서 가장 자신에게 알맞은 것과 그 이유에 대해 이야기해 본다.

휴식.

만나기. 그룹이 다시 모였을 때 지도자는 아침 프로그램의 마지막 부분에서 각 사람은 기도의 세 가지 방법 중에 한 방법을 실습해 볼 기회가 있을 것임을 알려 준다. 각자는 혼자 있기 위하여 잠시 흩어진다.

토요일 오후

나누기. 그룹은 아침 기도시간이 어떻게 진행되었는가를 논의하기 위하여 작은 그룹들이 함께 모인다. 기도할 수 있었는가? 무엇이 방해가 되었는가? 만일 참여자들이 기도를 했다면 그것은 어떠했는가? 전체가 모인 후에 지도자는 각 소그룹에서 한 명씩 긍정적인 경험에 대하여 말해 보도록 한다. 그리고 나서 참여자들에게 기도를 어렵게 만들어 준 요인들을 열거하도록 요청한다. 그들은 집에서도 같은 문제에 직면할 것으로 보이는가?

만나기. 뉴엔의 "Genesee Diary"의 발췌를 기록한 연습지를 배부하고 큰 소리로 읽는다. 이 발췌문의 문장들은 뉴엔이 트라피스트 수도원에 있는 동안 겪었던 투쟁을 서술해 주는 부분이다. 기도는 개인이 어떤 특정한 시간과 장소에서 행하는 것만이 아니고 그의 전체의 삶에 침투하는 하나님의 뜻을 수용하는 태도로서도 정의된다.

성찰하기. 참여자들에게 그들이 어린 시절과 청소년기에 형성했던 기도의 이해와 뉴엔이 내린 기도의 정의 사이에 존재하는 차이에 대하여 성찰해 보도록 한다.

오후의 오락 시간

토요일 저녁

만나기. 그룹은 '바벳트의 잔치'(Babette's Feast)라는 영화를 본다.

성찰하기. 각 사람은 이미 배부된 일련의 질문들에 관하여 성찰하도록 요청받는다. 그 질문들은 영화에서 발견되어진 공동체의 이미지에 초점을 맞춘 것이다.

나누기. 모든 나눔의 그룹이 다른 나눔의 그룹과 함께 모인 다음 그들의 성찰에 근거하여 그 영화를 논해 본다. 그리고 강좌의 마지막에 전체 그룹이 모여서 간단히 서로 나누는 시간을 가진다.

주일 아침

성찰하기. 각 사람에게 세 개의 난을 만들어서 각 난의 위에 외로움, 적대감, 그리고 환상이라고 적은 종이를 배부한다. 그룹은 그 세 가지에 대하여 뉴엔이 의미한 바를 회상해 보도록 한다. 각 사람은 각 영역에서 그들이 고심하고 있는 이슈들을 가리키는 단어들이나 문장들을 각 난에 기록한다.

나누기/성찰하기. 나눔의 그룹에서 각 사람은 기도할 때 그들이 가장 중점적으로 다루고 싶은 분야를 서로 말해 본다. 그룹이 공감적 경청을 할 것과 부상되는 통찰들을 성찰하도록 격려한다.

휴식.

만나기. 기도의 삶에 구조와 공동체의 중요성에 대하여 생각해 본다. 이때 토요일에 본 '바벳트의 잔치'를 회상한다. 시간과 장소의 조화, 책임, 그룹의 지원과 같은 일에 대하여 기독교의 전통으로부터 얻을 수 있는 실제적인 지혜를 제시한다. 다양한 기도 지원 그룹을 기술한 다음 모든 참여자들에게 그들이 가장 관심을 갖는 모델들을 논의해 보도록 격려한다. 목회자는 이러한 관심을 추적하도록 한다.

결정하기. 각 사람은 정규적인 시간과 장소를 포함하여 자신의 기도시간을 위한 구조를 계획할 수 있는 기회를 갖도록 한다. 이것을 나눔의 그룹들에서 간단하게 이야기 해본다.

예배/결정하기. 예배를 드리는 동안 개인 간증의 시간을 갖도록 한다. 간증을 원하는 사람들을 수련회 동안 배운 것을 발표하고 기도드리는 삶에 대한 그들의 헌신을 새롭게 다짐할 수 있는 시간을 준다.

각장의 주

1. 교사는 왜 가르치는가?

1. H. Richard Niebuhr, 「지상의 신앙 : 인간 신앙의 구조 연구」 ed. Richard R. Niebuhr(New Haven, Conn. : Yale University Press, 1989), p. 12.

2. 신앙 입방체 탐구

1. Edward Farley 의 「Theologia에 있어서 과학으로서 그리고 습관으로서의 신학 이해 : 신학교육의 분열과 일치」(Philadelphia : Fortress Press, 1983), 제 2장을 보라. 나의 책에서 나는 신학을 경건의 반성적인 차원으로서 초점을 맞추었다. "실천신학," 「기독교교육의 신학적 접근」 eds. J. Seymour and D. Miller(Nashville : Abingdon Press, 1990), 제 12장을 보라. *Teachable Spirit : Recovering the Teachable Office in the Church*(Louisville, Ky. : Westminster/John Knox Press, 1990), pt. 3을 보라.
2. 나는 처음 수도원에서부터 시작되어 발전된 로마 가톨릭 교회의 일 대 일의 영성이 개신교회에서는 영성 형성에서 관계, 특히 소그룹 관계의 역할에 대한 강조보다 덜 중요하다고 믿는다. 이것은 웨슬리의 운동과 청교도

적인 삶의 어떤 부분들인 개신교 경건주의에서 분명히 드러난다.
3. 「파문당한 미국인」: 갤럽 연구, 1978(Princeton, N. J. : The Princeton Religion Research Center, 1978). 「파문당한 미국인…10년 후」(Princeton, N. J. : The Princeton Religion Research Center, 1988).
4. Martin Luther, 「의지의 속박」 trans. J. I. Packer and O. R. Johnston(Westwood, N. J. : Fleming H. Revell Co., 1957).
5. Karl Barth는 그리스도 안에서 이루어진 인간에 대한 하나님의 화해의 영향력을 감옥에서 풀려나온 것과 같이 서술함으로써 이 유비를 제시한다. 「교회 교의학」, vol. IV. 1, trans. G. W. Bromiley(Edinburgh : T. & T. Clark, 1956), p. 503.

3. 신념을 위한 교육 : 지식 전달을 위한 강의법

1. William Clayton Bower는 경험에 근거한 교육과정의 초점을 서술하고 그것을 어린이들에게 '구원의 진리'를 가져다 주는 것을 강조하는 것과 대조하였다. *The Curriculum of Religious Education*(New York : Charles Scribner's Sons, 1927)을 보라. 마찬가지로 Harrison Elliott는 "그러므로 종교교육은 고정되고 예정된 내용으로 된 교육은 아니다.... 오히려 종교교육은 역사적인 경험들과 개념들이 개인들과 집단들이 오늘 그들에게 의미 있는 경험들과 확신으로 나아오게 해주는 과정에서 이용되어지는 체계"라고 기록하고 있다. *Can Religious Education Be Christian?*(New York : MacMillan Co., 1940), p. 310.
2. 이것에 대한 좋은 소개는, *Cognitive Psychology and Information Processing : An Introduction*, eds. R. Lachman, J. Lachman, and E. Butterfield(Hillsdale, N. J. : Lawrence Erlbaum, 1979)이다.
3. 이 연구에 관한 뛰어난 요약은 E. D. Hirsch's Cultural Literacy : *What Every American Needs to Know*(New York : Vintage Books, 1987), pp. 33-60에서 찾을 수 있다. Hirsch의 건설적 제안에 관해서는 유보하고 싶은 부분이 있지만, 인지 심리학에 관한 최근 연구에 대한 그의 요약은 참으로 도움이 되었다.
4. 이 책의 추천도서목록에 소개한 Joyce와 Weil의 *Models of Teaching*의 정보과정에 묘사된 교수모델을 특별히 참조하라.
5. 다음에서 발견할 수 있는 설교를 보라 : Geoffrey Cuming, *Hippolytus : A Text for Students, Grove Liturgical Study 8*(Bramcotte

Notts, England : Grove Books, 1976) ; William Telfer, *Cyril of Jerusalem and Nemesis of Emesa*, Library of Christian Classic Ⅳ(London : SCM Press, 1955).
6. T. H. L. Parker가 *The Oracles of God : An Introduction to the Preaching of John Calvin*(London : Lutterworth Press, 1945)에서 이것에 관해 다룬 부분을 보라.
7. Wilbert McKeachie, "Improving Lectures by Understanding Students' Information Processing," *New Directions for Teaching and Learning*(San Francisco : Jossey-Bass, 1980), p. 26.
8. 이 주제에 관한 탁월한 견해가 Marie Winn가 쓴 *The Plug-In Drug*(New York : Bantam Books, 1977)에 나와 있다.
9. Joseph Lowman, *Mastering the Techniques of Teaching*(San Francisco : Jossey-Bass, 1984), p. 103.
10. McKeachie, "Improving Lectures," p. 30.
11. Ibid., pp. 31-33. See also, Kenneth Eble, *The Craft of Teaching : A Guide to Mastering the Professor's Art*(San Francisco : Jossey-Bass, 1988), pp. 74-77.
12. McKeachie, "Improving Lectures," p. 29.
13. Richard Arends, *Learning to Teach*(New York : Random House, 1988), p. 268.
14. Lowman, *Techniques of Teaching*, p. 108.
15. Louis Rubin, *Artistry in Teaching*(New York : Random House, 1985).
16. Ibid., p. 109.

4. 관계를 위한 교육 : 토의법

1. Peter Benson and Carolyn Eklin, *Effective Christian Education : A National Study of Protestant Congregations-A Summary Report on Faith, Loyalty, and Congregational Life*(Minneapolis : Search Institute 1990).
2. 이러한 유형론은 Kenneth Moore의 *Classroom Teaching Skills : A Primer*(New York : Random House, 1989), pp. 174-178.
3. Richard Arends, *Learning to Teach*(New York : Random House, 1985), p. 289.
4. Moore, *Teaching Skills*, pp. 183-184.

5. Joseph Lowman, *Mastering the Techniques of Teaching*(San Francisco : Jossey-Bass, 1984), p. 136.
6. 나는 William Welty'의 논문 "Discussion Method Teaching," to be quite helpful. Change 21, no. 4(July/August 1989) : 41-49가 매우 유익하다는 것을 발견했다.
7. Roberta Hestenes는 *Using the Bible in Groups*(Philadelphia : Westminster Press, 1983), pp. 96-97에서 의사소통의 수준에 관한 비슷한 논의를 전개한다.
8. 이것은 Ronald Toseland와 Robert Rivas의 *An Introduction to Group Work Practice*(New York : Macmillan Publishing Co. 1986), pp. 72-75.에서 요약되어 있다. 나는 또한 Irvin Yalom가 초점을 맞춘 토의에 관해 규정한 것이 매우 유익하다는 것을 발견했다 다음을 보라. *The Theory and Practice of Group Psychotherapy*, 3rd ed.(New York : Basic Books, 1985), chs. 11-12.

5. 헌신을 위한 교육 : 삶의 이야기의 재해석

1. George Stroup, *The Promise of Narrative Theology : Recovering the Gospel in the Church*(Atlanta : John Knox Press, 1981) ; Stanley Hauerwas, *A Community of Character : Toward a Constructive Christian Social Ethic*(Notre Dame, Ind. : University of Notre Dame Press, 1981) ; Stephen Crites, "The Narrative Quality of Experience," *in Journal of the American Academy of Religion*, 1971, pp. 290-307 ; Charles Gerkin, *The Living Human Document : Re-visioning Pastoral Counseling in a Hermeneutical Mode*(Nashville : Abingdon Press, 1984).
2. 바로 앞에서 언급했던 Stroup의 제 4장. 이 절의 제목은 그의 제목에서 영감을 얻은 것이다.
3. 이것에 관한 나의 견해는 H. Richard Niebuhr가 *The Meaning of Revelation*(New York : Macmillan Co., 1941)에서 설명한 이야기와 계시의 묘사에서 큰 영향을 받았다. 그는 그 책 68p에서 이렇게 언급한다 : "우리에게 계시는, 우리의 내적 역사의 일부분으로서 다른 나머지들을 조명해 주는 것을 의미한다(Revelation means for us that part of our inner history which illuminates the rest of it and is itself intelligible.)"
4. "A Time to Seek,"「뉴스위크」, 1990년 12월 17일. 또한 *The*

Unchurched American…10 Years Later(Princeton, N. J. : The Princeton Religion Research Center, 1988)에서 찾을 수 있는 갤럽의 조사 결과를 보라.
5. Augustine, Confessions, trans. R. S. Pine-Coffin(Middlesex, England : Penguin Books, 1961), p. 71.
6. Thomas Groome은 이런 의미에서의 이야기에 관한 뛰어난 견해를 갖고 있다. 다음을 보라 : Christian Religious Education : Sharing Our Story and Vision(San Francisco : Harper & Row, 1980), pp. 191-93.
7. 이것은 이 책 서문에서 언급되었던 Pilgrimage Project에서 사용되었던 학습활동들 중의 하나이다. 이것은 John과 Adrienne Carr의 The Pilgrimage Project Renewing Our Sense of God's Presence & Purpose—A Group Process(Nashville : The Upper Room, 1987), pp. 18-19에서 찾아볼 수 있다.
8. 이 활동은 신앙발달을 위한 센터에서 개발되었다.
9. Dietrich Bonhoeffer의 Psalms : The Prayer Book of the Bible, trans. James Burtness(Minneapolis : Augsburg Publishing House, 1970)를 보라. Roberta Hestenes 는 내가 여기에서 언급한 것과 유사한 접근을 보여 주었다. Using the Bible in Groups(Philadelphia : Westminster Press, 1983), pp. 83-84을 보라.
10. Irvin Yalom, The Theory and Practice of Group Psychotherapy, 3rd ed.(New York : Basic Books, 1985), ch. 2.
11. 이 연습은 주7에서 언급한 Pilgrimage Project의 일부분으로 만들어졌다.
12. 이것의 해석은 Carr의 책, The Pilgrimage Project, pp. 33-34에서 찾을 수 있다.
13. Stroup, The Promise of Narrative Theology, p. 171.
14. 충돌 비유에 내포된 위기 패러다임은 정체성 형성과정과 계속되는 인간변화 과정 사이의 완전한 불연속을 주장한다. 그러나 기독교적인 삶은 하나님 말씀과의 불연속적인 부딪침의 과정이 아니다. 오히려 정체감 형성과, 이런 이야기에로 다시 돌아오는 계속적인 변화 과정 사이의 펼쳐진 변증법과 관련이 있다.
15. Roberta Hestenes의 Using the Bible in Groups, pp. 78-79에서 다루고 있는 이러한 학습활동을 보라.
16. 이러한 학습활동은 앞서 언급했던 Pilgrimage Project에서 나왔었다. 그러나 Carr의 자료에서 그대로 가져온 것은 아니다.

17. Sidney Jourard, *The Transparent Self*(New York : Van Nostrand Reinhold Co., 1971), p. 13.
18. 이 학습활동은 Sara Little의 *Learning Together in the Christian Fellowship*(Richmond : John Knox Press, 1956), pp. 49-50와 Martha Leypoldt의 *40 ways to Teach in Groups*(Valley forge, Pa. : Judson Press, 1967), pp. 49-50에서 언급되었다.
19. Carr, *The Pilgrimage Project*, pp. 51-53.

6. 신비를 위한 교육 : 교수에서 역설의 역할

1. 아타나시우스 신조 : "이해할 수 없는 성부, 이해할 수 없는 성자, 그리고 이해할 수 없는 성령(The Father incomprehensible, the Son incomprehensible, and the Holy Ghost incomprehensible)." John Macquarrie의 *Principles of Christian Theology*, 2nd ed.(New York : Charles Scribner's Sons, 1966), p. 203에서 재인용하였다.
2. Tom Long이 *Preaching and the Literary Forms of the Bible*(Philadelphia : Fortress Press, 1989), p. 88에서 이것에 관해 논의한 것을 보라.
3. 비유라는 용어가 문학 형식의 많은 영역을 포괄하며 사용되어서, 꼭 집어서 말하기가 어려운 긴 주가 위에 언급되었다. 나는 여러 명 중에서 반전의 요소에 관해 초점을 맞춘 정의를 제공해 주었던 John Crossan과 Sallie McFague를 살펴보았다. John Dominic Crossan, *Raid on the Articulate : Cosmic Eschatology in Jesus and Borges*(New York : Harper & Row, 1976) ; *Parables*(New York : Harper & Row, 1973). Sallie McFague, *Speaking in Parables : A Study in Metaphor and Theology*(Philadelphia : fortress Press, 1975).
4. Crossan, *Raid on the Articulate*, p. 41.
5. John Crossan은 특히 이것을 강조한다. Crossan의 책 *Raid on the Articulate*은 이미 언급되었다. 98면 이하를 보라. 또한 그의 논문, "Paradox Gives Rise to Metaphor : Paul Ricoeur's Hermeneutics and the Parables of Jesus" in *Biblical Research*(Chicago Society of Biblical Research, 1979-80)을 보라. 그는 앞의 글에서 비유를, 이야기 속에서 형성되지만 전통적인 이야기나 기대되는 이야기에 대해 구조적인 반전을 가져다 주는 역설로서 묘사한다.
6. *The Compact Edition of the Oxford English Dictionary*,

vol. 2/P−Z(London : Oxford University Press, 1971), p. 450. Watzlawick, Beavin, 그리고 Jackson은 세 가지 종류의 역설을 설명한다 : (1) 논리−수학적 역설(모순, 이율배반율) (2) 역설적 정의(내용적 모순), 그리고 (3) 실용적 역설. *Pragmatics of Human Communication : A Study of Interactional Patterns, Pathologies, and Paradoxes*(New York : W. W. Norton & Co., 1967), ch. 6. 우리의 관심은 기본적으로 세 번째 유형에 있다.
7. *The Encyclopedia of Philosophy*, vol. 5, Paul Edwards, ed. (New York : Macmillan Co., 1967), p. 45.
8. '참고의 틀'이라는 용어는 이 장의 다음 부분에서 상세히 언급할 것이다. 그것은 인간 행동에 관한 인지 심리학과 커뮤니케이션 이론의 접근에 관심을 갖는다.
9. 다음을 보라. Peter Elbow, *Embracing Contraries : Explorations in Learning and Teaching*(New York : Oxford University Press, 1986). Kieran Egan, *Educational Development*(New York : Oxford University Press, 1979), 특히 4장과 and pp. 133−35. 역설적 사고의 탁월한 사례는 키에르케고르의 비유에서 찾을 수 있다. *Parables of Kierkegaard*, ed. Thomas Oden(Princeton, N. J. : Princeton University Press, 1978)를 참고하라.
10. 이 예는 William Placher의 *Unapologetic Theology : A Christian Voice in a Pluralistic Conversation*(Louisville, Ky. : Westminster/John Knox Press, 1989), p. 124에서 예술적으로 발전했다.
11. 이 문제는 많은 곳에서 발견된다. Paul Watzlawick, John Weakland, and Richard Fisch, *Change : Principle of Problem Formation and Problem Resolution*(New York : W. W. Norton & Co., 1974), p. 25를 보라.
12. James Loder는 그의 책 *The Transforming Moment : Understanding Convictional Experiences*(San Francisco : Harper & Row, 1981)에서 변화의 법칙을 설명했다. 특히 2장을 보라. 나는 기본적으로 로더가 묘사했듯이 변화과정에만 초점을 맞추려 한다. 로더의 책을 보다 잘 이해하려면 Margaret Krych가 쓴 *Teaching the Gospel Today : A Guide for Education in the Congregation*(Minneapolis : Augsburg Publishing House, 1987)를 읽어 보라.
13. Watzlawick, Weakland, and Fisch, *Change*, pp. 94−95.
14. 대학생의 지적, 도덕적 발달에 관한 연구를 통해서 우리는 이와 비슷한 경계선을 볼 수 있다. William Perry, Lawrence Kohlberg, 그리고

Carol Gilligan은 그들의 작업을 통해서 대학생들이 가치, 신념, 생활습관에 관해 보여 주는 태도가 그들의 형제, 자매와는 다르게 상대주의적인 태도를 갖고 있음을 보여 준다. 이런 상대주의는 학생들이 다원주의의 영향을 받고, 모든 준거들에 대한 한계를 인식하고 있다는 것을 나타낸다. 전형적으로 이런 태도는 모든 전망의 한계를 여전히 인정하기는 하지만 하나의 전망보다 다른 것의 상대적 적합성이 인정되었을 때 극복된다. Perry, *Forms of Intellectual and Ethical Development in the College Years : A Scheme*(New York : Holt, Rinehart & Winston, 1968). Kohlberg and Gilligan, "The Adolescent as a Philosopher : The Discovery of the Self in a Postconventional World." *Daedalus* 100(1971) : 1072.
15. 두 학파의 차이점은 이것보다 확실히 더 복잡하다. 새 학파는 성향상 부흥주의적이지 않은 많은 사람들을 포함한다. Lefferts Loetscher가 이에 관해 행한 연구를 보라 : *A Brief History of the Presbyterians*, 4th ed.(Philadelphia : Westminster Press, 1978), pp. 96ff. 이것은 기본적인 대조는 유지하면서도 교수에서 쉽게 지적될 수 있을 것이다.
16. 예외의 개념은 최근 몇 년간의 과학철학에서 많은 관심의 대상이 되었다. 토마스 쿤은 특히 모든 과학적 연구가 예외를 갖고 있음을 강조했다. 그는 과학적 이론으로 설명할 수 없는 어떤 자료나 증거들이 언제나 있다고 주장했다. 다음을 보라. *The Structure of Scientific Revolutions*, 2nd ed.(Chicago : University of Chicago Press, 1962).

부록 : 헌신교수를 위한 두 가지 모형

1. Henri Nouwen, *Reaching Out : The Three Movements of the Spiritual Life*(Garden City, N. Y. : Doubleday & Co., 1975).
2. Henri Nouwen, *The Genesee Diary : Report from a Trappist Monastery*(Garden City, N. Y. : Doubleday & Co., 1976).

추천도서목록

다양한 실제적 교수방법을 제공하는 책들

Griggs, Donald. *Basic Skills for Church Teachers.* Nashville : Abingdon Press, 1985.
_____. *Planning for Teaching Church School.* Valley forge, Pa. : Judson Press, 1985.
_____. *Teaching Teachers to Teach.* Livermore, Calif. : Griggs Educational Service, 1974. Griggs가 쓴 이 세 권의 책들은 교수방법에 관한 뛰어난 생각들을 제공하면서 많은 실제적인 제안을 하고 있다. 입문서로는 제격이라고 할 수 있다. 「교사훈련을 위한 지침서」라는 제목으로 번역되었다 (한국장로교출판사, 1995).
Layman, James. *Using Case Studies in Church Education.* Scottsdale, Ariz. : National Teacher Education Project, 1977. 교실에서 사례연구를 어떻게 사용할 것인가에 관한 실제적인 도움을 교사들에게 줄 수 있는 몇 안 되는 책 중의 하나이다. 좋은 사례들을 발견하는 것과, 교사 자신이 사례를 개발하는 데 관한 제안들을 제공한다.
LeFever, Marlene. *Creative Teaching Methods.* Elgin, Ill. : David C. Cook, 1985. 드라마, 역할극, 상황설정게임, 토론 등등을 포함하여 굉장히 다양한 교수 기법을 다루고 있다. 매우 실제적이며 유용하다. 이 책은 당신을 창조적으로 만들 것이다.

Swift, Helen, and Frank Oppenheim. *The Mustard Seed Process : Twelve Practical Exercises on Social Justice for Groups and Individuals*. Mahwah, N.J. : Paulist Press, 1986. 토론 방법을 사용하기 시작하는 사람에게 도움이 되는 짧은 시나리오들을 다루고 있다. 대화를 진행시키기 위한 좋은 질문들을 제공한다.

헌신교육의 다섯 측면을 다룬 책

1. 기억하기

Baddeley, Alan. *Your Memory : A User's Guide—How Our Minds Store, Retrieve and Use Information*. New York : Macmillan Publishing Co., 1982. 이 책은 직접적으로 교수에 초점을 맞추지 않고, 인간의 기억에 관한 최근 연구를 쉽게 개관하고 있다. 그 중에는 어떻게 기억을 갖게 되며, 발전시키는가에 관한 부분도 포함되어 있다.

Carr, John, and Adrienne Carr, *The Pilgrimage Project : Renewing Our Sense of God's Presence and Purpose*. Nashville : The Upper Room, 1987. 이 책은 지도자 안내서와 참여자의 책을 포함하고 있다. 이 책은 거의 모든 교수의 측면을 포괄하는 학습활동들을 다루고 있다. 수련회나 연속적으로 만나는 소그룹을 위해 마련된 책이다. 다른 네 가지 측면에 관한 것뿐 아니라 기억하기에 관한 훌륭한 활동들을 다루고 있다.

Keck, L. Robert. *The Spirit of Synergy : God's Power and You*. Nashville : Abingdon Press, 1978. 신학은 빈약하지만 명상기도를 위한 탁월한 사례들을 다룬다. 기억하기에서 '인도된 심상'을 활용하는 데 관한 통찰을 제공한다.

Klug, Ron. *How to Keep a Spiritual Journal*. Nashville : Thomas Nelson Publishers, 1982. 기억하기와 성찰하기를 위한 일기쓰기를 어떻게 할 것인지에 관한 안내서로서 활용하기 쉽다. 유명한 사람들에 의해 쓰여져서 출판된 일기들의 목록들이 소개되고 있다.

Progoff, Ira. *At a Journal Workshop : The Basic Text and Guide for Using the Intensive Journal*. New York : Dialogue House Library, 1975. 일기쓰기에 관한 책이다. 다소 복잡하기 때문에 당신이 사용방법을 배우는 워샵에 참여한다면 잘 활용하게 될 것이다. 기억하기와 성찰하기를 다룬다.

Williams, Linda Verlee. *Teaching for the Two—Sided Mind : A Guide to Right Brain/Left Brain Education.* New York : Simon & Schuster, 1983. 뇌에 관한 최근 연구를 다루고 있으며, 교사들은 뇌의 합리적인 측면과 창조적인 측면 둘 다를 어떻게 활용할 것인가에 관한 유용한 제안을 얻을 수 있다. 초점을 맞춘 기억하기와 명상적 기억하기에 유용하다.

2. 성찰하기

Larson, Roland, and Doris Larson. *Values and Faith : Value-Clarifying Exercises for Family and Church Groups.* Minneapolis : Winston Press, 1976. 교회에서 중요한 문제들에 적용되어진 개념명료화 연습을 모아 놓은 유용한 책이다.

Simon, Sidney, Leland How, and Howard Kirschenbaum. *Values Clarification : A Handbook of Practical Strategies for Teachers and Students.* New York : Hart Publishing Co., 1972. 특별히 종교적이지 않으면서 사람들이 그들의 경험을 반성하고 그들의 가치를 명료화하는 데 도움을 줄 수 있는 많은 실제적인 연습을 제공하고 있다.

Simon, Sidney. *Meeting Yourself Halfway : 31 Value Clarification Strategies for Daily Living.* Niles, Ill. : Argus Communications, 1974. 개인이 할 수 있는 성찰을 위한 재미있는 연습들이 많이 수록되어 있다. 이 책은 집단을 위해서도 사용될 수 있다.

Williams, Susan. *What Do You Think : Teaching Critical Thinking on Critical Issues.* St. Louis : Institute for Peace and Justice, 1987. 짧지만 비판적 사고를 위해서는 뛰어난 안내서이다. 이 책은 비판적 사고를 촉진하는 많은 방법들을 제공한다.

3. 대면하기

Brown, Robert McAfee. *Unexpected News : Reading the Bible with Third World Eyes.* Philadelphia : Westminster Press, 1984. 해방신학적 관점에서 쓰여졌다. 성경을 제 3세계의 시각에서 볼 수 있도록 해준다. 분명하게 잘 쓰여진 책이다.

Coleman, Lyman, Denny Rydberg, Richard Peace, and Gary Christopherson, eds. *Serendipity New Testament for Groups.* Mahwah, N.J. : Paulist Press, 1986. 성찰하기와 신약신학 전반에 관한 심도 깊은 연구를 위한 질문들을 제공한다.

Griggs, Donald. *Translating the Good News through Teaching Activi-*

ties. Nashville : Abingdon Press, 1973. 사람들에게 성경을 가르치는 데 사용될 수 있는 유용하고도 실제적인 교수 활동을 많이 제공하고 있다.

Hestenes, Roberta. *Using the Bible in Groups.* Philadelphia : Westminster Press, 1983. 성경교수에 관한 실제적 전략이 수록되어 있다. 어떻게 소그룹을 세울 것인지, 또 소그룹의 활동에는 어떤 단계가 있는지에 관해서 좋은 설명을 하고 있다.

Maas, Robin. *Church Bible Study Handbook.* Nashville : Abingdon Press, 1982. Extremely helpful overview of all aspects of Bible study. 성경 연구의 모든 측면을 개관하는 데 유익하다. 현대적인 연구방법을 사용하는 학문적 관심을 보이면서도 실제적인 관심을 희생시키지 않고 있다.

Martin, George. *Reading Scripture as the Word of God : Practical Approaches and Attitudes,* 2nd ed. Ann Arbor, Mich. : Servant Books, 1975. 헌신적 삶이라는 주제에 관한 매우 가치 있는 성경 연구서이다. 분명하고 잘 쓰여져서 이해하기가 아주 쉽다.

Ramsay, DeVere. *Glimpses of the Gospel Through Art : Intergenerational Bible Studies.* Durham, N.C. : National Teacher Education Program, 1990. 학생들은 자신들의 예술을 기독교 예술과 관련하여 성찰한다. 여러 시기의 기독교 예술의 유명 작품들의 도판을 포함하고 있다. 교회의 역사와 교회에서의 서로 다른 예수의 이해를 창조적으로 접할 수 있는 좋은 방법이다.

Smart, James. *The Strange Silence of the Bible in the Church : A Study of Hermeneutics.* Philadelphia : Westminster Press, 1970. 성경해석에 관련된 중요한 문제들에 대한 탁월한 설명서이다. 지나치게 기술적이지 않으면서도 진지한 연구를 필요로 한다.

Smith, Judy Gattis. *Teaching to Wonder : Spiritual Growth through Imagination and Movement.* Nashville : Parthenon Press, 1989. 가르치는 데 있어서 상상력의 사용에 관한 뛰어난 개설서이다. 학생들이 이미지와 이야기의 차원에서 성경을 통해 하나님을 만나게 하는 데 구체적인 도움을 줄 수 있다.

Wink, Walter. *Transforming Bible Study.* Nashville : Abingdon Press, 1980. 성경을 활용하는 매우 창조적인 방법에 관한 개설서. 상상력과 느낌을 촉진시켜 준다. 「변화를 위한 성경연구」라는 제목으로 출판예정이다(한국장로교출판사, 1995).

4. 나누기

Griffin, Em. *Getting Together : A Guide for Good Groups* Downers Grove, Ill. : Inter-Varsity Press, 1982. 그룹에 관한 분명하고도 재미있는 개관이다. 커다란 만화 설명들이 있다.

Hill, Dorothy LaCroix. *Leading a Group : A Guide to Your Preparation.* Nashville : Discipleship Resources, United Methodist Church, 1966. 오래된 책이지만 그룹을 이끄는 데 있어서의 기본적 문제에 관한 한 여전히 가치 있는 개설서이다.

Johnson, David, and Frank Johnson. *Joining Together : Group Theory and Group Skills,* 2nd ed. Englewood Cliffs, N.J. : Prentice-Hall, 1982. 그룹에 관한 이론적, 실제적 개론서이다. 지도력에서부터 갈등까지 그룹활동의 여러 측면들을 다루고 있다. 「함께 나누기」라는 제목으로 총회교육부에서 번역 중이다.

Johnson, David, Roger Johnson, Edythe Holubec, and Patricia Roy. *Circles of Learning : Cooperation in the Classroom.* Alexandria, Va. : Association for Supervision and Curriculum Development, 1984. 협동적 학습(cooperative learning)의 개념에 관한 탁월한 개설서. 함께 배우기의 중요성을 탐색하면서 모든 학습을 경쟁적 구도로 형성하는 것의 위험성을 다루고 있다.

Leypoldt, Martha. *Forty Ways to Teach in Groups.* Valley Forge, Pa. : Judson Press, 1967. 그룹을 가르치는 데 있어서, 많은 상황에서 유용한 40가지 실제적인 방법을 제공한다. 새로운 생각을 얻을 수 있는 좋은 책이다. 「40가지 교수-학습방법」이라는 제목으로 번역되었다(한국장로교출판사, 1995).

Little, Sara. *Learning Together in the Christian Fellowship.* Richmond : John Knox Press, 1956. Reprinted many times and generally considered a classic. 여러 차례 중판되었으며, 일반적으로 고전으로 여겨지고 있다. 그룹을 만드는 데 관한 여러 아이디어들을 제공하고 있다. 실제적이면서도 신학적이다. 초신자에게 가장 좋은 책이다.

5. 결정하기

Leypoldt, Martha. *Learning Is Change : Adult Education in the Church.* Valley Forge, Pa. : Judson Press, 1971. 많은 교육적 상황에서 유용한 실제적 활동들을 제공한다. 변화의 넓은 과정을 묘사하고 있으며,

결정은 그 중의 한 부분이다.
Purdy, John. *Returning God's Call : The Challenge of Christian Living*. Louisville : Westminster/John Knox Press, 1989. 성경에서 발견할 수 있는 기독교인의 소명에 관한 여러 측면들을 다루고 있다. 현대인들에게 오늘의 세계에서 부르심에 합당하게 살도록 도전하는 책이다.

교수에 관한 기본적인 책들

Bowman, Locke. *Teaching Today : The Church's First Ministry*. Philadelphia : Westminster Press, 1980. 교회의 전체사역과 관련지어서 교육목회를 다룬 좋은 개설서이다.

Brueggemann, Walter. *The Creative Word : Canon as a Model for Biblical Education*. Philadelphia : Fortress Press, 1982. 성서학자에 의해 쓰여진 책이다. 가르치는 일을 위한 기본적 모델로서의 성경을 다루었다.

Cully, Iris, and Kendig Cully, eds. *Harper's Encyclopedia of Religious Education*. San Francisco : Harper & Row, 1990. 교수와 교육의 기본적 개념을, 특히 교회와 관련지어서 다루는 개설서이다.

Foster, Charles. *Teaching in the Community of Faith*. Nashville : Abingdon Press, 1982. 교회의 교수의 본질에 관한 뛰어난 연구서이다. 제 4장은 특히 금광과도 같다. 「신앙공동체를 위한 교육」이라는 제목으로 번역되었다(한국장로교출판사, 1993).

Groome, Thomas. *Christian Religious Education : Sharing Our Story and Vision*. San Francisco : Harper & Row, 1980. 최근에 쓰여진 가장 영향력 있는 책 중에 하나이다. 깊이가 있으면서도 활용이 가능한 '나누어진 경험'(Shared Praxis) 접근법을 발전시키고 있다. 「기독교적 종교교육」이라는 제목으로 번역되었다(한국장로교출판사, 1983).

Harris, Maria. *Teaching and Religious Imagination : An Essay in the Theology of Teaching*. San Francisco : Harper & Row, 1987. 매우 창조적인 교사에 의해 쓰여진 매우 창조적인 책이다. 당신으로 하여금 가르치는 데 있어서 보다 상상력이 풍부할 수 있도록 해줄 것이다.

Hyman, Ronald. *Ways of Teaching*, 2nd ed. Philadelphia : J.B. Lippincott Co., 1974. 진지하게 읽어야만 하며, 또 그만한 보답을 주는 책이다. 토론부터 사회드라마에 이르기까지 많은 교수방법을 다루고 있다.

Joyce, Bruce, and Marsha Weil. *Models of Teaching*, 3rd ed. Englewood Cliffs, N.J. : Prentice-Hall, 1972. 다양한 교수법의 입문서이며

여러 분야의 이론에 기초한다. 표준입문서이다.
Krych, Margaret. *Teaching the Gospel Today : A Guide for Education in the Congregation.* Minneapolis : Augsburg Publishing House, 1987. 신학적으로 많은 것을 제공한다. 교수의 새 이론을 형성하기 위해 James Loder의 인간 변화에 관한 이론을 이용하고 있다.
Landau, Elliott, Sherrie Epstein, and Ann Stone, eds. *The Teaching Experience : An Introduction to Education through Literature.* Englewood Cliffs, N.J. : Prentice-Hall, 1976. 가르침에 초점을 맞추어서 문학작품들을 모아 놓은 훌륭한 책이다.
Little, Sara. *To Set One's Heart : Belief and Teaching in the Church.* Atlanta : John Knox Press, 1983. 교수 모델을 살펴보려는 사람에게 가장 좋은 개설서이다. 교수의 다섯 가지 기본적인 측면을 다루고 있으며, 그것들이 교회에서 신념을 형성하는 데 어떤 관련성을 갖는지를 다룬다. 「기독교교육 교수방법론」이라는 제목으로 번역되었다(한국장로교출판사, 1988).
McCollough, Charles. *Heads of Heaven, Feet of Clay : Ideas and Stories for Adult Education.* New York : Pilgrim Press, 1983. 최근의 기독교교육에서 중요한 경향을 띠는, 유용하면서도 읽을 만한 개론서이다. 이론적 기초 위에서 어떻게 교육계획을 만들 것인지에 관한 실제적 지침들을 제공한다.
Merriam, Sharan, ed., *Themes of Adulthood through Literature.* New York : Teachers College Press, 1983. 인간의 발전을 여러 측면에서 묘사하고 있는 문학작품들의 발췌문들이다. 교육에서 매우 유용하다.
Osmer, Richard Robert. *A Teachable Spirit : Recovering the Teaching Office in the Church.* Louisville : Westminster/John Knox Press, 1990. 주류 개신교에서의 교육교역의 위기에 관한 연구서이다. 루터와 칼빈에서 볼 수 있는 교육적 직무(teaching office)의 고전적 이해를 회복시키고자 시도한다.
Palmer, Parker. *To Know as We Are Known : A Spirituality of Education.* San Francisco : Harper & Row, 1983. 진리를 대상으로 삼으려는 교육 경향을 비판한다. 피교육자들과 교사들이 진리와의 살아 있는 관계를 맺도록 인도한다.
Smart, James. *The Teaching Ministry of the Church : An Examination of the Basic Principles of Christian Education.* Philadelphia : Westminster Press, 1954. 칼 바르트 신학의 관점에서 교회의 교육교역을 다룬 고전적 저술이다. 오래 전에 쓰여졌지만 그 관점에 있어서는 여전히 독창적이다.

신앙교육을 위한
교수방법

초판발행 1995년 3월 30일
4쇄발행 2014년 8월 30일

지 은 이 리차드 R. 오스머
옮 긴 이 사미자
펴 낸 이 채형욱
펴 낸 곳 한국장로교출판사
주   소 110-470 / 서울특별시 대학로 3길 29(연지동, 한국교회100주년기념관 별관)
전   화 (02) 741-4381 / (02) 팩스 741-7886
영 업 국 (031) 944-4340 / (02) 팩스 944-2623
등   록 No. 1-84(1951. 8. 3.)

ISBN 978-89-398-3614-3 / Printed in Korea
값 8,500원

편 집 장 정현선
업무차장 박호애   **영업차장** 박창원   **표지디자인** 김보경

※ 이 출판물은 저작권법에 의해 보호를 받는 저작물이므로 무단전재와 무단복제를 할 수 없습니다.